广东省哲学社会科学规划2023年度高质量发展主题委托项目

广东百千万高质量发展实践丛书

大探索

新时代广东
新型农村集体经济发展100例

刘 伟 陈杰英 赵恒煜 著

SPM 南方传媒 | 广东经济出版社
·广州·

图书在版编目（CIP）数据

大探索：新时代广东新型农村集体经济发展 100 例 / 刘伟等著．—广州：广东经济出版社，2024. 5（2024. 6 重印）
（广东百千万高质量发展实践丛书）
ISBN 978-7-5454-9248-4

Ⅰ. ①大…　Ⅱ. ①刘…　Ⅲ. ①农村经济—集体经济—案例—广东　Ⅳ. ① F327. 65

中国国家版本馆 CIP 数据核字（2024）第 084945 号

策划编辑：王成刚　陈　晔
责任编辑：冯　颖　陈　晔　于明慧
营销编辑：冯典全
责任校对：李宏可　马晓锐
责任技编：陆俊帆
封面设计：集力書裝 Design　彭　力

大探索：新时代广东新型农村集体经济发展 100 例
DA TANSUO：XINSHIDAI GUANGDONG XINXING NONGCUN JITI JINGJI FAZHAN 100 LI
出 版 人：刘卫平
出版发行：广东经济出版社（广州市水荫路 11 号 11 ～ 12 楼）
印　　刷：广东鹏腾宇文化创新有限公司
（珠海市高新区唐家湾镇科技九路 88 号 10 栋）

开　　本：730 毫米 ×1020 毫米　1/16
印　　张：18
版　　次：2024 年 5 月第 1 版
印　　次：2024 年 6 月第 2 次
书　　号：ISBN 978-7-5454-9248-4
字　　数：273 千字
定　　价：78.00 元

发行电话：（020）87393830
广东经济出版社常年法律顾问：胡志海律师
如发现印装质量问题，请与本社联系，本社负责调换。

编 委 会

总　序

党的十八大以来，习近平总书记5次亲临广东考察，两次参加全国两会广东代表团审议，每到广东发展的重要关口，都及时为广东定向领航，指引广东在新时代伟大征程中乘风破浪、行稳致远。2018年10月，习近平总书记在广东考察时敏锐洞察、深刻指出，“城乡区域发展不平衡是广东高质量发展的最大短板”；2023年4月，习近平总书记在广东考察时再次强调，“推进中国式现代化，必须全面推进乡村振兴，解决好城乡区域发展不平衡问题”，要求广东在推进中国式现代化中走在前列。

正是岭南竞舟时，百舸争流鼓声震。广东深入学习贯彻党的二十大精神和习近平总书记视察广东重要讲话、重要指示精神，将总书记、党中央的谆谆嘱托、殷切期望春风化雨，明确“锚定一个目标，激活三大动力，奋力实现十大新突破”的“1310”具体部署，充分激发全社会创新创造活力，广泛凝聚起推进乡村振兴、实现共同富裕的强大力量。广东省委书记黄坤明提出了“再造一个新广东”的宏伟蓝图，激励全省人民以“再创让世界刮目相看的新奇迹”的闯劲干劲拼劲再出发！自2022年12月起，广东以头号工程的力度奋力实施“百县千镇万村高质量发展工程”（简称“百千万工程”），着力扬优势、补短板、挖潜力、增后劲，在练好内功中实现争先进位，努力闯出高质量发展新路，全省122个县（市、区）、1609个乡镇（街道）、2.65万个行政村（社区）催马扬鞭、击鼓催征。“百千万工程”标示着广东牢牢把握住新时代发展大机遇，掀开城乡区域协调发展的新篇章，全力做大做强县域经济、镇域经济，壮大新型农村集体经济。在新的战略举措的牵引下，广东迎来新一轮大发展，彰显了大趋势、展开了大探索，中国式现代化的广东实践呈现出勃勃新气象。

“百千万工程”是广东抓住我国转向创新驱动、培育发展新质生产力、走向高质量发展的历史性机遇，全面建设现代化新广东的大战略。广东是改革开放的排头兵、先行地、实验区，在先行一步地创优势，在久久为功地齐奋斗，40多年来取得举世瞩目的发展成就，完成了从经济相对落后的农业省到全国第一经济大省的惊人跨越，书写了让世界刮目相看的中国奇迹广东篇。但也要清醒地看到，在经济总量连续35年居全国首位的广东，城乡区域发展不平衡仍是高质量发展的最大短板，是必须面对和解决的重大问题，为此，必须出新招、出狠招、补短板、扬长板。奋力推进“百千万工程”正是把握新一轮科技革命和产业变革、催生新质生产力的大机遇。在工业化叠加数字化的生产力发展新阶段，57个欠发达县（市、区）需要更多的新质生产力来赋能，这是创新资源在广东空间上的一次全新布局，尤其“双百行动”（百校联百县助力“百县千镇万村高质量发展工程”行动）使得新质生产力在全省有了更贴近实践需要的布局，有助于促进这些地区实现大跨越、大发展。

“百千万工程”以珠三角产业有序转移为关键路径，充分激发欠发达地区的潜能，使之更快速、更深入地联动粤港澳大湾区这一新质生产力策源地，闯出高质量发展的广东新路。广东强调区域横向协作，畅通产业循环，促进空间集群联动。珠三角地区经济总量高，技术创新活跃，受生产要素约束，产业外溢趋势明显，“百千万工程”有条件顺势而为做好省内产业有序转移，深化“研发+制造”“总部+基地”等合作模式，深入开展“百校联百县兴千村”“千企帮千镇、万企兴万村”等特色行动，建立纵向支持、横向帮扶、内部协作相结合的新机制。空间联动更加注重产业升级和技术创新，坚持用新质生产力引领现代化产业体系建设。因此，“百千万工程”是广东进一步拓展发展空间、畅通经济循环的战略举措，是整体提升新型工业化、信息化、城镇化、农业现代化水平的迫切需要，是培育创新动能、重塑生产力格局、缩小城乡区域差距的大工程。新时代、新征程需要新思维、新方略。广东在改革开放中先行一步，在量的积累上打下了坚实基础；进入强国建设、民族复兴新征程，将在质的提升上把改革、开放、创新的精神贯穿“百千万工程”，先发地区拓展纵深，后发地区融湾向海，发挥粤港澳大湾区强大动力源作用，链接国内国际双循环。这是广东把握高质量发展根本要求，着力推动效率变革、质量变革、动力变革，构建城乡区域协调发展新格局、实现高质量发展的大战略。

实施“百千万工程”将迎来新时代“再造一个新广东”进程中县域经济的大发展。广东省委、省政府以强烈的历史责任感和勇于担当的奋斗精神，提出了“再造一个新广东”的宏伟目标，这是对广东保持改革开放排头兵角色、实现习近平总书记对粤港澳大湾区“一点两地”战略定位的积极响应，而“百千万工程”正是“再造一个新广东”的历史壮举、实践新篇，加速县域经济大发展又恰恰是其中的重中之重。广东县域经济总体发展水平较低，县域常住人口占全省的28%，但县域地区生产总值仅占全省的12.5%，其中，57个欠发达县（市、区）中有45个分布在粤东粤西粤北地区[①]。这三大区域面积占广东全省面积七成以上，但经济总量却不足全省三成。2018年10月，习近平总书记在广东清远调研时强调，要坚持辩证思维，转变观念，努力把短板变成“潜力板”，充分发挥粤东粤西粤北地区生态优势，不断拓展发展空间、增强发展后劲。广东高质量发展的突出短板在县，薄弱环节在镇，最艰巨最繁重的任务在农村[②]。广东不少县整体发展水平较低，需要正视县作为城市之末端、牵引乡村振兴之前端的重要功能，把县域作为解决城乡区域发展不平衡不充分的主阵地，抓好扩权强县（区）和强县（区）扩权改革，探索县城当龙头、乡镇作关键、农村撑基础的内生联动机制，形成县域经济发育壮大和乡村全面振兴同步推进的新

① 黄进，彭琳，宾红霞. 深入实施“百县千镇万村高质量发展工程”破解城乡区域发展不平衡难题[N]. 南方日报，2023-01-29（A04）.

② 张建军. 短板如何变成“潜力板”——广东省实施“百县千镇万村高质量发展工程”调查[N]. 经济日报，2024-02-29（9）.

局面。

从历史逻辑看，“百千万工程”进一步推进了新时代广东的大发展。从10年前的精准扶贫到3年前的驻镇帮镇扶村，广东把“三农”问题放到更宏大的空间来解决，而今这种大格局集中表现在谋划县域经济整体大发展方面。壮大县域经济意味着致力构建现代化产业体系，建设立体交通体系，完善多层次的市场体系，从区域增长走向区域协调发展，夯实强县富民的基础。应该看到，城乡区域发展不平衡不充分问题是相对的、辩证的，加速县域经济大发展，就能够把广东最突出的短板变成最大的“潜力板”，实现城乡区域相互促进、相互成就。“百千万工程”就是坚持辩证思维和系统思维，将城乡区域各个部分视为一个整体，以问题为导向推动最大短板变为最大“潜力板”，并将其确立为全省高质量发展的头号工程。以目标为牵引采取科学方法，有组织有体系有计划地将顶层设计落地为施工步骤，支持各地立足优势资源打造多个特色产业集群，加快建设现代农业产业体系，为欠发达地区的县域经济导入产业项目，完善交通，引进人才、技术等各种资源，推动当地产业发展，强化县域经济高质量发展的内生动力，奋力实现工农、城乡、区域协同迈向共同富裕的中国式现代化。

实施“百千万工程”正彰显广东在中国式现代化新征程中镇域经济融合发展的大趋势。广东“百千万工程”是对浙江“千村示范、万村整治”工程（简称“千万工程”）经验和做法的创造性学习与创新性发展。浙江城乡区域发展相对均衡，县域经济发达，非农就业较为充分，就地就近城镇化特征明显，镇村融合发展是其实现城市支持农村、缩小城乡差距、改善农村环境和基础设施、改变社会事业发展滞后状况的重要前提。广东高度重视强化乡镇联城带村的节点功能，着力建设服务农民的区域中心，促进乡村振兴、推动城乡融合，借此处理好集聚和均衡的关系——在发展中走向动态协调。现代市场经济发展具有强大的规模经济性及其带来的虹吸效应，制造业和人口向着少数发展条件好的优势地区集聚，地区之间经济总量差距扩大，不过就长远走势而言，不同地区终将逐步走向人均地区生产总值、人均收入或生活质量的大致均等。而从实践逻辑看，充分发挥乡镇联城带村的节点功能，把握镇域融合发展的大趋势，主动促进三产融合、三生融合、城乡融合，方能最大范围提升欠发达地区的人均收入，夯实宜业宜居宜游品质生活的物质基础。因此，广东把提振镇域经济作为产业结构调整工程和动力增长工程抓好抓实，建设中心镇、专业镇、特色镇，使镇镇有“绝活”。特别是发挥有效市场与有为政府的双向协同作用，为各镇域经济导入产业项目，完善交通，注入人才、技术等各项资源，撬动当地产业发展[①]。镇域高质量发展是广东新时代的特色，更是广东美好生活的新的展示窗口。

实施“百千万工程”已开启广东迈向共同富裕新阶段、新型农村集体经济改革创新的大探索。广东推进“百千万工程”强调要发展城乡经济、改善生态环境、保障民生、富民增收，注重因地制宜、遵循市场规律、积极培育发展新型农村集体经济，一步一个脚印推动各项工作落地落实，确保取得经得起历史和人民检验的成效。广大乡村深化农村集体产权制度改革，推动资源变资产、资金变股金、农民变股东，发展壮大新型农村集体经济，因地制宜开展业态、模式与机制大探索，重塑城乡关系的微观基础，夯实迈向共同富裕的微观支撑。通过城乡融合发展体制机制、农村金融、“三块地”[②]等农村综合改革以及农村职业经理人等人才体制机制改革，广东充分尊重基层首创精神，不断提升新型农村集体经济的产业创新能力，重视新质生产力的培育与发展；把农村产业高质量发展作为“百千万工程”的重要基础，把壮大新型农村集体经济的潮流与完善现代农业产业体系，推进现代农业产业园、农业现代化示范区建设，发展农产品精深加工，培育数字农业新业态等发展方向结合起来，进一步发挥其促

① 陈凯星，叶前，周颖. 千军万马战犹酣——广东代表团开放日关注“百千万工程”[N]. 新华每日电讯，2024-03-08（5）.

② “三块地”是指农村地区的农用地、农村集体经营性建设用地和宅基地。

进农村一二三产业融合的重要功能。

“百千万工程”是广东把县的优势、镇的特点、村的资源更好地统筹起来，切实落实习近平总书记殷殷嘱托的创新壮举、实践抓手。

2023年11月，广东全省推进“百县千镇万村高质量发展工程”促进城乡区域协调发展现场会在茂名市召开，会上公布了首批典型县镇村名单，这标志着“百千万工程”从动员、部署、展开进入重点突破阶段。广东“百千万工程”重视因地制宜、分类施策，从互促共进的角度系统谋划先发地区与后发地区的协同发展，将县镇村分为创先、进位、消薄三大类型，鼓励珠三角地区进一步提升城市化水平，粤东粤西粤北地区致力绿色发展，推进绿美广东生态建设，使得新型城镇化和乡村振兴交相辉映，从实践中闯出“广东模式”。作为推动高质量发展的头号工程、广东省委“1310”具体部署的十大新突破之一，“百千万工程”是广东的优势塑造工程、结构调整工程、动力增强工程、价值实现工程①，充分激发了改革、开放、创新动能，必将激励全省人民在推进中国式现代化广东实践中展现新作为，加速绘就城乡区域协调发展的岭南新画卷。

伟大时代必会绽放时代精彩！“百千万工程”注定会掀起一次文化大发展，迎来岭南文化传承创新的大时代。改革创新的时代精神与求真务实的岭南文化气质在全面推进“百千万工程”进程中迸发了岭南文化的新融合、新裂变，定会孕育出更富新时代属性的人文精神，推动广东开放的格局越来越大。为记录“再造一个新广东”的恢宏肇始及其珍贵历程，我们结合22个典型县、110个典型镇与1062个典型村走在前列、当好示范的最新实践，从县域经济、镇域经济与新型农村集体经济的视角出发撰写了本系列丛书，旨在记载这伟大时代的崭新篇章。丛书所重点关注的这10个县、10个镇以及100个村正是其中的代表者，它们正挺立潮头、求索不息，书写新时代的广东画卷，彰显广东干部群众奋发图强的崭新精气神，反映全省

① 梁桂婵．发力“百千万工程”县域经济争先进位[N]．南方日报，2023-09-21（XD01）．

上下始终牢记习近平总书记的殷殷嘱托，不忘初心，以强烈的责任感、使命感、紧迫感振作起来，全力以赴，真抓实干，奋发进取，推动习近平新时代中国特色社会主义思想在南粤大地落地生根，结出丰硕成果。

回望来路自慷慨，再赴征程气如虹。自2016年广东省出台《中共广东省委　广东省人民政府关于新时期精准扶贫精准脱贫三年攻坚的实施意见》，到2021年制定印发《广东省乡村振兴驻镇帮镇扶村工作方案》，再到2022年出台《中共广东省委关于实施“百县千镇万村高质量发展工程”促进城乡区域协调发展的决定》，广东在解决“三农”问题上连跨三个台阶，实现了农民脱贫、农村和美，进而农业振兴，迈向区域协调高质量发展的新境界，奋力推动广东在推进中国式现代化建设中走在前列。2024年5月，广东省委农村工作会议暨深入实施“百县千镇万村高质量发展工程”推进会在广州举行，会议通报了2023年度广东省实施“百千万工程”考核评价结果，东源县等7个县市被认定为进位类优秀等次，陆河县等4个县市被认定为消薄类优秀等次，并给予资金与新增建设用地指标奖励。会议还公布了广东省首批以县城为重要载体的新型城镇化试点名单，包括饶平、阳西等15个县（市）入选，坚持从生产生活生态的实际需求出发，以基础设施和公共服务为重点，全面提升县城综合承载能力。广东始终把“三农”工作放在心上、抓在手上，加力提速实施好“百千万工程”这一牵动全局、惠及长远、根深叶茂的“头号工程”，下一步将开展整县推进农文旅融合发展试点、推动乡村酒店高质量发展、开展“粤美乡村”规划设计、扎实推进全域土地综合整治、推进绿色低碳乡村建设。环顾南粤大地，“百千万工程”战鼓擂、旌旗扬，真可谓“千军万马战犹酣”。南粤大地乘着改革开放再出发的春风，正在发生新一轮翻天覆地的沧桑变化，必将再创让世界刮目相看的现代化新奇迹！

前　言

培育在高质量发展中促进高水平共同富裕的内生动力

——在改革创新中壮大新型农村集体经济

党的二十大报告指出，全面建设社会主义现代化国家，最艰巨最繁重的任务依然在农村。城乡区域发展不平衡是广东的基本省情，也是全省高质量发展的最大短板。生产力是一切社会发展的最终决定力量，推进现代化建设最重要的是发展高度发达的生产力。2023年4月，习近平总书记在广东考察时明确指出："加快构建现代乡村产业体系，发展新型农村集体经济，深入实施乡村建设行动，促进共同富裕。"全体人民共同富裕是中国式现代化的本质特征，区域协调发展是实现共同富裕的必然要求，发展新型农村集体经济是实现农民共同富裕的必然选择。新型农村集体经济是集体成员利用集体所有的资源要素、通过合作或联合实现共同发展的一种经济形态，是社会主义公有制经济的重要形式①。新型农村集体经济在广东实现高质量发展、乡村振兴与全面推进中国式现代化建设中是否为关键环节之一？对这一问题的探索不仅具有理论意义，更具有实践意义。从村

① 魏建. 以新型集体经济促进农村共同富裕[N]. 光明日报，2022-09-20（11）.

级集体经济改革创新探索的微观视角出发，全方位展示广东农业农村现代化重要主体——新型农村集体经济——生动蓬勃的发展态势，是广东实施“百千万工程”的内在要求和实践指向。

广东实现了推进“百千万工程”与全面推进乡村振兴的相互促进，为客观反映不同地区新型农村集体经济各具特色的路径选择与模式探索，本书以在土地流转改革、产业与业态创新、农村集体经济治理创新三大领域取得成功并促进集体经济取得显著成效为标准，根据调研与有关报道，从全省选择优秀案例（所涉及新型农村集体经济典型案例村和探索成效显著村共100个，名单见附录）,提炼广东村级集体新时代中国特色社会主义发展经验及其可复制推广模式与经验，引领万村高质量发展，并据此认识到新型农村集体经济是落实县镇村联动、推进高质量发展、实现高水平共同富裕的关键环节，揭示其作为中国农业农村现代化发展的重要推进力量。

广东通过实施“百千万工程”，开展了一系列改革探索，培育了一大批生机勃勃的农村高质量发展微观主体，打造了保障广大农民迈向高水平共同富裕的“永动机”。这是广东深入贯彻习近平新时代中国特色社会主义思想、大力扶持新型农村集体经济的丰硕成果，有力壮大了实现广东农村农业现代化的生力军。我们相信，广东各地乡村正在生动实践的集体经济改革创新的探索将会演绎出新时代中国乡村故事的精彩篇章！

目　　录

导　论　广东新型农村集体经济发展亮点与探索成果……001

典型案例上

改革创新激活农村集体经济新动能

第一章　体制改革　突破瓶颈……061
　第一节　“三权分置”　促进流转……062
　第二节　村改工改　做大蛋糕……071
　第三节　盘活资源　协同发展……083
第二章　科技创新　赋能提质……088
　第一节　粤强种芯　创新立业……088
　第二节　村校携手　产业升级……094
　第三节　数字农业　插翅腾飞……100
第三章　开放发展　拓展空间……111
　第一节　向海而兴　耕海牧渔……112
　第二节　外引内联　引资入村……119
　第三节　走出国门　行销海外……130

典型案例中

示范引领探索农村集体经济经营新模式

第四章　人才先行　产业振兴……139
　第一节　吸引乡贤回村　激发兴业动能……139

第二节　强化能人带动　提升产业水平……147
第三节　培育青年人才　壮大乡村产业……154

第五章　产业兴农　转型升级……160
第一节　电商助农　三产融合促升级……160
第二节　数字赋能　催生新质生产力……166
第三节　文旅融合　延伸农业产业链……173

第六章　全面帮扶　业态创新……177
第一节　国资下乡　联农带农……178
第二节　技能培训　精准帮扶……182
第三节　项目孵化　强镇富村……184

典型案例下

规范有序推进农村集体经济迈向共富新时代

第七章　党建引领　规范治理……191
第一节　加强头雁建设　集体经济活起来……192
第二节　提升组织能力　产业发展强起来……199
第三节　党建引领示范　规章制度立起来……211

第八章　决策民主　程序公开……218
第一节　投资决策科学　效益有保障……219
第二节　资产配置合规　产权有保障……228
第三节　数字赋能管理　服务有保障……236

第九章　分配有序　共建共享……242
第一节　民生为本　服务保障……242
第二节　发展为要　持续增长……250
第三节　共同富裕　和美乡村……257

附　录　新型农村集体经济典型案例村及探索成效显著村（100个）……267

后　记……269

导　论

广东新型农村集体经济发展亮点与探索成果

党的十八大以来，习近平总书记站在统筹中华民族伟大复兴战略全局和世界百年未有之大变局的高度，就“三农”工作发表了一系列重要论述，指引农业农村取得历史性成就，发生历史性变革。高质量发展是广东实现现代化的根本出路，需要以新质生产力作为新动能①。发展新质生产力的特点是创新，关键在质优，本质是先进生产力。发展新型农村集体经济，是实现强村富民、增强乡村发展内生动力的核心。

广东各地积极巩固农村集体所有制根基，搞好集体资源资产的权利分置和权能完善，积极抓好农村集体产权制度改革，让广大农民在改革中分享更多成果。通过推动构建产权关系明晰、治理架构科学、经营方式稳健、收益分配合理的运行机制，探索多样化发展途径；通过推行资源发包、物业出租、居间服务、资产参股等多种模式，提高集体经济收入和服务带动能力；通过健全农村集体资产监管体系，保障集体成员的知情权、

① 沈坤荣. 发展新质生产力 增强高质量发展新动能［N］. 人民日报，2024-02-22（9）.

参与权、经营权[①]。如此丰富生动的探索，正是“百千万工程”在岭南大地如火如荼展开的一个缩影，昭示着广东乡村发展进入了实现高质量发展迈向高水平共同富裕的快行线。

广东省拥有全国最发达的经济体系，但还存在明显的城乡二元经济结构，而发展新型农村集体经济正是延伸县域经济功能的重要抓手，这是以县城为载体，以乡镇为支点，以乡村为经济增长神经末梢的经济系统，有利于打造一个超越现有城乡格局的全新的城乡经济循环体和城乡融合发展的高质量增长的引擎。

一、广东发展新型农村集体经济的背景及意义

党的十八大以来，习近平总书记高度重视广东、时刻关心广东，对广东高质量发展做出指引，“广东这40年非常了不起，创造了许多全国第一”，指出“广东改革发展先行一步，对推动高质量发展必要性和紧迫性的感受会更深一些”，寄望广东“在推动高质量发展上聚焦用力，发挥示范引领作用”。2023年1月28日，广东省委书记黄坤明在全省高质量发展大会上，明确提出“再造一个新广东、再创让世界刮目相看的新奇迹”的宏伟目标，在这一过程中，解决城乡区域发展不平衡的难题无疑是最为迫切的任务之一。广东作为中国的经济大省，其城乡发展的不平衡问题一直备受关注。城乡之间的差距不仅体现在经济水平上，还体现在教育、医疗、基础设施等多个方面。这种不平衡不仅影响了广大农村地区的发展，也制约了广东整体经济的进一步提升。为了破解这一难题，广东提出“百县千镇万村高质量发展工程”，旨在通过全面推动县域经济、乡镇经济和农村经济的协同发展，实现城乡之间的良性互动和共同繁荣。新形势下，广东加快发展壮大新型农村集体经济，有利于夯实巩固党在农村的执政基础、全面乡村振兴的物质基础和乡村治理的组织基础，对于巩固拓展脱贫攻坚

① 高敬．赋予农民更加充分的财产权益［EB/OL］.（2023-02-17）［2024-01-22］．http://news.china.com.cn/2023-02/17/content_85112495.htm.

成果与加快推进乡村振兴、带领广大农民实现共同富裕具有非常重要的示范作用拓展和深远意义。新型农村集体经济首先是集体经济，这是中国特色社会主义经济体系的重要支柱之一，同时也是聚集各类要素，包括国有资本、社会资本在内的具有多种功能、多种业态的发展体系。发展新型农村集体经济，有助于实现"再造一个新广东"的目标，有助于因地制宜发展农业农村新质生产力系统，从而形成具有广东特色和全国标本意义的现代化农业生产方式，为广东省全面实现现代化注入新要素、新动能。

（一）实施"百千万工程"的关键环节

2023年4月10日至13日，习近平总书记在广东考察，其间深入农业农村一线考察"三农"工作，这让广东广大干部群众既倍感振奋，又深感责任重大。广东深入学习领会习近平总书记重要讲话精神，切实把习近平总书记对"三农"工作的亲切关怀转化为持续干好农业农村工作的巨大热情和强大动力。

发展新型农村集体经济是实施"百千万工程"实现高质量发展的必由之路。2022年12月，习近平总书记在中央农村工作会议上强调："把强化集体所有制根基、保障和实现农民集体成员权利同激活资源要素统一起来，搞好农村集体资源资产的权利分置和权能完善，让广大农民在改革中分享更多成果。"[①]新型农村集体经济组织作为集体活动的组织者、农村资源的所有者、经济建设的参与者、农村发展的利益相关者，应发挥出比其他农村组织更为突出的资源挖掘优势、活动组织优势、规模发展优势，要通过整合资源实现入股分红、建厂租赁、出租发包等，从而引领农村发展[②]。在这一过程中，应当确保乡村土地资源、生态资源、历史资源、人文资源、农产品资源等得到有效整合、盘活、利用，从而实现更高质量的发展。

① 习近平. 加快建设农业强国 推进农业农村现代化［J］. 求是，2023（6）.

② 孙晓凯. 新型农村集体经济的有效发展模式探索［J］. 人民论坛，2023（3）.

推进中国式现代化，必须坚持不懈夯实农业基础，推进乡村全面振兴。新时期广东要学习运用“百千万工程”蕴含的发展理念、工作方法和推进机制，把推进乡村全面振兴作为新时代新征程“三农”工作的总抓手，坚持以人民为中心的发展思想，完整、准确、全面贯彻新发展理念，因地制宜、分类施策，循序渐进、久久为功，集中力量抓好办成事关群众利益的实事，不断取得实质性进展、阶段性成果。广东围绕高质量发展首要任务和构建新发展格局战略任务，深入实施“百千万工程”，着力解决区域发展不平衡不协调问题，提高党把方向、谋大局、定政策、促改革的能力和定力，确保党始终总揽全局、协调各方，始终以习近平总书记重要讲话精神为根本遵循，以“百千万工程”为抓手，着力发展农村特色产业，提质增效，用心做好乡村“土特产”“大文章”，充分利用广东乡村“土”的资源，着力提高“产”的效益，加快培育乡村文旅和农村电商等新业态新产业，而壮大新型农村集体经济正是实现上述目标的重要依托，是推动农村产业升级、引导农村农民实现共同富裕的动力，由此，促进广大农民群众的口袋鼓起来、乡村美起来，推动全省县镇村高质量发展，在推进中国式现代化建设中努力走在前列。

发展新型农村集体经济是推进“百千万工程”的高效载体。传统意义上，农村集体经济主要是劳动者的劳动联合。新型农村集体经济不仅包括劳动者的劳动联合，还包括劳动与资本、技术、管理等要素所有者的联合[①]。因此，发展新型农村集体经济不是走老路、旧路，而是适应农业农村发展新形势的必然选择，是实现农村共同富裕的有效途径。新型农村集体经济的实现具有多种形式，既包括改造后的农村集体所有制经济，也包括股份合作制经济，以及混合型集体经济[②]。

新型农村集体经济的本质是集体经济，核心是农村土地所有权的集

① 涂圣伟. 加快发展新型农村集体经济［N］. 学习时报，2021-03-24（A2）.

② 吴宏洛，张欣入. 发展新型集体经济　扎实推进中国式农村现代化［N］. 福建日报，2023-02-28（10）.

体属性与承包权的家庭属性的有机统筹整合，体现了“统分结合”的制度优势。没有“统”就没有集体，不尊重承包权就不能确保农民利益，没有农村土地的统筹利用，集体经济就缺乏有效的运行机制和良好的制度预期。建立健全新型农村集体经济既是农村土地产权改革的新阶段任务，同时也是推进农业农村现代化的关键举措。建立健全新型农村集体经济，需要国有资本和各类社会资本与农村土地的有效结合，体现的是劳动与资本有机结合的集体经济的本质特征。新型农村集体经济在经营层面具有企业性质，但在根本的制度特征上则是中国特色社会主义经济制度在农业农村现代化中的集中体现。广东处在改革开放的前沿，是中国经济的领头雁，发展新型农村集体经济，对坚持农村集体经济的社会主义属性具有示范意义。新型农村集体经济依托其独特的组织体系、资源优势，优化要素配置，推动农业规模化、集约化、专业化经营发展，“统”的功能不断强化，赋予了双层经营体制新的内涵。乡村集体利用集体资源采取直接经营、合作经营等方式发展现代农业，可以为集体成员、经营主体提供农业社会化服务，还可以精准牵线搭桥，引导小农户与其他经营主体开展合作，促进小农户与现代农业有机衔接。

发展新型农村集体经济为“再造一个新广东”夯实农村民意根基。农村基层党组织有没有号召力，取决于能不能给群众带来致富的希望。大力发展农村集体经济，基层党组织就有了工作的抓手，就有了可以施展的舞台。繁荣和壮大村集体经济，使村集体为农民谋利、为农民造福，广大农民就会更坚定听党话，跟党走。壮大新型农村集体经济，能增强广大群众对党的依赖，能巩固党在基层的执政基础和地位，能提升党在基层的领导力。越来越多的基层党组织以扶持新型农村集体经济发展为重要抓手，充分发挥党组织的战斗堡垒作用，把农民群众组织起来、凝聚起来。

新型农村集体经济具有整合要素资源、保障集体福利、调节收入分配等多重制度优势，能够推动集体资源资产有效转化为农民增收致富的重要来源，形成家庭增收和集体增收的“双支撑”格局[①]。广东全面推进“百千万工程”，在村一级最关键的就是要让农民腰包鼓起来、产业强起来。自从鼓励土地流转以来，广东农业生产结构、劳动力构成、农业技术供给等方面都发生了重大变化，农业生产方式也随之发生改变，规模化经营比重逐步提高，形成了一定的规模经济效应。不论是在农产品生产、加工、销售等行业，还是在乡村旅游等领域，一旦形成一定规模，就能够显著降低生产与服务成本[②]。同时，新型农村集体经济通过整合农村资源，不仅使农民脱离了小户分散经营，而且增加了农民的收入来源，提高了收入稳定性。

为深入贯彻落实习近平总书记在广东考察时的重要讲话精神，广东把发展新型农村集体经济作为“百千万工程”的重要一环，对照党的二十大战略擘画，深入审视广东所处历史方位，明确广东实现高质量发展的突出短板在县、薄弱环节在镇、最艰巨最繁重的任务在村。广东省创新性地以“百千万工程”促进了县镇村联动，有效地将农村集体经济的发展融入整个县域经济发展浪潮中去，进而促进了乡村土地、劳动力、资本与技术等要素的良性循环，突破了村域局限，在更大的市场空间实现了价值链的攀升。这是新型农村集体经济蓬勃兴起的底层逻辑，可以进一步激发新时代广东农村巨大的发展潜力。为高效推进“百千万工程”，广东省委、省政府特设省、市、县三级指挥部（见图1），并根据各类任务属性成立了工作专班，形成目标明确、决策科学、统筹协同、运行高效的工作体系，从而为新型农村集体经济的创新发展提供了有效支撑与政策引导。

① 发展壮大新型农村集体经济［N］. 经济日报，2023-03-09（15）.

② 魏建. 以新型集体经济促进农村共同富裕［N］. 光明日报，2022-09-20（11）.

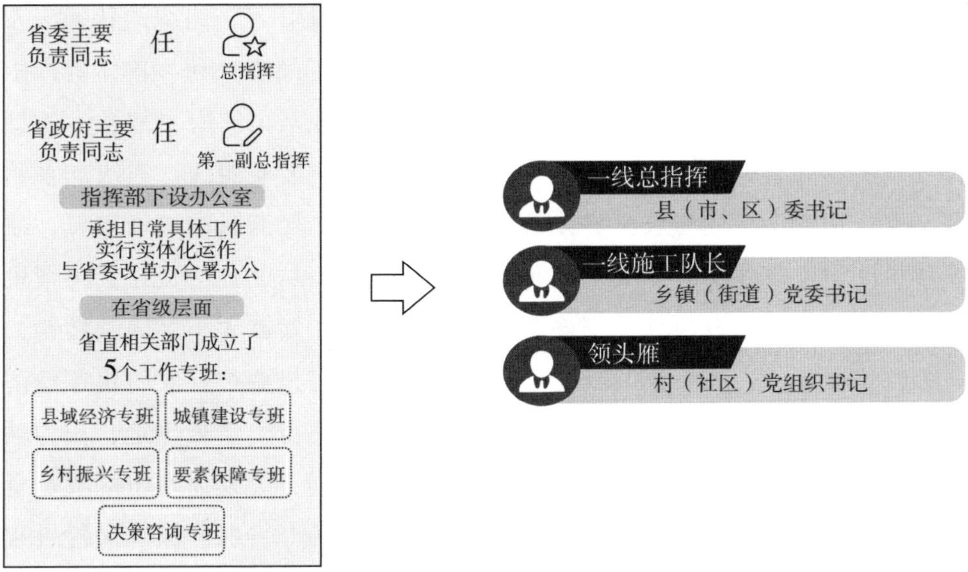

图1　广东省“百千万工程”指挥部体系

资料来源：根据《南方》杂志、《南方农村报》整理。

（二）农业农村发展新阶段的必然要求

农村集体经济是我国社会主义公有制经济的重要组成部分，建立在土地集体所有制基础上，产生于社会主义革命与建设时期的农业合作化运动，并历经阶段化的演变[①]。作为公有制的一种形式，农村集体经济在中华人民共和国成立初期并没有完备的理论和法律基础，也不是在经济发展过程中自发形成的制度，而是一种源于对小农经济进行社会主义改造运动中由国家主导建立的中国特有的制度安排。新型农村集体经济相较过去计划经济体制下传统集体经济具有以下三方面特征。

其一，产权明确是其最根本特征。2017年《中华人民共和国民法总

① 刘伟，黄孟欣. 2022年广东新型农村集体经济发展报告［C］//郭跃文，李宜航，刘伟，等. 广东乡村振兴发展报告（2023）. 北京：社会科学文献出版社，2023.

则》[①]公布施行后，在法律层面上明确界定了农村集体经济组织的特别法人属性，这也意味着其能够独立承担民事责任，享有民事权利。集体资产由集体成员所有，并制定规章制度承认和保护每个成员的所有者权益。新型农村集体经济组织作为特别法人，基本组织形式主要有组级、村级和乡镇级三类，其成员组成与农民集体具有唯一对应性；经营目的更加多元，兼顾营利性和公益性功能，既要创收也要肩负建设乡村的社会责任；决策机制更加民主，不完全与其出资额、所占股份比例、贡献大小等因素挂钩，一般成员享有“一人一票”或“一户一票”的平等投票权。农村集体经济组织的成员可根据相关组织章程加入或退出，成员身份清晰界定，作为独立的个体自愿联合。集体成员拥有对应的成员权利，表现为特定的成员身份界定以及相关合法性权利。新型农村集体经济的“特殊产权”属性表现在农村集体资产资源中所有权、承包权、经营权的分置，经营性资产收益权折股量化到集体成员，推动了农村集体经济产权的有效统合。

其二，治理民主是其最重要特征。新型农村集体经济组织中的全体所有者成员可参与村集体的民主决策，集体成员权责对等。新型农村集体经济组织积极参与市场竞争，也主动承担建设和发展农村的责任，具备经济职能和社会职能，在防止农民返贫致贫等方面发挥作用，能够以共同利益为纽带将分散的农民联结起来，通过多样化的民主参与方式增强农民的集体认同感和归属感，激发农民的主人翁精神，使农民更加积极主动参与村庄公共事务治理。集体成员在更为民主的组织框架下，推进资源合理分配，也促进乡村治理的规范化。农村集体经济组织是独立的市场主体，依法自主经营、自负盈亏、自担风险。地方政府不会直接行政干预其经营，而是着力发挥政府的服务功能，为新型农村集体经济提供更为宽松的发展环境，从而有助于其构建市场化运行机制，促进其发展壮大。

其三，共建共享前提下多种分配形式相结合是其最显著特征。新型农

① 《中华人民共和国民法典》2021年1月1日施行的同时，《中华人民共和国民法总则》废止。

村集体经济组织融合按劳分配与按股分配的优势，充分激发各主体的积极性，提高资源要素的配置效率。以集体成员权为重要标准，严格规定集体成员资格的取得和丧失，探索兼顾公平效率的分配模式，实现集体成员股权的有条件、高效率流转。新型农村集体经济的分配既要维护共同利益，又要兼顾个人利益，集体享有集体资源所有权，集体成员合法合规拥有承包权、经营权等其他权益。

党的十八大以来，在国家战略的指引下，新型农村集体经济发展经历了多个演进阶段。2012—2016年，农村集体经济基本处于自发生长阶段。2016年12月，《中共中央　国务院关于稳步推进农村集体产权制度改革的意见》首次正式提出“新型农村集体经济”的概念。2017年，党的十九大报告提出乡村振兴战略，巩固和完善农村基本经营制度，深化农村土地制度改革，完善承包地“三权分置”制度，奠定了新型农村集体经济发展壮大的基础。2022年，党的二十大报告提出，“巩固和完善农村基本经营制度，发展新型农村集体经济，发展新型农业经营主体和社会化服务，发展农业适度规模经营”。2023年至今，在“百千万工程”驱动下，广东新型农村集体经济发展进入快车道，成为迈向农业强省的重要助力。与此同时，2021—2024年，中央一号文件连续提及“新型农村集体经济”。2021年提出“发展壮大新型农村集体经济”；2022年提出“探索新型农村集体经济发展路径”；2023年强调“巩固提升农村集体产权制度改革成果”“探索资源发包、物业出租、居间服务、资产参股等多样化途径发展新型农村集体经济”；2024年强调“要深化农村集体产权制度改革，促进新型农村集体经济健康发展，严格控制农村集体经营风险，对集体资产由村民委员会、村民小组登记到农村集体经济组织名下实行税收减免。持续深化集体林权制度改革、农业水价综合改革、农垦改革和供销合作社综合改革”。

国家层面的部署反映出对农业农村发展演进规律的准确把握和对农村集体经济的科学探索。广东作为改革开放的前沿，一直以独特的区位优势和经济实力走在全国前列。自实施“百千万工程”以来，广东全省各地在聚焦经济组织创新、盘活利用资源、多元化经营等方面“八仙过海”，围绕增加农民收入探索新型农村集体经济创新发展的有效路径，激发了集体经济的发展潜能，为集体经济注入了新的活力，体现了经济大省的作为和担当。

（三）广东探索实践迈上新台阶的大趋势

壮大新型农村集体经济是贯彻习近平新时代中国特色社会主义思想的有力举措，是中国特色社会主义道路自信、理论自信、制度自信、文化自信的生动展现，是中国式现代化的广东新篇章。广东集体经济根据资源禀赋，因地制宜，实践了多种类型的生产和经营组织方式，包括物业出租、对外投资和土地流转等多样化途径，丰富了集体经济的实现形式①。其探索的主要经营方式如下：

物业出租主要是通过购置或建设厂房、商铺等物业并出租获得租赁收入，这种集体经济形态广泛存在于珠三角地区，特别是城中村与城郊村。城中村与城郊村分布了主要的经营性资产，产生收益关键源于区位优势突出，土地用途从农业转换到二三产业，人口、产业高度聚集，提升了经营性资产的价格。物业出租型集体经济因风险小、收益稳定受到基层广泛欢迎，较易实现集体资产的保值增值。当前，广州三元里、登峰等经济联合社普遍成立公司运营集体所属的物业，但集体土地不属于公司资产，对外有助于进行经济活动体现市场优势，对内保证集体所有制基本特征。

对外投资主要是通过现金或资产向债券、股权等领域投资获得收益的经营形式，近些年来出现并活跃于深圳、东莞。早期一些集体经济组织积累了大量现金，一般购买风险低的理财产品、大额储蓄产品等作为投资。在此过程中，他们开始接触到私募基金。2017年，深圳南岭村成立南岭股权投资基金管理（深圳）有限公司，这是首个由村集体经济组织出资成立的私募股权类基金管理人，公司投资了一批高科技企业，实现了集体经济

① 刘伟，黄孟欣．2022年广东新型农村集体经济发展报告［C］//郭跃文，李宜航，刘伟，等．广东乡村振兴发展报告（2023）．北京：社会科学文献出版社，2023.

经营模式的转型升级。为降低集体经济投资风险，深圳鼓励国企领投、集体跟投，以实现实施全市发展战略、发挥国企专业能力和撬动集体沉淀资金三大目标。

土地流转主要是出现在以农业为主的村庄，以土地经营权流转为基础、以增加集体收入为目标、以主营业务为依托的集体经济实现形式，核心是推动“资源变资产、资金变股金、农民变股东”。如茂名石仔岭街道荔枝圩村由党组织牵头成立三斗米农业专业合作社，村委会以荒地和资金入股，村民以土地经营权入股，形成集中连片土地450多亩（1亩≈666.67平方米）。合作社引进广东铭景农业发展有限公司合作，公司负责种植技术和农产品销售，合作社负责土地流转、财务监督和工人安排。云浮市新兴县天堂镇内东村和南顺村以“托管+流转”的模式，将土地托管给村（组）管理，再由村集体将土地流转至第三方农业公司，解决了撂荒耕地的难题，农业公司得到充足的土地种植粮食，村民得到土地流转收益，村集体得到管理收益。

只有壮大广东新型集体经济，才能引领广大乡村高质量发展。2023年11月，广东省推进“百县千镇万村高质量发展工程”促进城乡区域协调发展现场会发布了“百千万工程”首批典型县镇村名单，其中，广州市白云区江高镇峡石村、珠海市白蕉镇南澳村、江门开平市赤坎镇红溪村、阳江市江城区埠场镇那蓬村、惠州市惠城区江南街道七联村、中山市三乡镇雍陌村、肇庆市广宁县五和镇南街街道荷木村等1062个村（社区）入选，成为带动全省2.65万个行政村（社区）在不同赛道争先进位的示范标杆。2024年4月，广东省农业农村厅对外公布了第一批乡村振兴示范镇示范村创建名单，广州市从化区城郊街西和村、深汕特别合作区赤石镇大安村、珠海市金湾区三灶镇中心村、汕头市莲华镇下长宁村、佛山市禅城区南庄镇南庄村、韶关市南雄市珠玑镇灵潭村、河源市源城区埔前镇陂角村、梅州市梅江区城北镇上村村等485个行政村（社区）入选上榜。这些示范村聚焦乡村产业发展、人居环境整治、乡村治理能力等方面，完善生产生活基础设施建设，加强农村厕所粪污、生活污水治理和生活垃圾资源化利用，创新乡村治理方式，有序推进产村融合，推进生产生活方式绿色转型，提升乡村治理效能，成为和美宜居乡村的典型代表。

二、广东新型农村集体经济的发展态势与特征

党的二十大以来，广东省委、省政府以前所未有的重视程度、工作强度、投入力度，把全面推进乡村振兴与“百千万工程”紧密结合起来，真抓实干，加大投入，推动乡村振兴取得新成效。“百千万工程”启动以来，广东新型农村集体经济蓬勃发展，交出了亮眼答卷。

（一）具备坚实的发展基础

借改革开放东风，广东省实施家庭联产承包责任制。在此基础上，广东省实施统一经营与分散经营相结合的双层经营体制，以此加强和完善农村基本经营制度。20世纪80年代中后期以来，深圳宝安、佛山南海、广州天河等地为适应工业化、城镇化发展的需要，不断创新体制机制，以农村土地为中心，探索土地股份合作制，率先在发展壮大农村集体经济方面进行了有益尝试，发挥了示范引领作用。随着农村集体产权制度改革不断深化，全省农村集体经济运行机制逐步健全、发展活力竞相迸发，为新型集体经济发展提供了良好条件。

1.农村集体产权制度改革进展顺利

广东省农村集体产权制度改革一直走在全国前列。佛山市南海区从20世纪80年代末开始探索股份合作制改革；深圳于2004年第一个完成农村向城市、农民向城市居民的“两个转变”，原集体经济组织改制为社区股份合作公司；东莞、中山在2006年初步完成农村股份合作制改革。2016年12月26日，《中共中央　国务院关于稳步推进农村集体产权制度改革的意见》发布，农村集体产权制度改革全面部署。这是完善集体所有制和促进集体经济发展的基础性、纲领性政策。截至2021年10月底，广东省已经大

致完成农村集体产权制度改革的初步任务，全面摸底了农民集体所拥有的资源性、经营性和非经营性三类资产的具体情况。同时，广东省已完成登记并赋码的农村集体经济组织共有24.36万个，分布在村和组两个层级；已确认的集体经济组织成员达到6300.33万人，并已颁发股权证书1045.70万本①。经清产核资、成员确认、资产量化、组织健全，集体经济的数量、权属和治理机制基本理清理顺，为进一步壮大新型农村集体经济奠定了基础。广东省农村集体产权制度改革发展情况见表1。

表1　广东省农村集体产权制度改革发展情况

类别	内涵	成效
管理服务平台	农村产权流转交易管理服务平台	建立健全运作管理机制，省市县各级互联互通
集体经济组织数量	村组两级农村集体经济组织	24.47万个
集体资产规模	村组两级集体资产	1.27万亿元
全国排名	村组两级集体资产规模排名	全国第一

资料来源：袁仲禾．广东着力推动乡村全面振兴［J］．源流，2024（3）．

2.经济效益良好

农村集体经济组织的收入来源主要由几部分构成，其中包括通过农产品销售等经营活动获得的收入、资源承包以及上交收入、政府或相关机构的补助收入、投资收益，以及存款利息等其他类型的收入。2021年，广东省农村集体经济总体收入达到1350.48亿元。其中，主要的收入来源是农产品销售等经营活动收入，这部分收入大约占总收入的51.50%。其次是存款利息及其他收入、资源承包及上交收入，分别占总收入的19.67%和18.49%，补助收入和投资收益分别占总收入的6.84%和3.50%。可分配收益总计1130.04亿元，其中农户分配513.99亿元，占比45.48%。2022年，全省农村集体经济总收入1796.64亿元，年度收益达1032.61亿元，居全国第

① 黄进．聚焦关键环节　强化制度供给　乡村振兴内生发展动力澎湃［N］．南方日报，2022-09-29（A08）．

一，其中93.8%的年度收益集中在珠三角地区，当年农户分配498.9亿元[①]。

3.经济运行稳健

截至2022年底，全省村组两级集体资产12600多亿元，位居全国第一，其中，经营性资产9000多亿元，约占71.43%；非经营性资产3600多亿元，约占28.57%。从区域分布看，珠三角地区集体资产10900多亿元，占比超过86.51%，粤东粤西粤北地区1720多亿元，占比超过13.65%。2022年底，全省农村集体总负债5019.04亿元，资产负债率39.55%，以货币资金形态存在的集体资产4896.25亿元，占集体资产总额的38.59%[②]。总体上看，全省农村集体经济运行较为平稳，风险可控。近年来，广东省加快培育新型农业经营主体这支骨干力量，注重发挥各类主体的比较优势以及对小规模农户的带动作用。截至2023年底，全省村组两级集体资产1.31万亿元，村组两级农村集体经济组织24.49万个，全省农民专业合作社数量达6万家，家庭农场14.8万家，全省各级农业龙头企业总数5525家，联农带农效果明显。与此同时，广东全面建设现代农业产业园，坚持走市场导向、质量发展之路，推动农业农村高质量发展，为新型农村集体经济提供了条件。2012—2023年，全省农林牧渔业总产值从4550.29亿元上升到9194.80亿元（见图2）[③]。

① 黄进，粤农轩. 省农业农村厅　夯实三农“压舱石”　绘就发展新图景［N］. 南方日报，2023-12-15（JT23）.

② 刘伟，黄孟欣. 2022年广东新型农村集体经济发展报告［C］//郭跃文，李宜航，刘伟，等. 广东乡村振兴发展报告（2023）. 北京：社会科学文献出版社，2023.

③ 张建军. 短板如何变成“潜力板”：广东省实施“百县千镇万村高质量发展工程”调查［N］. 经济日报，2024-02-29（9）.

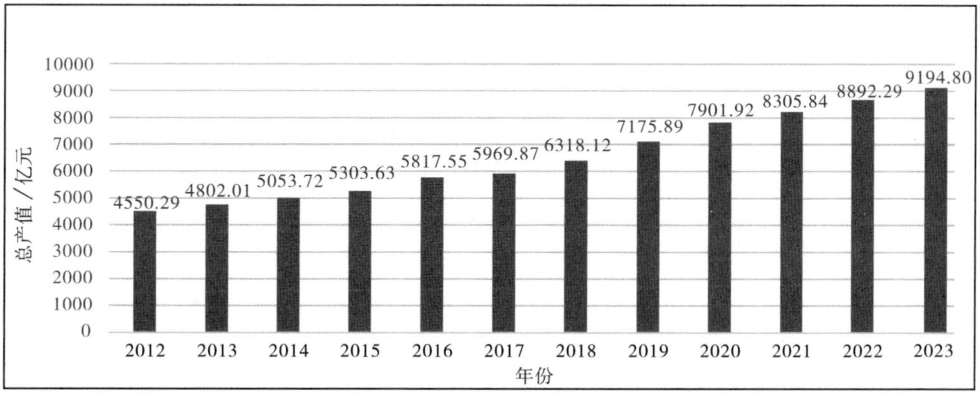

图2　2012—2023年广东省农林牧渔业总产值统计

广东以“千村示范 万村整治”为重要抓手，坚持走梯次发展、全面整治之路，坚持加快推进农民增收致富取得新成效，全省农村居民人均可支配收入由2012年的10543元上升至2023年的25142元（见图3），同期，城乡居民收入比例不断缩小，从2.70∶1缩小至2.36∶1[①]。

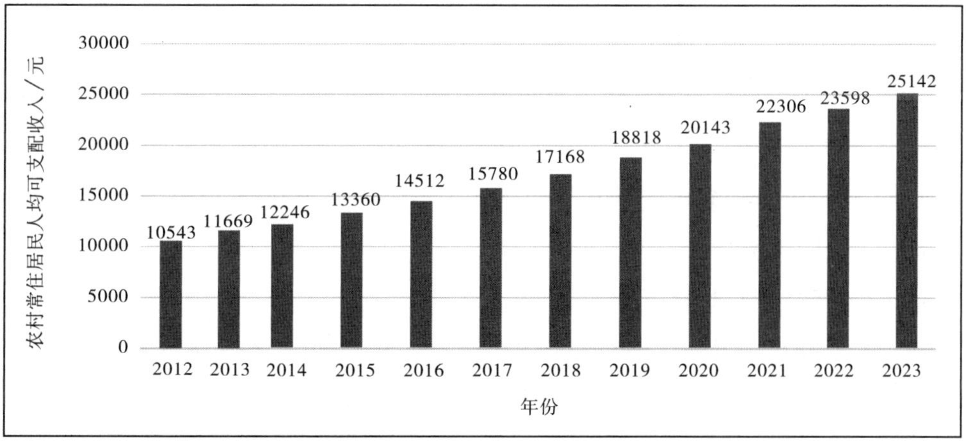

图3　2012—2023年广东农村常住居民人均可支配收入统计

① 陈泽云. 广东，首个13万亿元大省！省统计局“官宣”2023年GDP［N］. 羊城晚报，2024-01-24（A1）.

（二）呈现良好的发展态势

广东省实现高质量发展的突出短板在县，薄弱环节在镇，最艰巨最繁重的任务在农村。在“百千万工程”推动下，全省新型农村集体经济蓬勃兴起，呈现良好发展态势。

1.村集体资产规模增速较快

在“百千万工程”推动下，全省村集体经济多元化发展，资产规模不断增长。以东莞市为例，该市从盘活土地资源挖掘增长潜力、优化物业资产提升发展活力、融通富余资金增创集体财力、培育特色经济推进靶向发力、深化改革创新激发内生动力、加强组织保障形成工作合力等6个方面提出23项政策措施。2022年，全市村组两级集体总资产达2508.9亿元，增长8.8%；净资产2101.9亿元，增长9.6%。其中，当年经营积累50.2亿元、土地征收出让款34.3亿元、公路资产54.5亿元，这是村组资产增加的重要因素。经营性资产稳步增至1890.3亿元，增长6.3%，其中组级经营性资产615.0亿元，占组级总资产的86.5%。村组流动资产明显增加，达1120.8亿元，增长7.0%。年末货币及理财资金1033.1亿元，增加78.6亿元，占总资产的41.2%[①]。2023年，东莞全市村组集体总资产2695.9亿元，比上年增长7.4%，净资产2262.6亿元，增长7.6%，约60%的村（社区）净资产超2亿元；全市村组两级经营总收入301亿元，同比增长4.3%，经营纯收入244.3亿元，同比增长5.2%，股东人均分红9324元，同比增长7.5%。

2.积极探索集体经济发展新路

广东各地结合当地资源和条件，努力探索集体经济发展新路。在盘活物业方面，珠海市积极探索“村村有物业”的发展模式，采取盘活撬动、留用地开发、股权投资、物业购买等形式，大力发展村级集体物业经济。韶关市为推动农村经济发展，积极组织全市的农业相关镇街，设立以公司

① 秦小辉. 村集体总资产和纯收入“双增收”［N］. 羊城晚报（羊城区域版），2023-02-21（DA09）.

制为核心的强镇富村市场主体，并鼓励村集体参股这些公司，探索出“强镇富村公司为基础，结合物业租赁、闲置资源再利用、提供有偿社会服务、开展乡村旅游、推进现代农业和构建助农服务体系”等多元化的“1 + N”合作经营模式。韶关市全域推开强镇富村公司，截至2023年11月，105家镇级强镇富村公司新增营业额6.67亿元，共创造利润4334.26万元，并为村集体分红576.22万元，解决就业人数4092人，支付农民薪酬1627.04万元，助力全市1207个村集体的经营性收入都超过10万元，平均收入达36.14万元。

在多元化经营上，潮州市潮安区溪美村充分挖掘岭脚自然村丰富的畲族文化和生态资源，大力发展特色旅游，为村民提供在家门口就业的机会，同时推动农副产品的销售。汕尾市通过“股票田”改革，有效解决农村土地荒芜、分散、流转慢、质量低，以及农村劳动力外流和老龄化等问题，采取“以田易股”和折股量化的策略，将农村土地承包经营权转化为资本、商品，并引入市场机制。汕尾市建立了村集体、村民与企业共担风险、共享收益的新机制，促使农业企业“动”起来、农村资源“活”起来、集体经济“富”起来、村民腰包“鼓”起来，探索了一条放活土地经营权的有效途径。汕尾市已开展“股票田”改革6852亩，每年度约产生380万元效益。在“股票田”改革的带动下，截至2023年9月，全市农村承包地累计流转65.81%，集体经营性收入在10万元以上的村集体占98.61%。汕尾市陆丰市城东街道共有“股票田”2871.41亩，通过“合作社 + 企业”的模式，成功引进华鑫盛农业、安舜农业等一批优质企业，促成霞湖玫瑰园、东埔赤米等特色农业产业项目，每年因“股票田”改革带来的红利超500万元。为进一步激活集体经济动能，充分调动村民积极性，汕尾市还将村内闲置宅基地纳入“股票宅”折股范围，采用“宅建均定”“宅定建估”“宅建均估”三种定股模式进行折股量化，用“以宅入股”的方式发展民宿旅游新业态，促进闲置宅基地流转。汕尾市海丰县可塘镇上达村对250亩老旧荔枝林进行综合改造，村民以“一树一股”形式入股村经济联合社，村集体持树入股汕尾市隆兴源现代农业科技有限公司，由公司负责打造荔枝新品种展示园，并对荔枝树进行改种，在果树5年改种期内，公司无须分成给村集体，但是给予村民保底保障，按当季投入的树龄为10年及以上的果树数量给予每棵5斤（1斤=500克）的“妃子笑”荔枝。荔枝树入股5年后每年荔枝收成时，公司将每棵荔枝树收成的22%分给村集体（2%归村集体，20%归以荔枝树入股的村民）。集体股用于发展村公益事业建设，个人股归村民所得，实现村集体经济发展、村民增收双赢。

3.努力运用金融资源助力集体经济发展

农村集体经济发展的最大短板在于缺乏资金，因此农村集体经济发展迫切需要金融赋能。云浮市实施“党委领导、政府主导、市场推动、村村参与、村企共赢、农民增收”的“政银企村共建养殖小区”发展模式。由国有企业、供销联社、农村集体经济组织组建平台公司，负责统筹涉农资金或自有资金，按不高于1：1的杠杆比例撬动银行融资，出资建设养殖小区并出租给农业龙头企业经营管理，村集体经济组织依法享受收益分配。云浮全市年经营性收入达到10万元的村级集体经济组织数量，由2021年的245个跃升至2022年底的711个，占比达83.9%。2023年底，集体经济组织中经营性收入达15万元以上的行政村有847个、社区集体有125个。云浮“政银企村（户）”共建高效生态养殖小区中的平台公司，由龙头企业经营，连续20年对平台公司给予年10%的固定回报，扣除银行本息及财政折旧后，以纯利润的形式，按股本分红给相关行政村。

肇庆市结合城乡区域发展实际，立足农村资源禀赋和特色优势产业，充分调动各方力量资源要素，通过构建以“整村授信＋信息融通”“整村授信＋融资创新”“整村授信＋基层治理”等为核心的多元化信用村“整村授信”应用体系，推动了农业信贷投放方式实现重大转变：从原先的分散投放转向集中投放，从过去的被动等待转变为主动服务，从过去对抵押物的依赖转变为对信用的重视。这一变革以高效的金融服务促进了新型农村集体经济的快速发展。截至2023年10月，全市已成功评定1338个信用村，覆盖51.8万户信用户，通过“整村授信”方式提供的信贷金额总计达到227.9亿元，已有7.8万户涉农信用主体因此获得了总计103.6亿元的融资支持。

4.形成一批新型农村集体经济典型代表

发展壮大新型农村集体经济是推动乡村振兴和增加村民收入的关键所在。广东省多个市、县、镇、村的领军者，勇于探索未知领域，敢于率先尝试新事物，通过不懈努力找到新的发展路径，总结出宝贵的实践经验。这些先行者的示范，不仅为农民开辟了新的致富之路，也有效促进新型农村集体经济的成长，为实现共同富裕奠定了坚实基础。

根据广东省委全面深化改革委员会的划分方式，新型农村集体经济典型案例有以下五类：

“探索经济组织创新”即通过整合集聚资源、人才、项目、资金等，推动新型农村集体经济的组织创新改革，建立现代企业制度，探索多元出资方式和经营模式，促进镇村和群众增收致富。

“盘活利用资产资源”即对村集体的土地、山水、田园、会堂、厂房、祠堂、废弃学校等资源和设施，通过承包经营、股份合作、租赁、公开拍卖等多种方式进行盘活，促进生产、生活、生态融合发展，助推集体项目提质增效，实现村级集体经济稳定增长。

“金融赋能”即链接多方需求开发涉农存贷多元应用体系，彰显金融业在农村信用合作、投融资创新、基层治理、民生保障等领域的积极功能，精准破解各类乡村发展资金难题，以高质量金融供给赋能新型农村集体经济发展。

“激发经管团队活力”即创新“乡村CEO”“产业村长”等多种模式，综合利用资金扶持、贷款贴息、奖励待遇、表彰典型等手段破解“谁来兴村”难题，发挥好农村基层党组织在发展壮大村级集体经济方面的领导核心作用，激活乡村人才活力，带动农户创业就业增收。

“多元化经营”即充分发掘和利用当地资源优势，构建多类型、多渠道、多元化发展集体经济的路径和模式，推动绿色农业产业、现代新型工业、现代服务产业的有机融合发展，管好用活农村集体“三资”，形成更有活力、更有潜力、更可持续发展的产业结构，撬动村集体经济增收跑出“加速度”。

广东省发展新型农村集体经济典型案例见表2。

表2　广东省发展新型农村集体经济典型案例

类别	典型案例
探索经济组织创新	韶关市全域推开“强镇富村公司”发展新型农村集体经济
	龙川县组建“强村公司”探索新型农村集体经济发展路径
	云浮市探索“政银企村（户）”共建模式发展新型农村集体经济
盘活利用资产资源	海珠区创新“飞地”治理机制为农村集体经济发展提供有力支撑
	顺德区上华村开展村级工业园区改造发展壮大集体经济
	汕尾市“股票田”改革激活集体经济发展动力
	中山市民众街道运用EOD模式探索富民兴村有效路径
	阳东区亨垌村探索创办“土地信用中心”促进村集体和村民增收
	茂南区金塘村“盘地引企聚力”推动村集体及农户收入连年翻番
	端州区开展村集体土地过渡性开发探索集体经济发展新路径
金融赋能	肇庆市构建信用村“整村授信+”赋能集体经济发展
	佛冈县龙塘村探索信用互助合作盘活闲散资金助推产业发展
激发经管团队活力	禅城区紫南村“乡村CEO”助力农村集体经济发展
	五华县探索“产业村长”模式带动农户创业就业增收
	电白区探索村集体经济收益与村级干部奖励待遇挂钩
多元化经营	濠江区推行五种模式发展新型农村集体经济
	紫金县龙窝镇茶产业撬开“致富门”铺好“增收路”
	龙门县山下村“三步走”做好红色教育兴村富民文章
	阳春市发展农业生产托管服务促进农村集体经济发展
	潮安区溪美村发展生态旅游带动村集体及村民增收致富

资料来源：根据广东省人民政府网站整理。

综合上述新型农村集体经济典型案例，可以得出以下要点：

其一，农村集体经济的内在属性不变，但业态可随各地资源禀赋、发展需要、市场条件、融资便利程度的不同形成多种产权结构，而集体产权始终占据主导地位。

其二，新型农村集体经济应根据实际情况和不同市场需要发展出多元化经营体系，提升融资能力、抗风险能力和可持续发展动力。

其三，新型农村集体经济要融入整个县域经济发展大局中才能加快成长，才能可持续发展。

（三）形成多方联动、共促发展的新格局与新特征

广东发展新型农村集体经济，依靠各地坚强有力的村党支部和村集体领导班子，依靠广大懂农民且擅长经营的企业家，充分发挥了农村土地的集体经济属性，借此积极探索构建以农村土地为可抵押和可担保机制的内生性金融体系，形成了多方联动，共促发展的新格局、新特征。

1.党建与生产融合

办好农村的事情，实现乡村振兴，关键在党的领导。坚持党的领导是做好一切工作的根本保障。广东切实发挥农村基层党组织的战斗堡垒作用和党员先锋模范作用，以党建为引领，高质量推动农村集体经济又好又快发展。

按照集体土地所有权归属和集体资产产权归属设置，全省各地普遍设立村组两级集体经济组织（组级集体经济组织数量占全国的56%），分别管理属于本组织的集体资产。集体经济发展的关键在于选好村“领头羊”，只有选好“领头羊”，村集体经济才能健康有效发展。截至2020年底，全省共有村组两级农村集体经济组织24.5万个，其中经济联合社2.2万个，经济合作社22.3万个[①]。2024年初，村组两级农村集体经济组织已

① 范斯义，廖炳光．2021广东优化农村集体经济治理报告［C］//郭跃文，顾幸伟，刘伟，等．广东乡村振兴发展报告（2022）．北京：社会科学文献出版社，2022.

增长至24.47万个[①]。全省认真贯彻落实《中国共产党农村基层组织工作条例》，不断健全村党组织书记通过法定程序担任村级集体经济组织负责人的制度机制，全面加强基层党组织对农村集体经济的全面领导，涉及农村集体经济的重大事项，严格执行“四议两公开”制度。深入实施“头雁”工程，依托驻村第一书记、帮扶工作队等优质人才资源，带动锻造村级集体经济发展“带头人”。2021年换届完成以来，村党组织书记担任村级集体经济组织负责人比例为99.66%。

党建引领是发展新型农村集体经济的最大政治优势，只能加强，不能弱化。广东省大力创新党建引领新型农村集体经济的新功能、新机制、新动力、新框架，从大学生中选拔有理想、肯实干、政治可靠、思想开阔、务实求真、具有从群众中来到群众中去实践观的优秀人才充实到基层，使其成为新型农村集体经济发展的中坚力量。

2.驻镇与扶村共进

广东省委、省政府聚焦高质量发展和城乡协调发展目标，在总结打赢脱贫攻坚战选派驻村第一书记和工作队经验基础上，结合广东实际，探索开展乡村振兴驻镇帮镇扶村行动，建立组团式、造血式、共赢式帮扶机制，推动从驻村帮扶向驻镇帮镇扶村、从帮扶脱贫向帮扶全面振兴、从实现全面小康向迈向现代化转变。

一是将全省1127个乡镇划分为三个类别进行帮扶。第一类是重点帮扶镇，这一类别包括了粤东粤西粤北地区的12个城市以及肇庆市中综合实力较弱的600个乡镇。这些乡镇由省直单位、中直驻粤单位，以及珠三角的广州、深圳、珠海、佛山、东莞、中山6个城市，还有属地市的直属单位共同进行帮扶。第二类是巩固提升镇，这一类别涵盖粤东粤西粤北地区的12个城市以及肇庆市中综合实力相对较强的301个乡镇。这些乡镇将由所在地的县（市、区）自行组织团队进行帮扶。第三类是先行示范镇，这一类包括

① 黄进．省农业农村厅　着力推动乡村全面振兴［N］．南方日报，2024-02-18（A12）．

珠三角地区的226个乡镇。对于这些乡镇，将由所在地的市根据实际情况全面推进强镇兴村策略①。

二是组团结对帮扶。传承延续脱贫攻坚定点帮扶、对口帮扶和社会帮扶的经验做法，推动“分散帮扶”向“组团式”帮扶转变，采取“党政机关+企事业单位+农村科技特派员+‘三支一扶’人员+高校毕业生志愿者+金融助理”等模式组团结对帮扶。

三是驻镇帮镇扶村。驻镇帮镇扶村是广东省委、省政府实施“百千万工程”的有力举措和重要抓手，通过选派优秀干部、年轻干部驻镇驻村帮扶，每3年轮换一次，驻镇帮扶工作队队长挂任被帮扶乡镇党委领导。同时，向创建乡村振兴任务重的村、红色村、集体经济薄弱村、软弱涣散村等重点村持续选派驻村第一书记，驻村第一书记兼任驻镇帮镇扶村工作队队员。自2021年起，全省已经动员超过7000个组团单位、1000余个工作队以及1.7万余名干部人才参与驻镇帮镇扶村工作，极大地激发了乡村帮扶的新动力。各级政府在帮扶的多个维度上，包括帮扶范围、内容、力量、形式，以及地域和资源利用等方面，实现了创新和突破，取得了令人瞩目的成果。截至2023年底，全省901个受帮扶的乡镇全部完成了镇域乡村振兴规划和乡村振兴驻镇帮镇扶村五年规划的编制工作，这使得全面推进乡村振兴的目标和实施路径变得更加明确②。全省开展“千企帮千镇、万企兴万村”行动，通过组织定向募捐、项目认捐、捐资助学、医疗救助等活动，向帮扶地区累计捐款 98 亿元、捐物折款 15.8 亿元。

3.能人与新人齐聚

新型农村集体经济作为我国社会主义公有制经济的重要构成和主要表现形式，是全面推进乡村振兴、加快实现农业农村现代化的重要路径，而

① 莫郅骅．“驻村帮扶”变“驻镇帮镇扶村”广东开足马力图“镇”兴［N］．南方都市报，2022-03-14（A08-09）．

② 广东驻镇帮镇扶村工作课题组．驻镇帮镇扶村：广东乡村振兴的重要举措和制度创新［J］．农村工作通讯，2023（9）．

人才是推动其发展的重要支撑。2023年，广东提出要一体推进教育强省、科技创新强省、人才强省建设。广东省科学技术厅数据显示，全省专业技术人才总量达972万人，全省技能人才总量达1979万人，其中高技能人才690万人，科技研发人员135万人（约占全国1/7，连续7年全国第1），见图4。

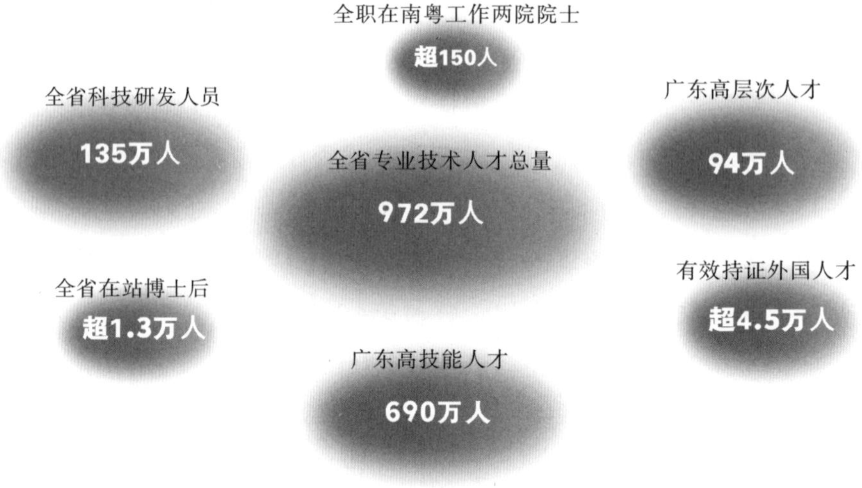

图4　广东科技人才总体情况

资料来源：《南方都市报》、南都大数据研究院。

广东积极探索人才支撑新型农村集体经济发展的方式，从人才吸引、人才选派、人才培养和人才激励等方面强化人才队伍建设，使农村集体经济焕发新活力。为了推动“百千万工程”实施，全省汇集党政机关、企事业单位、农村科技特派员、“三支一扶”人员、高校毕业生志愿者及金融助理等多方面的帮扶力量，开展组织化规模化行动，引领大批优秀机关干部、专业人才和青年学生深入农村进行实践和学习，为镇村的发展和乡村振兴注入更为坚实的力量。如清远市在村级集体经济增收的基础上，支持村级安排适当资金对“两委”干部及相关工作人员进行奖励，以激发广大农村基层干部在发展村级集体经济中主动担当作为、狠抓落实。在发展村级集体经济的实践中，涌现出了一大批优秀的村、组两级党组织书记，他们是带领群众脱贫致富的“领路人”。清新区联滘水西村乡村新闻官刘逢明是典型代表，他带动水西村积极开展土地整合，以“土地整租”的模式出租耕地约650亩，引进农业龙头企业，大力推动“美林新地”项目及丝苗米种植示范基地、华大基因树茄、五色水稻等特色农业产业发展，逐步实现村集体收入从2015年的5000元增加到2023年的70多万元。

2023年，广东启动“百千万工程”青年兴乡培育计划。该计划通过“政府＋企业＋高校”展开三方联合培育的模式：“万”是线上班培训一万名青年，让他们具备乡村经营基本认知，组成青年兴乡预备队；“千”是普及班培训一千名青年，让他们具备乡村经营基本能力，组成青年兴乡突击队；“百”是高级班培训一百名青年，选择已投身乡村的青年优秀群体，通过高级培训，组成青年兴乡先锋队，重点打造青年兴乡的示范典型。该计划的实施，形成了“城市青年下乡、在外青年返乡、本土青年兴乡”的人才集聚效应，为乡村振兴注入源源不断的动力。

4.资本与产业互促

资本是推进产业发展的重要力量，产业发展也必然促进资本流动。产业和资本的良性互动将为乡村振兴提供澎湃动力。早在2014年6月，《广东省人民政府办公厅关于深化金融改革完善金融市场体系的意见》就明确要求，进一步深化农村金融改革，提高金融服务“三农”水平。为加大“百千万工程”金融支持力度，2023年12月，广东印发《关于金融支持“百县千镇万村高质量发展工程”促进城乡区域协调发展的实施方案》，充分发挥金融资源的要素保障功能，致力将金融支持“百千万工程”全面落实到县镇村各个层面，从而有效解决这些地区金融服务中的难题和瓶颈，确保金融资源能够顺畅地流向县镇村，推动其持续、健康发展。

广东各地多形式盘活用好农村集体资产、土地资源、帮扶资金，积极开展资源发包、物业出租、混合经营、资产参股等多种模式，发展壮大集体经济。例如，2022年驻英德市连江口镇工作队导入的产业带动村集体分红170万元，11个村（社区）每村分红10万元以上。据初步统计，2022年底，全省村级集体经济经营性收入达到10万元以上的村18583个，比2021年的13946个增长33.2%，村集体经济收入实现大幅跃升。中国农业银行广东省分行开展“千人驻镇助力乡村振兴”行动，选派近千名金融助理加入各帮扶工作队，深入走访农户、小微企业了解资金需求，举办了4000多场专题宣讲，为群众量身定制金融服务方案，累计帮助发放涉农贷款266亿元。又如，云浮市聚焦破解村级集体“造血”能力不足的制约，对全市集体经济薄弱村进行全面统筹、全面兜底、全面保障，为夯实农村发展基础、推动“百千万工程”在基层落地落实提供有力支撑。云浮市已有17个“政银企村（户）”共建养殖小区项目并全部投产。

广东部分地市实施“百千万工程”农村集体经济创新进展情况见表3。

表3　广东部分地市实施“百千万工程”农村集体经济创新模式/行动与成效

地区	创新模式/行动	成效
茂名	“双合模式”：政府投基建、企业布业态、市场管运营	培育了柏桥村、双合村等共富村
云浮	首创“政银企村（户）”共建模式	972个村（社区）集体经营性收入全部超过15万元
肇庆	“整村授信＋”	为7.8万户涉农主体融资103.6亿元
汕尾	“股票田”改革	改革共6852亩，年均产生约380万元效益

资料来源：袁仲禾．广东着力推动乡村全面振兴［J］．源流，2024（3）．

无论资本与新型农村集体经济采取何种经营形式合作，农村集体经济的内核不能改变，农村集体经济“统”的功能不能削弱，农村集体经济的所有权不能丧失，农村集体经济的协调和可抵押征信机制需要强化，农村集体经济与新质生产力的内嵌关系必须得到厘定和迭代升级。新型农村集体经济培育规模效应和范围经济的内在追求不能缺失与失序，唯此，才能充分发挥新型农村集体经济的制度优势，全力推动乡村全面振兴。

5.改革与法治并重

改革开放的一条基本经验是改革与法治要携手并进，如此才能降低改革的风险和成本，使社会主义法治建设在改革中不断完善，正所谓“法令行则国治，法令弛则国乱”。回顾过去的立法模式，通常是改革试点先行，总结经验之后上升为法律，立法是为了总结改革经验、巩固改革成果。这样一种“试验—推广”的模式有利于打破改革禁区，为先行先试的改革提供较大的试验空间，但由于立法后置，前期往往会产生新旧法规之间的冲突。随着改革进入深水区，不仅需要后置的立法总结，更需要在全过程中体现法治的引领和保障，以法治推进新型农村集体经济健康发展，保障共建共享，这对于推动解决发展不平衡问题，促进共同富裕尤为重要。

广东省强化新型农村集体经济的法治建设，为发展新型农村集体经济、促进乡村振兴提供有力的制度保障。例如，惠州市组建“百千万工程”法律服务团，在全市挖掘推选在行政立法与规范性文件审查、政府法律顾问等方面具有专业能力的市直单位岗位公职律师、市直机关业务骨干组成法律服务团，帮助基层乡镇和农村解决在生态环境、“两违”建筑、农业水利等方面遇到的政策和法律问题。惠州市全面实施“法律明白人”培养工程，严把遴选关、培训关、流程关和管理关，扎实做好“法律明白人”任前培训、登记造册与政策倾斜鼓励等工作，推动全市5400名“法律明白人”积极参加法治乡村建设。

（四）积累创新探索的宝贵经验

广东各地新型农村集体经济已展开全面有益的探索，抓统筹服务，拓宽经营收入来源。新型农村集体经济组织积极参与建设农事服务中心，提供农资采购、技术指导、育苗烘干、保鲜储藏、生产托管、产品运销等生产服务。全面整合区域内劳动力资源，加强技能培训，承接设施设备养护、清洁绿化、物业服务、道路养护等项目，还利用集体建设用地建设或置换物业设施，开展物业租赁服务。同时，在尊重农民意愿的基础上，统筹农户承包地、闲置宅基地和农房对外招商引资，开展居间服务获取管理服务费。在系列探索实践中，形成以下经验：

1.珠三角物业出租型集体经济稳中求进

作为改革开放的排头兵、先行地、实验区，广东珠三角地区从20世纪70年代开始，率先吸引了大量海外资金、技术与产业，开启了工业化、城镇化进程，产生了建设用地需求。在村、组一级，集体土地由农业向工业转变，兴建了为数众多的厂房、物业和园区，逐渐形成了“以地生财、建厂收租、滚动发展”的物业出租型集体经济，积累了丰厚的集体经营性资产。在长期的集体经济改革发展实践中，乡村干部群众的素质能力、创业精神、市场意识、集体认同得到提升，积累的宝贵经验值得推广。

东莞以敢为天下先的气魄，顺应工业化城市化浪潮，努力创新农村集体经济多元化发展模式，增加投资收益，优化收入结构，各级政府积极支持农村集体经济探索“理财经”，通过城市更新和产业转型升级，鼓励村组集体发展高端物业型经济和稳健投资型经济，鼓励通过镇村联合改造、村组集体自行改造等多种方式，改造升级集体厂房物业，提升土地利用效率，促进集体经济不断形成新的增长点。

近年来，珠海聚焦新型农村集体经济高质量发展，锚定“村村有物业”模式，按照“一年建试点、三年大铺开、五年全覆盖”的部署，推动相关工作全面展开。截至2022年底，全市122个行政村集体经济总收入6.23亿元，比2021年增长9.49%，100%行政村年总收入超过100万元[①]。如今，珠海几乎每个村都能看见一个根据当地自身发展条件设计、正在建设中或者已经投入使用的村集体项目。

2.实施“三权分置”，放活经营权

家庭联产承包责任制改革后，在坚持土地集体所有的基础上，农户获得了土地承包经营权，实现了所有权和承包经营权“两权分离”。随着城市化、工业化的演进以及农业生产率的提高，非农就业规模扩大，务农人

① 王韶江．珠海“百团大战”成绩单出炉：122个行政村集体经济总收入6.23亿元，村均收入超500万元［N］．南方日报，2023-08-17（ZC07）．

数减少，农户家庭保留土地承包权、流转土地经营权的意愿增加，农业经营主体也希望平等保护经营权、扩大经营权权能，以稳定投资预期。《关于引导农村土地经营权有序流转发展农业适度规模经营的意见》《关于完善农村土地所有权承包权经营权分置办法的意见》两个文件的颁布，标志着农地产权结构实现了所有权、承包权、经营权“三权分置”。这是农村集体经营制度的重大创新，有效推动了土地流转。截至2021年底，广东农村承包地流转面积占比达52.86%。

在土地流转的过程中，许多集体经济组织尝试并丰富集体经营的方式，通过投资完善设施、提供各种服务、成立土地股份合作社等手段，选择自主经营或委托经营模式，从而有效地提升了集体经济收入。值得关注的是，佛山市南海区为解决集体土地权益保障不充分、征地矛盾多发、宅基地用益物权难落实等问题，承担了农村土地制度改革三项试点任务。该区主抓政策和制度的创新，尝试通过集体土地整合、区域综合改造、有区别的土地征用方式以及农村宅基地统一利用等多种做法，实现对集体土地的统一开发和管理，从而提升了土地征用的效率。南海区通过成立区、镇集体土地整备中心，配置专门工作人员，以托管方式将符合入市条件的集体经营性建设用地进行整合，以备统一招商入市，有效解决以往集体土地零星分散、利用低效的问题，实现集体土地的统筹综合开发，提升土地利用效率。结合旧村（居）改造、村级工业园改造提升和产业社区建设等需要，南海区对连片低效的集体土地划定片区范围，通过土地利用总体规划和城乡规划的修改和报批、土地复垦、地类变更、土地权属调整等措施，在片区内重新划分土地并确定产权归属，统一进行土地前期整理和基础设施配套建设，推动集体土地的连片整合开发。为简化征地审批程序，提高征地报批效率，南海区针对线性交通基础设施重点项目征地，采取“先许可后实施”的审批程序，先行办理用地报批手续后组织实施征地，将具体的征地补偿安置等材料与用地报批审查相分离；其他项目则采取“先协商后批准”的审批程序，确保与农民集体达成一致意见。为精准保障农村居民享有的宅基地住有所居的资格权，南海区224个村（居）通过开展名录库建设工作，赋予名录库内人员实现“一户一宅”的权益，享有宅基地申请分配、受让和优先优惠申购社区公寓的资格，多种形式保障村民住有所居。

（五）踏上乡村振兴的共富大道

广东发展壮大新型农村集体经济的实践，是贯彻习近平新时代中国特色社会主义思想的具体实践，是中国特色社会主义道路自信、理论自信、制度自信、文化自信的生动展现，迈上了乡村振兴的共富之路。

1.推动农村产业迈向高质量发展

一是保障粮食安全。粮食安全乃国家安全之根本，广东通过发展新型农村集体经济确保粮食供应的稳定性和安全性，严格执行粮食安全党政同责制度。数据表明，广东粮食种植面积和产量均有所增长，从2016年的3266.67万亩和1204.22万吨，增长至2021年的3319.5万亩和1279.9万吨，增幅分别为1.6%和6.3%；2019—2021年，广东粮食种植面积、单产和总产量连续3年实现增长，2022年的夏粮和早稻再次获得大丰收。自2022年广东实施“田长制”以来，已建成高标准农田169.8万亩，不仅超额完成了国家设定的100万亩年度目标，还推进了撂荒耕地的复耕复种工作；同时，广东还全力推进3个国家级渔港经济区建设，新开工40个现代化海洋牧场项目，总投资超过120亿元。2023年广东的海洋产业生产总值占地区生产总值的14%，且总量已连续29年位居全国之首①。

广东省产业转移与农业发展新情况见表4。

① 王伟中．政府工作报告：2024年1月23日在广东省第十四届人民代表大会第二次会议上［N］．南方日报，2024-01-27（A02-04）．

表4　广东省产业转移与农业发展新情况

类别	项目	成效
产业转移	设立省产业转移基金	240亿元
	安排用地指标支持主平台建设	1万亩
	支持的主平台数量	15个
	新承接的产业转移项目数量	超650个
	新承接的产业转移项目总投资额	超3200亿元
海洋牧场	海洋牧场开工建设的项目数量	40个
	海洋牧场项目的总投资额	超120亿元
农林牧渔业	2023年全省农林牧渔业总产值	9194.8亿元
	2023年全省农林牧渔业总产值同比增长率	5%
相关案例	茂名市农业产业协同发展突破大关（2023年全市农林牧渔业总产值）	超千亿元
	阳江市阳东区建设国家级“科技小院”数量	5个

资料来源：2024年广东省高质量发展大会。

二是推进产业升级和集约化发展。自2018年起，广东就把推进现代农业产业园的建设视为乡村振兴战略和发展新型农村集体经济的重要手段。通过高位推动、强力投入、创新管理、多策扶持和激活投贷等举措成功打造多个国家级优势特色产业集群。这些举措不仅撬动249亿元的资本投入，还为近60万农民提供了就业机会。同时，通过建立农产品“12221”市场体系，广东的菠萝、荔枝、香蕉、柚子等农产品的产量和价格均实现逆势上扬。

三是激发农业现代化发展的新动力。近年来，广东紧紧围绕农业产业的高质量发展，以农业供给侧结构性改革为主线，聚焦特色产业，集中资源要素，做优第一产业、做强第二产业、做精第三产业，实现一二三产业融合发展。这一战略为农业产业的振兴和现代化发展注入了新的动力。广东的农产品加工业已呈现出集聚发展的态势，形成了规模化的农产品加工产业集群，广东已成为食品加工和农产品加工的强省。广东拥有超过5000家国家、省、市、县级农业龙头企业，部分企业也是新型农村集体经济的重要组成部分。

2.乡村面貌发生美丽蝶变

借助新型农村集体经济的力量及其引领作用，广东全省大力推动补齐农村基础设施短板，全面实施农村人居环境整治行动，显著提升农村公共服务水平，使农村环境得到显著改善，广东农村的面貌发生历史性变化。

一是农村生态环境显著改善。近年来，广东村庄经历了翻天覆地的变化。在新型农村集体经济的推动下，村庄的环境卫生得到显著改善。曾经被视为“脏乱差”的村落，如今在集体经济的助力下已经焕然一新。新型农村集体经济通过集中资源、统一规划和管理，有效推动村庄环境的整治工作。长期积累的垃圾、污泥以及废弃房屋在集体经济的组织和动员下得以彻底清除。在基础设施建设方面，行政村集中供水已经基本实现了全覆盖，乡镇和行政村之间的路面已经全部硬化，行政村通客车率和农村公路列养率都达到了100%，农村5G、4G基站数量位居全国之首[①]。同时，农村污水处理方式也发生翻天覆地的变化，从过去“靠蒸发”的原始方式转变为现代化的收集治理方式。此外，农村厕所的粪污也基本做到了资源化利用或者无害化处理。其中，2277个省定贫困村已成功逆袭，实现“后队变前队”的壮举。同时，89个省级新农村示范点和“千万工程”示范村，也已经成功转型为备受欢迎的休闲旅游胜地。美丽乡村的建设从“示范试点”逐步扩展到“沿线连片”的规模。

二是完善公共服务供给。广东县域的义务教育均衡发展，覆盖率高达100%。全省行政村都建立了党群服务中心，这些中心提供“一门式办理”和“一站式服务”的公共服务。此外，村级卫生站也实现了标准化建设全覆盖，确保了农村地区的医疗服务质量。2021年底，全省共有30529名乡村医生，其中有27939人分布在粤东粤西粤北等欠发达地区，占比91.5%，他们极大地改善了当地农村的医疗条件。过去，教育和医疗资源的匮乏严重制约农村的发展，现在情况得到了明显改善，新型农村集体经济为推动

① 邵一弘，黄进. 广东十年推动乡村风貌历史性飞跃 以点带面实现美丽乡村建设再上新台阶［N］. 南方日报，2022-09-27（A06）.

广东农村地区基本公共服务全面完善提供了坚强后盾。

三是缩小城乡收入差距。数据显示，2014—2023年，广东农村居民人均可支配收入以年均8.54%的速度持续增长，2023年达到25142元（见表5），农村居民人均可支配收入增速已经连续11年高于城镇居民，城乡居民人均收入比在2023年缩小至2.36∶1（见表6），显示出广东在均衡城乡居民收入方面的积极成效。农民收入增长强劲推动了农村消费的提升。自2014年开始，广东农村居民人均消费支出以年均9.65%的速度增长，在2023年达到22209元。农村居民消费支出的增长速度要快于城镇居民，农村居民生活水平得以提升和消费能力得以增强。农村居民恩格尔系数从2012年的49.1%下降至2022年的40.3%。如韶关市积极探索强镇富村公司等新型农村集体经济，通过整合集聚人才、项目、资金等资源，积极推动农村集体经济改革，拓宽镇村和群众增收致富的路径。截至2023年11月，全市105家镇级强镇富村公司新增营业额6.67亿元，实现利润4334.26万元，村集体分红576.22万元，解决就业人数4092人，支付农民薪酬1627.04万元，助力全市1207个村集体经营性收入全部超10万元，平均收入达36.14万元。全市有35家公司有望达到国家统计局入库纳统上规上限企业标准，打开乡村振兴、共同富裕新局面。

表5 2014—2023年广东农村常住居民人均可支配收入、生活消费支出情况

年份	农村常住居民人均可支配收入/元	农村常住居民人均可支配收入增长率	农村常住居民人均生活消费支出/元	农村常住居民人均生活消费支出增长率
2014	12246	10.6%	10043	12.4%
2015	13360	9.1%	11103	10.6%
2016	14512	8.6%	12415	11.8%
2017	15780	8.7%	13200	6.3%
2018	17168	8.8%	15411	16.8%
2019	18818	9.6%	16949	10.0%
2020	20143	7.0%	17132	1.1%
2021	22306	10.7%	20012	16.8%
2022	23598	5.8%	20800	3.9%
2023	25142	6.5%	22209	6.8%

资料来源：根据广东省国民经济和社会发展统计公报整理。

表6　广东省培育新型农业经营主体和农民增收情况

类别	项目	成效
新型农业经营主体	农民专业合作社数量	6万家
	家庭农场数量	14.8万家
	农业龙头企业总数	5525家
农民增收情况	2023年农村居民人均可支配收入增长	6.5%
	城乡居民收入比	缩小至2.36：1

资料来源：袁仲禾．广东着力推动乡村全面振兴[J]．源流，2024（3）．

2020年至今，先后有广州市南沙区南沙街深湾村、珠海市金湾区红旗镇三板村、佛山市顺德区陈村镇仙涌村、东莞市石碣镇桔洲村、茂名市高州市南塘镇彭村村、韶关市乐昌市北乡镇黄坌村、湛江市麻章区麻章镇厚礼北村、汕尾市海丰县可塘镇仓前村等145个村入选“全国乡村治理示范村镇”名单，成为政府治理、社会参与、村民自治良性互动，建设充满活力、和谐有序乡村社会的典型代表。

3.进一步夯实筑牢“三农”基本盘

广东坚持稳中求进工作总基调，立足新发展阶段，用真抓实干夯实筑牢“三农”基本盘，其中，新型农村集体经济发挥了至关重要的作用。通过新型农村集体经济的组织和运营，广东重点在粮食稳产保供、产业稳基增效、乡村建设稳步提质等方面持续发力。新型农村集体经济能够集中土地、资金、技术等资源，实现规模化、集约化经营，从而提高农业生产效率和产能，稳定粮食生产面积，并提升产业基础，不仅使乡村建设提质增效，而且推动广东农业强起来、农村美起来、农民富起来。

其一，保障粮食生产，稳面积提产能。粮食安全是“国之大者”，广东严格落实粮食安全党政同责，通过发展新型农村集体经济将饭碗端得更牢更稳。2022—2023年，全省粮食播种面积和产量基本保持稳定，包括怀集县、阳西县、英德市、南雄市和五华县等产粮大县在内，播种面积平均增长0.9%，产量平均增长1.1%，水稻亩均产量405千克左右，以水稻为主的主粮阵地较为稳固。广东省粮食生产稳中有升，但是，稳粮保供与产业升级、经济创收等存在实际矛盾，需要进一步在“三农”工作中强调粮食安全的重要性，全方位夯实粮食生产基础，保障种粮主体的经济利益。一是落实种粮补贴政策，保障种粮农民合理收益，确保完成国家下达广东的粮食目标任务。二是全面推进种业振兴，深入实施“粤强种芯”工程，加快打造种业创新强省。三是修编新一轮高标准农田建设规划，形成省、市、县三级规划体系。四是聚焦“十四五”十大主攻方向，开展核心技术攻关，提升农机装备智能化水平。

其二，推进产业发展，稳基础提效益。乡村振兴，产业兴旺是重点。广东坚持把产业振兴作为乡村振兴的重中之重来抓，大力发展富民兴村产业，扎实推进现代农业转型升级高质量发展，乡村产业振兴跑出加速度。广东紧紧围绕农业高质量发展，以农业供给侧结构性改革为主线，聚集特色主导产业，推进一二三产业融合发展，为乡村产业振兴、农业农村现代化注入新动能。如今广东农产品加工业呈现集聚发展态势，形成了一定规模的农产品加工业产业集群，广东已成为食品加工和农产品加工强省，其中，作为新型农村集体经济重要组成部分的5000多家农业龙头企业发挥了重要作用。得益于政府稳定用地、金融等政策，新型农村集体经济作为农业发展的重要实践主体，积极推进新一轮现代农业产业园建设，注重产能调控，加强产业基础设施建设，推进农产品“12221”市场体系建设，打造现代农业全产业链发展大格局，提升质量效益和竞争力。

其三，区域协同发展农业，稳产量提质量。地区发展不平衡是广东省农业发展中的突出问题。例如，佛山市南海区、顺德区和东莞市属各镇具有较好的工业基础，种植经济作物的收益远高于主粮作物，农业主导产业优先序与稳产保供问题在这类地区更显复杂，如何平衡两者关系是稳粮保供中必须正视和解决的难题。并且，基于经济效用最大化原则，这些发达工业区的农业最优选择必然是种植回报率更高的经济作物。为了完成稳粮保供指标，发达工业区的乡镇可以和省内农业区的多个乡镇建立“飞地”

合作模式，后者向前者提供耕地，则后者从前者获得地租收入和主粮生产经营收入，而发达工业区通过此模式可以实现稳产保供的目标。发达工业区通过跨地区粮食补贴增强农业区粮食生产能力和增收能力，通过跨地区合作方式为农业区提供金融支持，合作开发、建设粮食生产功能区、重要农产品保护区和特色农产品优势区，探索不同地区“点对点”稳粮保供协作区建设方案，经济较发达城市可以与经济较落后城市协同合作。藏粮于“易”，稳粮于“变”，富民于“通”，保供于“合”，强农于“新”，这个“新”就是新型农村集体经济，由此建立健全具有广东特色的新型农村集体经济的稳粮保供体系。

其四，创新涉农体制机制，稳投入提效率。省内各村通过体制机制创新，实现了“地、人、钱、技”四位一体的有效配置。在佛山、清远、梅州、汕尾等多个地区，政府通过统筹“驻镇、帮镇、扶村、撂荒地复耕复种”等多个推动乡村振兴的政策方略，以财政支农资金为杠杆，撬动社会资本，形成坚实稳固的农村内生金融体系，集中发挥财政资金奖补效应，对水稻等种植产业进行精准普惠性财政补贴，充分激活村集体经济、龙头企业、合作社和农民主粮生产的积极性、主动性，保障粮食稳定生产，实现稳产保供战略。例如，清远市清城区推动“三个整合”（即财政涉农资金、农村土地资源、涉农服务平台的整合），解决了耕地细碎化难题，整合农业发展资金，有效提高了农业生产经营效率。清远市连南县、连州市和梅州市五华县等地区通过积极探索、创新“稻 + N”农业生产经营方式，解决“撂地弃农”和“耕地他用”问题，增加了种粮主体的创收途径。

其五，构建四级联动机制，稳布局提水平。广东省从粮食安全、经济安全和全面推动经济社会高质量发展的高度，领会、贯彻、实施、推进稳产保供战略，构建“市—县—镇—村”四级联动机制，形成并落实全省、全市、全县、全镇、全村“一张图”顶层设计、“一盘棋”发展思路，建立有助于实现稳产保供战略目标的粮食生产布局，打造农业生产“三区”“三园”格局，力求实现广东省全域农业农村现代化，彻底破除城乡二元结构，实现“百千万工程”高质量发展目标。农业农村部门协同相关部门，在充分尊重自然规律和经济规律的基础上，严格根据自然地理因素和社会经济发展因素划分粮食生产功能区、重要农产品生产保护区和特色农产品优势区（简称“三区”）。合理划定粮食生产功能区的范围，重视粮食品牌建设，共同塑造、维护、强化广东粮食品牌效益，提高种粮主体收入，避免陷入增产不增收的种粮困境。推动重要农产品生产保护区实效落地，整合多方技术力量推动重要农产品育种繁种工作，促进重要农产品保量提质。探索特色农产品优势区建设模式，通过间作套种等方式形成更多地方特色立体农业，充分利用政策与市场推动品牌化建设。通过多方筹集资金建设现代农业产业园、科技园、创业园（简称“三园”），形成现代农业产业集群，打造现代农业的创新高地。

广东实践表明，新型农村集体经济是实现农业农村现代化的必要和有效途径，发展新型农村集体经济的基本路线图确定之后，党建引领和组织保证是决定性的，发挥了统分结合的体制优势。从不同地区的探索中可以总结出以下基本认识：

其一，在新型农村集体经济体系基本确立之后，如何培育农业农村新质生产力和新型生产关系便具有重要的理论和实践意义。农民应当成为建立新型农村集体经济的主要依靠力量，没有农民的主动参与，就不可能建立起健康有序、高效运转的新型农村集体经济的制度体系。

其二，新型农村集体经济的运行方式是多业态、多层次和多种所有制的混合型态，但农村土地的集体所有制性质是混合型态经营方式的底层逻辑，是起决定作用的根本制度，应体现劳动与资本有机结合的价值取向，在此基础上，允许创新资本与劳动有机结合的股份合作制企业是壮大新型集体经济的政治经济学逻辑。只有这样，才能发挥有为政府和有效市场的双重优势。

其三，建立健全新型农村集体经济才能有效夯实县域经济。要建立以数字赋农和培育农业农村新质生产力和新型生产关系为内核和动力机制的集体经济平台，以此平台为基础，才能夯实县域经济，推动城乡要素流动，优化城乡要素配置。

三、广东发展壮大新型农村集体经济面临的挑战与对策

党的二十大报告明确提出，发展乡村特色产业，拓宽农民增收致富渠道，发展新型农村集体经济。2023年中央一号文件也提到，赋予农民更加充分的财产权益，探索多样化途径发展新型农村集体经济。不过，现实中发展新型农村集体经济还面临诸多困难与挑战，需要深入剖析其成因，谋划系统性对策，才能充分保障农民的财产权益。

（一）面临的挑战

当前，新型农村集体经济发展中面临的一系列挑战，包括土地承包的分散性与农业集约化经营之间的矛盾，农民技能水平与产业升级需求之间的差距，集体经济收益增长与管理层激励机制之间的不平衡，以及农村社区治理和公共管理投入短缺等问题。因此，需要深入剖析问题，有效应对挑战。

1.村级经济联社统筹功能不强

全省各地普遍设立村组两级集体经济组织，这种制度设计保证了组级集体经济组织生产经营活动的自主性，但从实际运行结果看，在一定程度上弱化了村级经济联社的统筹作用，难以实现规模经营，导致部分集体经济发展滞后。2022年，全省集体经济经营性收入低于10万元的村占13.16%，一些地区村级层面的统筹协调能力尚未得到充分发挥，同时面临着较为沉重的公共事务负担。不少地方出现了“村弱组强”的局面，即村级组织相对薄弱而村民小组相对强势，这可能影响到村级治理的效率和集体利益的最大化。具体而言，组级集体经济组织的资源、资产、资金规模超过村级集体经济组织，但村组两级养老、治安、医疗、修桥、补路等公共事务和公益事业基本上由村级层面承担，村组两级权责不对等。例如，

江门有963个村委会实行村组两级核算，村组两级集体经济组织相对独立，行政村一级难以统筹利用各小组的资源资产，全市行政村一级可支配农用地、集体建设用地资源分别仅占资源总量的26%、38%。

集体经济的发展重点在于集体所有及其所衍生出来的与农地有关的产权。集体所有权应处在统筹与统领地位，确保各类产权在法律上得到充分尊重，在政策上得到坚实保障。在“统分结合”的模式中，“统”即统筹，是新型农村集体经济的核心要素。任何关于农地改革和组织创新的政策都应围绕“统筹”这一核心，有序推进，以期制定出符合各地具体实际的策略。广东实施“百千万工程”，发展壮大新型农村集体经济是推动高质量发展、实现具有广东特色的现代化、为全面实现中国式现代化提供示范的重要举措和关键环节之一。这要求我们坚持新型农村集体经济的所有权与事权、财权、统筹权的“统一”，确保所有权与新型农村集体经济组织的对应、对接与“统一”，解决资源变资产、资金变股金、农民变股东的“三变”机制的实现问题。通过在集体经济平台上集成各类业态和混合型经济形态，塑造出农业农村现代化的多元化组织形态。同时，通过吸收各类国有资本和社会资本构建农地产权与各类资本融合而成的新型经营模式，充分发挥城乡双重优势，强化新型农村集体经济的统筹功能，推动广东省县镇村经济的高质量发展、高水平循环、多业态融合。

为了促进新型农村集体经济与新型农业组织的高效对接，发挥规模效应和集体经济内部的专业分工优势，亟须培育和强化其内生动力和关键支撑要素。通过构建以集体经济为主导的、具有市场竞争力和综合优势的多元化经营模式，可以有效推动农业农村现代化进程，推动农村各种经济力量融入社会主义市场经济，确保农业的发展步伐与工商业发展保持同步，进而有助于在“百千万工程”中实现城乡融合发展，促进城乡居民生活水平的高水平均衡。

2.区域发展较不平衡

截至2022年底，珠三角地区农村集体经济资产总额达到10964.32亿元，占全省总额的86.41%，而粤东粤西粤北地区为1724.56亿元，仅占全省的13.59%。在全省农村集体经济总收入中，珠三角地区以1625.43亿元占比90.47%，而粤东粤西粤北地区仅有171.21亿元，占比9.53%。总收益方面，珠三角地区以968.55亿元占全省的93.8%，相比之下，粤东粤西粤北地区为64.06亿元，仅占6.2%。在账面货币资金方面，全省农村集体经济组织账面货币资金总计4896.25亿元，其中珠三角地区以4462.08亿元占91.13%，粤东粤西粤北地区则为434.17亿元，占8.87%。

值得注意的是，经济基础薄弱的村发展还是滞后。以东莞为例，尽管该市的农村集体经济资产与效益在全省居于前列，但发展仍然较不平衡。在全市收入排名后100名的村中，其经营总收入、总资产、货币资产指标在全市中的占比分别为3.2%、4.3%、3.5%，均不及排名在前100名的村的1/10；仍有8个村纯收入不足300万元，有12个村无分红和土地使用补偿款分配。这些经济薄弱村可利用土地资源少，资本积累薄，缺少经营人才，日常刚性开支较为固定，虽然经过多年的帮扶，仍难以达到全市平均水平。

因此，实施“百千万工程”，需要继续解放思想，重视区域与城乡发展不协调和不平衡问题。有必要使各级干部、群众认识到发展新型农村集体经济的重要性和关键性：它是通向农业农村现代化必不可少的组织通道、制度通道和体制机制通道，是彻底解决区域发展不协调、不平衡问题的关键性政策选择。为此，应当积极建立健全新型农村集体经济体系，充分发挥各地禀赋优势，构建各类具有比较优势的农业产业体系，实现城乡一二三产业融合发展。

3.经营收入来源较为单一

从产业发展上看，农村集体经济组织普遍面临资金、技术、管理、人才等关键要素的短缺。同时，由于其固有的社区性、封闭性，以及农村集体资产的产权制度安排，农村集体经济组织主要开展资产出租、土地入股等稳健型经营活动，以获得租金或分红。除深圳外，全省20个市农村集体经济收入绝大多数来源于物业出租等形式，占总收入的70.8%；粤东粤西粤北地区农村集体经济收入主要来源于补助收入，2022年粤东粤西粤北地区农村集体经济总收入171.21亿元，其中补助收入51.47亿元，占地区总收入的30.06%。

理论和实践均表明，借助新型农村集体经济平台吸收城乡资本，能促进农村土地和城乡各类资本有机组合，实现国有资本、社会资本与农村土地的结合，是推动集体经济发展的重要途径。以集体经济为平台，发展出与各地区资源禀赋相吻合的产业形态，实施多元化策略，拓宽增收渠道，提升农民实际收入，是实现农业农村现代化的关键。在此基础上，通过集体经济平台促进农业、工业、文旅产业、康养业与特色产业融合发展，可以优化农业农村内部和外部分工体系，培育农业新质生产力，增强农业农村综合竞争优势。

4.集体资产盘活利用率有待提高

粤东粤西粤北地区受区位条件限制，且土地等资源性资产大多已承包到户，可用于发展集体经济的资产资源不多，盘活利用存在一定障碍。部分村集体资产流转交易仅限于组织成员内部，未能通过公开市场流转交易以有效提高资产交易价值和溢价水平。2022年，全省农村集体经济组织账面货币资金4896.25亿元，占集体资产总额的38.59%，因缺乏合适投资项目以及出于规避投资风险考虑，大多作为活期存款存在银行，获取低额利息收入。集体货币资产80%为银行存款，20%为长短期理财，总体收益率仅为3.0%，货币资产所产生的收入仅占总收入的8.32%。

提高农业农村“三变机制”效率的关键在于盘活、发展农村土地市场，包括承包地市场、宅基地市场、农村建设用地市场。在体制机制上，应形成“三场合一，分类治理”格局，在确保耕地红线的前提下提升农地的地力和产出效率，发展现代化集约农业和规模农业。同时，应积极创新宅基地市场和引入新机制盘活农村宅基地的资产性质和土地资源，提升农村资产的收益率，使农村土地的租金水平或收益率逐步接近城市土地的租金水平或收益率。此外，满足城镇居民对于农村田园风光和回归自然的心理需求，实现城乡宅基地市场的融通或贯通，增加土地的升值空间，通过“三变机制”提升农民的获得感和幸福感，助推城乡融合发展。构建统一的城乡建设用地市场，实现同地同权同价，增加农民收入，实现农村城镇化、农民市民化，即在生活、工作、社会保障等方面实现城乡居民统筹发展，破除城乡二元结构，稳步推进中国式现代化。

5.扶持政策尚未形成合力

近年来，广东省委、省政府相继出台了稳步推进农村集体产权制度改革、加强农村基层党组织领导扶持壮大集体经济、加快推进农村承包土地经营权流转等政策文件，大力推动农村集体产权制度改革。但从实践效果看，出台的政策文件之间往往缺少耦合性，难以实现系统集成、形成合力，在涉及项目、用地、税费减免等关键问题上态度不够鲜明。尤其东莞、清远等地农村集体经营性建设用地指标紧缺，存在用地审批报建用时较长等问题，项目难以及时落地。肇庆帮扶资金用于农村人居环境整治、基础设施建设等较多，用于发展“造血型”项目较少。此外，由于涉及农村集体经济的税收优惠政策不够具体明确，各地对农村集体经济组织参与投资经营、年度收益分红等方面的征税标准不一，农村集体经济组织之间合作投资注册成立的公司在现行税收政策上无法享受到减免优惠，影响到农民探索多路径发展新型集体经济的积极性。

优化扶持政策要结合“锚定物”，即农村各类土地资源是实施有效扶持政策的“有效杠杆”。同时，扶持政策应致力构建新型农村集体经济组织和多元化营运平台，要在集体经济的基础上着力提高农业产业化水平，要以农地的可抵押性和可担保性构建农村内生金融体系，以此体系为基础进一步构造农村供销合作社、土地合作社、农业生产经营合作社、多种经营合作社，建立农业农村吸引资金的组织体制，增强自生能力。各类扶持政策要特别注意促进主粮生产与多种经营的统一，要增强农业农村的造血功能，提高其盈利能力和竞争能力。主粮生产涉及农业安全，多种经营涉及农业农村综合竞争能力和营利性，只有有利于两者统一起来的政策体系，才能加快推进广东农业高质量发展。

6.新型农村集体经济在地化业务较少

为扶持各地新型农村集体经济发展，近年来，全省乡村振兴示范带建设工程量较大，建设情况见表7，揭阳、韶关、清远等地将技术要求不高、村民能够自建的农村小型工程项目“直包到匠”，促进农民增收。

表7　广东省乡村振兴示范带建设情况

类别	项目	成效
总体情况	全省规划建设乡村振兴示范带	416条
	初步建成乡村振兴示范带	5800余公里
相关案例	汕尾乡村振兴示范带	覆盖面积最广
	广州新乡村示范带	10条
	佛山乡村振兴示范带	“百里芳华”
	茂名乡村振兴示范带	“精彩100里”

资料来源：袁仲禾．广东着力推动乡村全面振兴［J］．源流，2024（3）．

但是，农村集体经济发展与承接当地乡村建设项目之间还缺乏紧密的联结机制。2022年，广东省统筹涉农资金超300亿元，其中，在乡村建设补短板方面投入68.55亿元[①]。调研发现，不少地市的强镇富村公司等新型农村集体经济实体尚未能全面参与农村各类小型工程建设，许多村集体还难以充分享受到发展政策带来的红利。

（二）广东发展壮大新型农村集体经济的基本原则与对策思考

发展壮大新型农村集体经济就是要按照社会主义市场经济要求，深化改革农村集体产权制度，构建产权关系明晰、治理结构合理、经营模式稳定、收益分配公正的运作机制，充分利用村集体自身资源条件、经营能力，探索资源发包、居间服务等多样化途径发展新型农村集体经济。

① 袁瀚．广东去年投入涉农资金超300亿元［N］．南方农村报，2023-01-14（04）．

1.广东发展壮大新型农村集体经济的基本原则

一是坚持土地集体所有。《中华人民共和国宪法》明确以“家庭承包、集体所有”为核心的农村基本经营制度。长达30多年的农业稳定增长充分证明了农村土地集体所有制灵活性与包容性的作用。这一制度不仅在基础设施建设、村庄公共服务和村民自治等方面展现出优势，还确保了农民的土地使用权和居住权，为新农村建设和城乡规划、农业规模化与专业化提供了坚实的制度保障。

改革不能损害农村土地集体所有制的根基。深化改革，应坚持农村土地集体所有制性质不变、耕地数量不减少、粮食生产能力不降低、农民利益不受损，探索农村集体经济发展的多样化途径。首先，要深化农村土地制度改革，坚持集体所有制，同时推动承包权与经营权分离，形成“三权分置”、经营权流转的格局，尊重农民的意愿，依法自愿有偿流转土地经营权；其次，推进农村集体经营性建设用地入市试点，探索建立平衡国家、村集体和农民利益的土地增值收益调节机制；最后，巩固并提升农村集体产权制度改革的成果，发展资源发包、物业出租、居间服务、资产参股等多样化的新型农村集体经济。

二是尊重农民经营自主权。要保护农民发展新型农村集体经济的积极性，充分尊重农民主体地位，鼓励农民创新发展，保护小农户生产经营自主权，保障农民群众土地承包权、宅基地使用权、集体收益分配权等合法权益，建立集体经济发展与农民增收的联结机制，真正让农民群众成为壮大新型农村集体经济的积极参与者和直接受益者。要加强产业发展联农带农，推动企业与农户之间的优势互补和协同合作，通过将新型农业经营主体和涉农企业的扶持政策与带动农户增收的目标相结合，让广大农民更多参与产业发展、分享增值收益。农民非常注重实际利益，“三农”工作的成效最终要体现在农民的满意度上。保护农民利益，不应全面包办代替农民的选择，更不能采取强制命令，任何政策都应避免劳民伤财，尤其不能侵害农民的利益。历史上“大一统”的集体经济曾给农业和农民带来严重的负面影响。由农民共同决定合作方式、共同设计监督和激励机制，是提升集体行动效率和保障集体经济健康发展的关键。新型农村集体经济无论是发展与否、如何发展，还是盈利如何分配等问题，都应遵循“尊重农民意愿、维护农民权益，将选择权交给农民，由农民自主选择而非代替他们选择，可以示范引导，但不搞强迫命令、不刮风、不‘一刀切’”的原则。

三是遵循市场逻辑。在推动集体经济发展壮大的过程中，不能重蹈“归大堆”的覆辙，也不能剥夺农民权益，而应选择一条确保成员权利平等、资产股份共有、利益按贡献分配的新路。为此，必须落实党的十八届三中全会精神，遵循产权明晰、流通便利的市场经济原则，确保市场在资源配置中发挥决定性作用。在完成清产核资、界定成员身份、量化股权的基础上，逐步消除资产股份权益市场化交易的障碍，为集体经济吸引人才、资金等关键资源要素，更有效地发挥其功能，提供坚实的制度保障。

2.广东发展壮大新型农村集体经济的对策思考

现阶段要把发展新型农村集体经济与推进乡村振兴、实现共同富裕紧密结合起来，不断激发农村资源要素活力。积极寻求在市场经济条件下，壮大新型农村集体经济的新动力、新路径及新机制，加快农业农村现代化，迈向共同富裕。认真谋划落实好新一轮省级农村综合改革试点工作，在更大范围、更宽领域、更深层次谋划和推进农村综合改革，强化农村改革系统集成，形成政策合力。全省应当聚焦农村基本经营制度、农村产权制度、农村金融制度、县域城乡融合、乡村治理等领域，梳理细化农村改革任务清单，指导支持有条件的地方先行先试，率先探索推进新型农村集体经济高质量发展的举措。

第一，要深化机制创新，强化村级集体组织统筹功能。农业农村部门应鼓励各地通过村级经济联社统筹管理组级经济社资源资产，引导集体经济组织突破地域限制抱团发展。用好集体经济组织特别法人地位，支持有条件的集体经济组织以独立、合作、入股等形式设立公司法人，创新集体经济运行模式。鼓励农村集体经济组织发展混合所有制经济，发展“飞地”经济，引导村集体经营项目向城市周边以及各类园区集中，建设厂房、商业公寓、仓储库房等物业项目。尤其要健全集体经济内部治理机制，构建规范稳定的分配关系，优化乡村财务管理会计核算模式。

第二，要抓试点示范，促进农村集体经济区域均衡发展。根据《中共中央组织部　财政部　农业农村部关于强化农村基层党组织政治功能和组织功能扶持发展新型农村集体经济的通知》（中组发〔2023〕4号）的要求，按照分类分步的原则，自2024年至2027年，每年在全省范围内选择一批当地党委和政府重视农村集体经济发展、有发展思路、有工作规划、有具体举措、有实践基础、近年来财政涉农资金管理规范有效的县（市、区）作为扶持对象，集中实施新型农村集体经济发展项目，打造一批试点示范样板。

第三，要抓平台建设，规范集体资产监管。为了深化农村集体产权制度的改革，应探索制定村（社区）股份经济合作社条例。为维护农民成员的土地承包经营权，可以将其入股，并设定具体的使用权期限，一旦承包期限到期，股权将自动回归集体经济组织。集体经济组织的股权转让和股份合作应遵循“先内后外、进退平衡、资源互补”的原则，可借鉴各地的成功经验，设立股权流转和有偿退出机制。应允许成员股份在家庭内部、成员之间进行转让，并允许集体经济组织进行有偿回购。各地要提供全面的中介服务和健全的制度安排，以确保农村产权流转交易的公开、公正和规范运作。在信息系统搭建方面，应重点推动广东省农村土地承包经营权信息管理系统、农村集体资产清产核资平台、各地自建农村产权流转交易管理服务平台与省农村产权流转交易管理服务平台业务融合和数据对接。不断拓展省级平台服务功能，增强农村集体经济组织管理、农村集体经济组织成员管理、农村集体经济组织事务表决、农村集体经济合同管理等功能。此外，还应推动产权交易平台与农村财务监管平台互联互通，加强与财政部门的沟通协调，推动出台农村财务监管平台的数据标准，探索建立全省统一的监管平台。

第四，要落实税收优惠，鼓励新型农村集体经济注册为企业法人。发展新型农村集体经济特别需要实行公共开支税前列支的优惠政策以降低其经营成本。现阶段针对集体经济组织的税收优惠政策很少，按照现有的财税制度，如果集体经济组织在工商部门注册为企业法人，不仅需要缴纳资产额3%的契税和0.3%的交易费，股份分红还需缴纳20%的个人所得税，从事物业出租的，还需要缴纳营业税等7种税费。若全部按章纳税，综合税率达到36%。改制后过重的税负压力，直接抑制了基层改革的积极性，还限制了农村集体经济的积累和发展能力。我们应该考虑到，新型农村集体经济在推动集体经济发展的同时，还肩负着支持社区管理的双重职责。除了依法缴纳营业税、土地增值税、房产税等各类税费之外，这些组织还承担了许多原本应由政府公共财政负责的社区治安、卫生、教育和社会优抚等公共职能。因此，这些组织在从事农村公共事务和公益事业建设时，对其使用物业租金收入的部分实行税前列支的税收优惠政策是合理且必要的。在集体经济组织的产权改革中，将资产量化分配给个人所形成的收益分配权，其实并未真正将资产价值分配给成员，因此并不属于《中华人民共和国个人所得税法》中规定的股权范畴。据此，成员根据份额获得的红利收益，不应征收个人所得税。如果集体经济组织的资产按照其价值量化到个人，且成员以量化后资产价值作为出资，其股权在市场上可进行交易，并根据股份比例获得的红利收益，就应当依法缴纳个人所得税。

第五，加强人才引进和培养，壮大专业人才队伍。要以“三产融合发展”和“大抓发展”为目标，着力在建设高质量人才队伍上抓拓展、争一流，做好引才、育才、用才、留才工作，以人才链为总牵引，服务产业链、优化教育链、补齐医疗链，以高质量人才队伍服务农村高质量发展。同时，加快推进农村职业经理人试点工作，指导广州、韶关、汕尾、茂名、肇庆建立农村职业经理人培育、选聘、派遣、激励有关机制；结合“百校联百县”行动，推动县校双向奔赴、合作共赢；发挥驻镇帮镇扶村工作队力量，帮扶集体经济组织入股重大项目、发展乡村产业等。农业部门、人社部门、企业各方应共同搭建平台，开展技能培训，将理论学习和田间实践等多种方式相结合，持续开展农村实用人才的技能培训。

四、广东发展壮大新型农村集体经济的路径创新

新型农村集体经济是社会主义公有制经济在农村的重要实现形式，是农民农村实现共同富裕的物质基础。广东省委、省政府通过加快推进农村集体产权制度改革试点，建立健全村级集体经济组织因地制宜创新发展的体制机制，坚持产业兴农、质量兴农、绿色兴农，把农业建成现代化大产业，有力促进了农村集体经济壮大和农民增收致富。

新形势下发展壮大新型农村集体经济，要以促进共同富裕为导向，坚持以人民为中心，积极拓展农业多种功能，推进农村三产融合发展，把产业链延伸环节更多留在乡村，把产业发展的收益更多留给农民，着力缩小城乡差距、区域差距、收入差距。

要激发集体经济发展的内生动力，引导和扶持具备专业技能和经营管理能力的返乡创业人员创办家庭农场、农民专业合作社，创立农产品加工、营销企业和提供农业社会化服务的组织。同时，应以盘活经营权、落实处置权、保障收益权为重点，通过实行灵活多样的股份合作制，不断探索“集体自营、外联经营、合作经营”等多元化发展模式，推进农村集体经济持续稳定发展。

（一）坚定方向，营造发展壮大新型农村集体经济的良好氛围

要以习近平新时代中国特色社会主义思想为指导，全面贯彻党的二十大和党的二十届二中全会精神，认真贯彻落实习近平总书记对广东工作重要指示精神，切实履行“走在前列”的重大使命，立足新发展阶段、贯彻新发展理念、构建新发展格局，坚持党在农村集体经济建设中的核心地位

不动摇。要把发展壮大新型农村集体经济作为“三农”工作的一项重要任务列入重要议事日程，加强重大政策制定和统筹协调，做好政策执行情况检查督查，切实履行好指导农村集体经济组织发展和集体资产管理职责。相关部门应强化协调沟通，要在财政、土地、金融、税费等方面给予支持，为发展壮大新型农村集体经济提供有力保障。

1.鼓励各类人才返乡入乡干事业

政府应鼓励高校毕业生、退役军人、城市离退休人员等各界人才返乡投身于农村集体经济的建设和发展。在一些条件成熟的地区，可以允许这些返乡人员当中满足一定的工作年限、对乡村经济社会发展作出显著贡献等前提条件者，经过集体经济组织成员大会的讨论与决定，享有与本集体经济组织成员相同的待遇。这将有助于激发乡村发展活力，吸引更多有能力、有意愿的人才融入乡村振兴进程中来。具体所需满足条件、成员份额比例、申请和批准程序、退出办法等相关细则可由各县研究制定。同时，要避免出现损害原有农民权益、改变土地用途、破坏农村生态环境的做法。

2.促进镇村融合，畅通城乡要素流动

聚焦县域振兴和城乡融合发展，应以乡镇为发力点，按照先易后难原则，开展“百县千镇万村”全面振兴创建行动，促进农业的高品质与高效率发展，打造宜居宜业的美丽乡村，促进农民富裕与富足。借鉴浙江乡村发展得好的其中一条经验，以美丽城镇建设为突破口，推动镇村联动发展，农民就近就业。全面推进乡村振兴新阶段，广东探索开展驻镇帮镇扶村行动，就是要突出工作队驻镇，同步帮扶好镇、村两级，更好地发挥乡镇上连县、下连村的纽带作用，提升县镇村协同发展水平。

发展新型农村集体经济，需要“对症下药”。应结合产权制度改革、土地流转、乡村产业、美丽经济等项目，探索推进农村集体经济组织资产资源与城乡资本、技术、管理等生产要素的结合，激活土地资源，激发人才潜力，增强集体经济实力，这将有力地推动新型农村集体经济蓬勃发展。以“百千万工程”为契机，在经济较薄弱的地区，应探索“联村”抱团发展新模式，并通过入股分红、土地流转、务工报酬等带动村民致富；实行精准对口协作，进一步畅通城乡要素循环，运用“飞地”经济模式合作培育一批优质集体经济项目。

3.完善体制机制，培植内生发展动力

可以集体经济组织为核心、为平台，构建农业生产社会化服务体系；以经济联社（村集体）为纽带，形成经济社（股份社）的联合与生产分工体系，统筹农村土地资源利用，优化农村土地与各要素配置，支持家庭农场、农民专业合作社、农民专业合作社服务中心、农业生产托管运营中心和农业产业化联合体发展，促进家庭农场间、小农户间、龙头企业与小农户间、龙头企业间联合生产、协作经营，提高土地利用规模效率。发挥集体经济组织平台作用，通过数字化赋能，助力小农户参与社会化分工，实现与现代农业发展有机衔接，实现与大市场有效对接。深化“县—镇—村”联动机制，以农村集体经济组织为基本单元，发展农村内部内置金融，持续激发农业农村发展内生动力，培育、强化集体经济“造血”功能，支持涉农企业、农民专业合作社、农业社会化服务组织、供销合作社、邮政物流企业、银行保险机构等开展生产托管服务、技术服务、农民培训、金融服务，以及农产品保鲜、加工、包装、仓储、流通等服务，实现县域经济框架下城乡一二三产业融合发展，优化各类功能镇、特色镇、现代农业产业园的分布格局。

（二）产业振兴，持续激发农村集体经济发展新动能

发展新型农村集体经济，重心在盘活集体资产资源，关键在产业。必须做好顶层设计，逐步推动各类资源向基层下沉，为基层产业振兴创造更好的条件。

1.建构新型农村集体经济发展壮大的利益联结机制

在巩固发展资源外包、房屋租赁等传统经济发展模式的基础上，要积

极探索新型农村集体经济发展的新途径、运营的新机制，推动新型农村集体经济高质量发展。

农村地区资源丰富、潜力巨大，关键在于如何唤醒这些“沉睡的财富”，激发融合发展的深层次“连锁反应”。为此，需要构建一种能够实现多方共赢的村级集体经济发展利益联结机制，推动村级集体收入的增长和联农带农机制全面完善；同时，探索村与组之间的联合经营模式，充分利用闲置资产和资源，通过股份合作等形式共同经营各类项目。此外，需加快制定一系列旨在激活土地要素、提升村级集体经济发展的政策措施，并落实对经济薄弱村的扶持。由此，可以有效整合和流通农村的资源要素，增强和增厚村级集体经济的实力和“家底”。

2.加快发展生产性服务经济

要鼓励集体经济组织积极拓展技术指导、农资供应、生产加工和产品营销等领域的生产性服务业，不断增强其市场服务能力。一方面，支持集体经济组织主动参与到乡村道路建设、供水安全保障、电网升级改造、物流体系构建和住房条件改善等基础设施工程项目中，从而有效提升乡村基础设施建设水平，为乡村振兴提供坚实的物质基础和服务保障。另一方面，支持集体经济组织整合乡村劳动力资源，开展技能培训，承接设备养护、清洁绿化、安全保卫等物业服务。

此外，鼓励集体经济组织充分运用资源优势，在城郊及工业园区等人口密集、企业集中的区域投资建设或购置物业项目，为外来务工人员提供配套完善的公寓租赁和生活服务。支持集体经济组织打造乡村综合性服务平台，充分发挥其区域性、公共性和公益性服务功能，使其成为提供综合服务的重要载体、吸引优质资源下乡的有效承接平台和推动现代农业发展的关键支撑点。

3.探索村社融合发展新机制

要鼓励农村集体经济组织创立多样化的合作社，拓展“农村集体经济组织 + 合作社 + 农户”的经营模式，引领新型经营主体与小规模农户共同成长。大力支持其建立生产型合作社，依据乡村农业发展的实际需求，提供包括农资采购、农产品销售、加工、运输、储藏，以及信息和技术等在内的服务。积极组织成立乡村服务合作社，整合乡村劳动力资源，承担公路河道建设、绿化工程、物业管理、清洁服务、养老服务等社区服务项目。还要推动成立乡村资源合作社，活化利用农村承包地、宅基地、旅游资源等，开展规模化经营，带动乡村旅游、文化产业的发展。

农村集体经济组织还可以通过引导土地有序规模流转、开展土地股份合作、推进整村高质量农田建设等措施，集中土地资源，提升土地规模化经营水平，有利于集体乡村资源的保值增值。应当开展整体谋划，鼓励农村集体经济组织依托本地主导产业和特色产业，成立专业合作组织，在资本、产品、技术等方面加强协作，提升合作的层次和规模，增强市场竞争力，形成村社共同推动乡村振兴的合力。

4.健全多元化种粮收益保障机制

政府要通过效益引导，促进稳粮保供、稳产保供、稳质保供。适当提高稻谷等主粮的最低收购价格，推动农业适度规模生产，聚焦农业种植的薄弱环节，积极发展农业社会化服务，切实降低种粮主体的生产成本。通过科学间作和套种等模式提高土地利用效率，促进产业融合发展增加农民收入。根据自然地理因素和社会经济发展因素划分粮食生产功能区，重视粮食品牌建设，提高种粮主体收入，避免陷入增产不增收的种粮困境。推动重要农产品生产保护区实效落地，整合多方技术力量推动重要农产品育种繁种工作，促进重要农产品保量提质。探索特色农产品优势区建设模式，通过间作套种等方式形成更多地方特色立体农业，充分利用“政策+市场”推动品牌化建设。探索点对点稳粮保供协作区建设，经济较发达城市可以与粮食主产区合作，发挥各自优势建设稳粮保供协作区，通过粮食指标认定、估值、交易与执行，推动土地利用效率提高和粮食有效保障。

（三）深化改革，探索适合自身条件的集体经济多种实践模式

发展壮大新型农村集体经济，关键在于精准定位并选择适宜的发展道路和模式，应紧抓“百千万工程”机遇，科学分析当地资源禀赋和优势条件，探索特色化、差异化发展之路。

1.鼓励发展混合所有制经济

鼓励具备条件的乡村集体经济组织与不同的经济主体合作，共同建立混合所有制的经营实体，发展混合所有制经济。支持集体经济组织综合利用农村的空间、特色产业和乡村文化资源，进一步优化农村的功能布局，发展包括特色产业、农业体验、乡村旅游、康养基地等在内的多元化产业形态，通过打造乡村田园风光、乡村土特产品市场、乡村美食、乡村风俗演艺等发展乡村旅游经济，推动产业间的协调和融合发展。同时，充分利用新媒体网络平台，提升特色农产品和乡村旅游资源知名度，做好农产品销售和旅游宣传，树立集体经济发展品牌。集体经济组织还可以借助农村电子商务平台，发展网络直销、产地直销等流通新业态，降低流通成本，推动乡村一二三产业融合发展。

2.支持乡村培育绿色经济

将发展新型农村集体经济与乡村生态保护、环境整治有机结合起来，积极倡导各类集体经济组织投身于生态农业、生态旅游、生态工业等项目的建设，以加速推动乡村生产与生活方式的绿色转型和升级，实现可持续发展。鼓励集体经济组织与企业、科研院所等加强合作，积极打造绿色优质农产品基地，培育绿色有机农产品品牌，让依附于农产品中的生态价值最大化。支持集体经济组织运用现代科技成果和管理方法，发展种养结合和生态循环农业。依托乡村自然景观和文化底蕴，推进乡村文旅融合发展，全面拓展农业农村的经济功能和生态功能。

3.创新发展乡村“飞地”经济

乡村“飞地”经济是破解区域发展不均衡，促进乡村经济发展和产业升级的重要策略。一方面，鼓励乡村集体经济组织跨越传统区域限制，积极发展“飞地”经济，将乡村集体经营的项目和活动引向城市周边、特色小镇、优势农业区、农产品加工区以及各类农业产业园集聚。另一方面，可借鉴陆河县在深圳对口帮扶机制下建设“汕尾陆河创新岛（坪山）”[①]的经验，积极推广“反向飞地”这一新模式，使“飞出地”和“飞入地”构建起深度利益联结机制，以实现资源共享、优势互补、互利共赢。此外，应支持有资金、技术、项目、管理优势的乡村与有空间、资源、区位优势的乡村协同发展，开展农业规模生产、农产品加工、乡村旅游，也可以利用存量建设用地，在农业产业园附近建设厂房、公寓、仓储等物业项目。

（四）合作发展，建立规范稳定的收益分配关系

推动新型农村集体经济发展，要鼓励采取创新和灵活的策略规范治理，有效应对乡村发展过程中出现的各种挑战，从而实现新型农村集体经济的可持续发展。

1.规范集体经济治理

集体经济组织要用好特别法人身份，完善成员大会、理事会、监事会等内部治理机制，规范内部管理。一是优化农村集体资产的年度核查机制，完善集体收益的分配体系，确保集体成员所持有的集体资产股份成为其参与集体收益分配的有效依据。二是加强对农村集体经济组织的内部管理和民主监督，不断通过“阳光行动”落实集体财务公开，优化乡村财务

① 承担陆河在坪山的企业孵化、招商引资、招才引智、交流协作等职能，主要吸纳三类企业入驻：依托坪山优质资源进行科技研发、高端市场开发、交流协作需求的优质陆河企业；陆河招商引进、需先在坪山孵化培育后投资陆河的优质企业；已在坪山孵化培育、未来可采取“总部＋基地”“研发＋生产”模式投资陆河的优质企业。截至2023年12月，创新岛已有8家各类企业入驻。

管理会计核算模式，增强农村集体资产监管平台功能。三是加强对农村集体资产财务的审计，尤其是征地补偿、负责人离任经济责任、重点项目财务收支等农民群众关注的问题。四是探索建立农村集体经济组织企业转制、有条件退出等机制。巩固扶贫发展成果，落实帮扶措施，用足重点帮扶村经济增长和发展创收项目奖励奖补等政策。五是对发展基础薄弱的村组，要落实镇街属地责任，统筹资源，一村一策精准发力，力争帮扶尽快见成效。

2.创建乡村“抱团”发展机制

对于资源匮乏、位置偏僻的乡村，县级或乡镇级政府可发挥协调作用，整合财政资金与集体经济组织的自有资金，选取地理位置优越的区域共同建设或购置物业资产，实现资源共享与联动发展。一是设立完善的利益分配机制，对现有的资产按比例折股，量化到农村集体经济组织，生产经营的收益按股分红或保底分红。二是鼓励多个资源丰富、区位优势明显、综合实力强大的集体经济合作构建“强强联合”组织，或带动综合实力较弱的乡村集体经济组织组成经济联合体，集中集体资金、集中预留土地、统一规划选址、统一经营运作、统一量化股份及收益，发挥联合集聚效应，提高集体经济发展水平。三是积极推进现代农业产业园与优势特色产业集群建设，通过整合政策支持、汇聚关键要素、提供集中化服务，充分发挥这些载体的引领和辐射作用。这将有效提升区域内产业的集聚力和发展潜力，进而通过抱团组建新平台，促进产业结构的优化和效益的提升。

3.深化村企协调合作机制

在“万企兴万村共走振兴路”行动基础上，广东农村集体经济应进一步深化乡村与企业的合作发展。可以积极倡导农村集体经济组织充分利用资源优势，如土地、生态、文化等，发挥企业在资本、技术、信息和市场等方面的力量，共同推进规模化种植、乡村产业发展、产销合作、产品加工、文化旅游融合以及综合开发等多元化合作项目，不断拓展产业链条，确保乡村能够更多地分享到产业发展的成果。应进一步引导集体经济组织、企业以及农户之间建立更为完善和紧密的利益联结机制，创新实施“土地流转+优先雇用”“股份合作+保底分红”以及“订单种植+保底收购”等多种利益共享模式，以实现资源共享、风险共担、利益共赢，推动乡村振兴战略的深入实施和农村经济的全面发展。应发挥“万企联万村　共走振兴路”信息服务平台作用，及时发布合作项目和投资意向，构建乡村和企业常态化对接推进机制，推进村企合作投资项目落地见效。

4.推动更多社会力量参与

“百千万工程”带来了巨大商机，吸引了社会各界广泛参与（见表8），也为农村集体经济带来了大量合作机会，应积极推动跨村落、跨社区的合作发展新模式，如项目联合开发、委托经营、合资合作等多种方式，可以有效突破村落间的体制壁垒，实现资源的跨区域优化配置，促进共同繁荣。为鼓励地理位置相近、资源互补、产业相似的农村集体经济组织跨越行政区划的限制，实现产业链的有效衔接和协同进步，可对村集体经济未供应、闲置的土地进行全面清查，根据具体情况制定“一地一策”的分类处理方案。应支持农村集体经济组织通过土地置换、投资分成、定制购置等方式，增加物业租赁收入；探索国有企业与农村集体经济的多元混合发展模式，引导国有企业联合社会资本与农村集体经济进行有效对接，以拓宽收益渠道。

表8　广东省“百千万工程”吸引各方参与情况列举

参与方	参与形式	成效
建筑业企业	与乡镇结对帮扶	帮扶项目1756个，帮扶金额超7亿元
华电集团广东分公司	独特方式贡献	“每发一度电，贡献一分钱”
抖音集团	流量支持	未来一年内提供价值100亿元的流量支持

资料来源：2024年广东省高质量发展大会。

（五）完善保障，构建适应发展需求的政策支持体系

壮大农村集体经济，必然会遇到人才、资金、技术、管理等方面的困境，这些困境制约了农村集体经济的健康发展。应正视在基层实践中遇到的挑战，在人才、土地、财政、金融和税收等方面提供系统性支持，推动农村集体经济健康发展，加强内部管理，提升市场竞争力，以适应市场经济的客观要求。

1.完善法律保障

要充分尊重农民的意愿，通过完善法律法规，确保农民在乡村振兴中的主体地位，保障他们的切身利益，激发他们的积极性、主动性与创造性。各级地方政府需依据《乡村振兴责任制实施办法》，明确细化部门及地方的具体责任，确保各项任务和政策得到有效执行，同时，实施农村集体经济组织法律法规，确立其作为“特别法人”的法律地位，明确其权利与义务，为新型农村集体经济的发展指明方向，并提供坚实的法治保障。

2.强化制度供给

进一步深化农村集体产权制度的改革，以新型农村社区为基础，积极构建土地股份合作制等创新型集体经济组织。在此基础上，持续推进“三变”改革，即资源变资产、资金变股金、农民变股东，建立综合性的集体资产数字化管理平台，加大金融对“三变”改革的支持力度。为了密切村民与村集体之间的利益联结，应支持村集体股份合作社通过控股或参股等形式与其他市场主体进行合作经营；创新监督管理和激励考核机制，完善集体资源资产管理制度，进一步发展集体产权的交易市场体系。在推动改革的同时，还应构建有效的风险防范机制，发挥督查考核“指挥棒”作用，既要突出实绩实效，又要通过督查考核推动真抓实干、补齐短板。

3.落实配套政策

为确保“百千万工程”的顺利实施，省级相关部门已出台超过100项配套政策，各县（市、区）也制定了相应的具体实施计划，共同构筑起“1 + N + X”的多层级政策框架。在产业发展、帮扶协作、城乡建设、乡村振兴

等多个领域，政策体系逐步完善，财政投入、金融支持、土地资源等保障措施不断加强。同时，“双百行动”、建筑业企业结对帮扶等创新政策也在快速展开，这些政策既与现有政策体系相协调，又集中力量针对关键任务进行推进，使“百千万工程”的政策效应开始显现。在此基础上，应大力促进顶层设计与基层创新之间的良性互动，确保发展集体经济的有效经验和做法得到及时总结和广泛推广。

4.统筹联动

发展壮大集体经济要在政策上对集体经济内涵、边界、运行机制、组织结构进行系统考察，对集体经济与承包户、龙头企业、国有资本的关系进行周密分析，对集体经济内部融资机制或内生金融组织进行审慎安排，实现集体经济与农户、龙头企业、国有资本、电商平台、农业生产服务支持系统、农村供销合作社的有效对接，形成“县镇村”三级联动、经济联社和经济社合作创新、基本农田功能区和农业生产保护区科学布局、集体经济利润与农民收入逐年增长的发展新格局。

在三级联动机制作用下，规划产业区、生活区、生态区、污水治理区、公共服务区、休闲娱乐区等不断完善，既有利于土地资源规模利用，释放出更多农业用地和城乡建设用地，也有助于实现城乡公共服务均等化、城乡教育资源和医疗资源趋同化、城乡基础设施一体化、城乡社会管理贯通化和标准化。要特别注意乡村治理专项资金普惠化问题，可以财政专项资金为依托，撬动社会资本和信贷资金，提升乡村治理水平，合理布局，使村民向宜居宜业生态区转移，组建新型社区，创造新型业态，提供多层面就业和增收机会。

典型案例上

改革创新激活农村集体经济新动能

民族要复兴，乡村必振兴。党的二十大首次提出，加快建设农业强国。广东是全国第一经济大省、农业大省、人口大省，农林牧渔业总产值位列全国第四位，农村常住人口占全省总人口的四分之一，超3200万人。建设农业强省是广东全面实现社会主义现代化的基础。广东聚焦实施“百千万工程”，激发改革、开放、创新三大动能，加快从农业大省向农业强省的蝶变。

广东突出抓好粮食和重要农产品稳产保供；围绕“种植养殖—加工—销售服务”体系进行产业链延伸及强化，推动一二三产业融合发展；大力发展新型集体经济，从就业增收、经营增效、转移增收、财产性收入等多个渠道促进农民和农村集体经济增收；聚焦“农村基本具备现代生活条件”目标，扎实实施乡村建设行动，统筹改善农村生产生活条件；大力推进农业科技创新，深入实施“粤强种芯”工程，扎实开展农业种质资源鉴评、保护与利用；推进农业关键核心技术攻关，健全科技成果转化机制，完善农业技术推广体系；加强农村人才队伍建设，凝聚建设农业强省、全面推进乡村振兴的强大力量。

第一章

体制改革　突破瓶颈

推进城乡融合发展、实现共同富裕的重要目标是强村富民，实现强村富民、增强乡村发展内生动力的核心是发展新型农村集体经济。为支持发展壮大农村集体经济，广东印发了《关于稳步推进农村集体产权制度改革的实施意见》《关于坚持和加强农村基层党组织领导扶持壮大集体经济的意见》《关于加快推进农村承包土地经营权流转的意见》等政策性意见。同时，制定出台了《中共广东省委实施〈中国共产党农村工作条例〉办法》，大力推行村党组织书记通过法定程序担任村级集体经济组织负责人的制度机制，全面提升各级党组织对集体经济的领导能力。从2021年开始，广东省委全面深化改革委员会把进一步健全促进新型农村集体经济发展体制机制列为新发展阶段创造型引领型改革任务，在梅州等5地部署试点，探索完善农村基本经营制度、发展壮大农村集体经济、增强村级集体经济可持续发展能力的有效路径。

广东积极推动发展新型农村集体经济专项改革，实施扶持村级集体经济试点，探索破除人才、资本、项目等发展瓶颈，加快推进集体经济转型升级。通过大力发挥财政资金的撬动作用，引导大量金融和社会资本投入；通过广泛动员社会力量参与驻镇帮镇扶村，加大对重点村的帮扶投入力度，增强农村集体经济自我“造血”能力。全省需进一步深化改革，总结推广试点工作经验，持续完善农村集体资产管理，促进以土地流转为中心的股份合作制改革，支持乡村农业规模经营。

第一节　“三权分置”　促进流转

近年来，广东认真贯彻落实中共中央、国务院关于保障国家粮食安全、守住耕地保护红线等决策部署，严格按照乡村振兴的工作部署，把重点解决设施农业用地政策有关问题作为推进乡村产业兴旺的重要突破口，毫不动摇坚守最严格的耕地保护制度，加快推进农村承包地流转，发展多种形式的农业适度规模经营。

“三权分置”，就是农村土地的所有权归集体所有，农民拥有土地的承包权，农民可依法依规流转承包土地经营权。“三权分置”是对农村家庭联产承包责任制的改革创新。改革开放之初农村实行家庭联产承包责任制，土地所有权归集体，土地承包经营权归农户，被称为“两权分离”。国家顺应了农民保留土地承包权、流转土地经营权的意愿，将土地承包经营权再分为承包权和经营权，形成所有权、承包权、经营权“三权分置”的格局①。

广东稳慎推进宅基地“三权分置”改革试点，积极探索可复制、能推广的“广东经验”。根据中共中央、国务院关于深化农村宅基地制度改革试点必须封闭运行、风险可控的精神，2020年9月，中央农办、农业农村部批复同意珠海市斗门区、佛山市南海区、汕尾市陆河县、惠州市龙门县、韶关市南雄市和肇庆市德庆县6个县（市、区）为新一轮宅基地制度改革试点。自2020年以来，广东先后出台了《关于规范农村宅基地审批管理的通知》等多份文件，组织起草了广东省农村宅基地和住宅建设管理的规章草案，为宅改试点提供政策支撑。2023年，广东积极推动6县（市、区）开展新一轮国家宅基地制度改革试点，探索宅基地“三权分置”具体实现形

① 参见《关于农村土地征收、集体经营性建设用地入市、宅基地制度改革试点工作的意见》。

式，着力健全宅基地分配、流转、抵押、退出、使用、收益、审批等制度体系，推动总结一批可复制、能推广的“广东经验”[①]。

一、拉开农村土地“三权分置”改革大幕

推行“三权分置”有利于优化土地资源配置和提高劳动生产率，有利于保障粮食安全和主要农产品供给，有利于促进农业技术推广应用和农业增效、农民增收[②]。广东农村土地实行“三权分置”改革，旨在落实集体土地所有权、稳定农户承包权、放活土地经营权，推动形成“集体所有、家庭承包、多元经营”的新型农业经营机制，进一步巩固和完善农村基本经营制度。加快推动“三权分置”对广东推进农业农村现代化意义重大：一是使承包农户在获得稳定的流转收益的同时，安心在本地就业或到城镇务工，在充分转移农村剩余劳动力的同时实现多种途径增加农户家庭收入；二是通过适度规模经营，提高农村土地的利用效率，有利于新型农业经营主体普及现代农业科技，推动农业生产的专业化、机械化、集约化；三是通过把土地承包经营权确权到户，保持现有土地承包关系稳定并长久不变，给广大农户提供长久的基本生计保障和社会保障，促进基本的社会公平。

【典型案例】

溪美村：创新“334”分配制度　实现集体经济高质量发展

溪美村位于潮州市潮安区归湖镇，碧水蓝天、竹影婆娑、溪清见底，有着“小桂林”的美称。自2016年起，到村中休闲玩乐的游客日渐增多。当地村民顺应游客需求，在小溪边开办农家乐餐馆，掀起农家乐热潮。然而，农家乐无序经营的问题却日益突出，使溪美村的生态环境和人居环境

① 参见《广东省土地要素市场化配置改革行动方案》。
② 参见《关于引导农村土地经营权有序流转发展农业适度规模经营的意见》。

不堪重负，存在安全隐患。当地职能部门多次召开协调会，希望从根本上解决溪美村的发展难题，村“两委”干部提出了“整合土地，统一经营”的解决思路。不过，许多农家乐老板担心自身利益受损，强烈反对土地流转。

镇、村干部认为，土地流转是改变溪美村农家乐乱象、壮大村集体经济、带动村民获益的最佳途径。为了整顿农家乐乱象，进而从根本上破解溪美村的发展困境，溪美村成立了以党支部书记为组长的土地整合和农家乐规范发展领导小组，通过“四议两公开”确定整治提升方案，全力推进土地确权工作，先后编制了《土地整合工作方案》《土地整合入股合作经营工作方案》《凤凰溪溪美段整治提升工作方案》，研究制定溪美村旅游发展规划。最为关键的是，溪美村首创了“334”分配制度，即扣除土地基本租金每年600元/亩后，30%作为全村管理发展基金，30%给全体村民分红，40%由原土地经营者所得，鼓励村民参与土地流转，做到经营方、村集体、农户三方得利。土地被整合后，每年为村经济联合社增收70多万元，全村村民可收益约19万元，村集体收入可增加约19万元。流转出土地的生产组得益约21万元，村民可以分红120元至上千元不等。2023年，溪美村接待游客量持续上升，突破150万人次，为本村集体和农民创造约6000万元的收入，带动村民在家就业、农副产品销售额提升。在尊重生态、规范经营的基础上，溪美村大力发展生态农旅产业，形成游览、餐饮、购物、休闲等经济增长链，使生态优势不断转化为经济优势。

绿水青山变成金山银山的背后，是该村在推进权属厘清和资源整合、推进整体规划和招标发包、推进特色打造和产业发展等方面的生动实践。如今，溪美村已成为远近闻名的“网红打卡地”，获得“潮州市文化和旅游特色村”等称号，实现了以游兴村、以游强镇、以游富民。2023年底，溪美村以“发展生态旅游带动村集体及村民增收致富”的实践成功跻身全省20个新型农村集体经济典型案例之一。在尊重生态、呵护生态的基础上厚植潜力、撬动活力，溪美村走上一条生态农旅产业高质量发展新路，也让“含绿量”真正变成了“含金量”。

参考文献：

1.“10万+”村丨潮安归湖溪美村：“含绿量”赋能“含金量”[EB/OL]. (2023-07-17)[2024-03-22]. https://mp.weixin.qq.com/s/3UBhvWK2axXzKXWBkWTetw.

2.溪美村何以入选“全省20个新型农村集体经济典型案例”？[EB/OL]. (2024-01-08)[2024-03-22]. https://mp.weixin.qq.com/s/9yNvZjeW_Q3PoAF_DCQaVw.

3.归湖镇：生态资源赋能推动特色镇建设[EB/OL]. (2024-02-20)[2024-03-22]. https://mp.weixin.qq.com/s/6ppmXdpn7Pa0ZSIGkIYTaA.

二、有序推进农村承包地经营权流转

推进土地流转和适度规模经营是发展现代农业必由之路，也是农村改革创新的基本发展方向。广东高度重视建立健全农村承包地“三权分置”政策制度，加快推进农村承包地流转，积极发展多种形式农业适度规模经营。2019年9月，《广东省人民政府办公厅关于加快推进农村承包土地经营权流转的意见》出台，明确要求各级财政每年统筹安排土地流转奖补资金，以奖代补，加强对农村土地流转的投入支持。2020年以来，广东省农业农村厅选取91个乡镇和3个县（市）开展农村承包土地经营权流转奖补省级试点，探索通过“三统一”（统一整合、统一流转、统一招租）、“两预两委托”（预整合、预流转，委托统筹经营、委托统一发包公开招标）、“互换整合再流转”等方式，着力破解农业产业布局不集中、农村土地碎片化经营等难题，实现承包地相对集中连片流转和适度规模经营。截至2021年6月，全省县镇村三级共有1433个农村集体产权流转服务机构、1332个助农服务机构，建成2352万亩高标准农田，为土地流转和农业适度规模经营夯实基础支撑。

【典型案例】

五福村：探索全程托管模式引导土地流转

近年来，大量农业劳动力从农村转移到城镇务工、经商，多数农村土地由留守老人耕种或无人耕种，因而出现了耕地撂荒现象和耕地细碎化问题。引导土地流转和开展多种形式的规模经营，是破解耕地细碎化难题的必由之路。

台山市斗山镇五福村探索“农户+村集体+农民合作社”全程托管土地规模经营模式，有效盘活土地资源和引导土地流转，提升耕地利用率，解决了耕地细碎化问题，让种粮农民更有奔头。其经验入选广东省城乡融合发展典型案例。

首先，五福村积极构建多方联结合作机制，鼓励农户参与土地股份制经营。各农户以入股方式连片流转土地，依托农民合作社合作开展规模经营，实现三方共赢互利。农户参与盈余分配及监督，获得农民合作社每年每亩20元的管理费及收益盈余的15%分红。截至2023年，五福村已整合213户农户涉及500亩连片土地进行入股合作，带动农户亩均年收入增加849元，村集体年收入增加13.5万元，农民合作社年利润83.1万元。

其次，五福村大胆探索“保姆式”生产托管服务，引入服务中心和专业服务组织实施全程农业生产托管服务。村集体通过遴选优质农业托管服务组织，引入江门天禾农业服务有限公司作为专业农业托管服务组织为村集体服务。该公司整合了周边农民、农机资源，引导闲余劳动力、闲置农机参与农业生产托管服务，实现每亩年均增产200斤、亩均增收400元。服务中心则协助村集体将农户的零散地块以亩为单位入股，形成适度规模经营。同时，引进邮储银行、阳光保险、种业公司等现代化农业资源，提供“信用贷款+作物保险+良种供应”等产前服务和“统收统购”等产后服务，为农户垫支生产成本，有效降低自然灾害等带来的农业经营风险。服务中心还根据经营需求持续开拓品牌营销，通过打造益农信息示范社、农村电商直播间等项目，支持绿稻农民专业合作社开拓抖音、微信视频号等电商线上营销，助力创建“爽乡味”丝苗米品牌并顺利实现订单销售。2022年，丝苗米销售收入超230万元，盈余收益30%分配至农户及村集体。

此外，五福村还通过“两预两委托”推动农户零散土地集约开发经营，即村集体与村民签订统筹流转、连片经营的预流转协议，连片预整合土地进行规模化项目规划及基础设施建设，委托村集体统筹经营，委托第三方统一发包公开招标，引入绿稻农民专业合作社联营生产基地。绿稻农民专业合作社成立于2020年12月，利用500亩连片土地开展农业生产，从育苗、插秧到田间管理、收割、仓储、加工等生产流程，实现信息化、自动化、标准化生产，并推行“稻鸭共生”生态种养模式，全年加工能力达1500吨。绿稻农民专业合作社推行机械化作业、集中采购生产资料，降低了种粮的人工成本和物化成本，实现了节本增效；集成应用先进技术和装备，开展专业化、标准化、绿色化生产，提升了粮食的品质和产量，实现了提质增效、增产增效。

五福村的实践经验表明，“农户 + 村集体 + 农民合作社”的全程生产托管模式是盘活撂荒地和引导土地流转的有效探索，作为全程生产托管模式的探索者，五福村破解了土地流转整合的难题，逐步消灭可复耕的撂荒地，实现了农田增量、粮食增产、农民增收。

参考文献：

1.唤醒“沉睡”土地，赋能乡村振兴！江门“两预两委托”土地流转模式获省点赞[EB/OL]. (2022-08-27)[2024-03-21]. https://mp.weixin.qq.com/s/9P_3whO4H6vK7K1utd8EAQ.

2.江门台山市斗山镇五福村打造“村集体 + 合作社 + 农户”共富模式 促进新型集体经济发展：广东省城乡融合发展典型做法之二十六[EB/OL]. (2023-02-21)[2024-03-21]. https://mp.weixin.qq.com/s/ kfnvxT57r2bBkKwFORuJHQ.

3.斗山镇：党建领航，解锁村集体经济发展新密码[EB/OL].（2023-05-29）[2024-03-21]. http://www.cnts.gov.cn/tssrmzf/tsyw/ztbd/xczx/content/post_2866373.html.

三、土地流转激发集体经济新活力

最大化利用土地是实现乡村振兴的关键点。通过土地流转，农村连片土地得以进行规模化耕种，经营者扩大了农业生产规模，粮食产量得以提高，农民收入得以增加，为国家粮食安全提供了保障。依托土地集中连片开发，农村产业还向第三产业延伸拓展，让乡村观光成为土地流转的一大亮点。土地流转不仅“转”出乡村丰收新光景，还“转”出农村集体经济新活力。

一是有利于提高农产品质量并降低种粮成本。土地流转有利于逐步建立规模化生产经营体系，不仅促进农业机械化水平的提高和粮食品种统一，还可以增强农产品竞争力。生产者可以在农业生产的组织生产、资源配置、科技应用等环节，进行科学安排、合理配置、精确计算，实现农业科学化。

二是有利于转移农村剩余劳动力，增加农民收入。土地流转后，许多流出土地的农户会选择外出打工增加收入，这既解决了农村闲置劳动力的就业问题，又推进了城镇化进程，离土离乡农民可以流转撂荒地来提高收入。

三是有利于促进农业产业结构调整。通过土地流转，外出务工农民可以在不改变承包经营权的情况下获得土地收益。通过土地流转得到大宗土地的农民可以进行规模化经营，提高农业生产效率，从而扭转农业生产方式粗放、经营方式单一、农业基础设施薄弱、农业科技创新水平低的局面，加快推进农业产业结构的现代化进程。

广东积极盘活农村闲置资源，提高闲置宅基地和闲置农房的利用效率，鼓励各地因地制宜发展休闲农业、电子商务、文化体验等新业态，推动农村基础设施建设，延长农产品加工链条，挖掘产业融合新模式；引导有实力、有意愿、有责任的企业有序参与盘活利用工作，推动形成多方参与、合作共赢的良好局面。广东对闲置宅基地和闲置农房的流转利用，既壮大了乡村集体经济，增加了农民收入，又撬动了农村集体发展新动能。

如广州从化区南平村、米埗村分别与珠江实业、莫上隐等企业合作，盘活村里闲置住房、旧学校等“沉睡”资源，大力发展以民宿为核心的旅游综合体，已建成米社·莫上隐、南平客栈等一批精品民宿。

【典型案例】

松林村：议事协商推进土地流转　凝心聚力盘活乡村资源

撂荒地如何盘活？发展什么产业？村民增收从何而来？针对这些问题，位于清远市阳山县大崀镇的松林村作为“全国村级议事协商创新实验试点单位”，近年来搭建议事协商平台，开辟协商公园、连心亭、议事室等阵地，积极开展村级议事协商创新实验，探索形成“12345”议事协商模式，推动形成民事民提、民事民议、民事民决、民事民办、民事民评的多层次民主协商格局，加快实现党建强、产业旺、村庄美、乡风淳、农民富。

2021年12月，松林村党支部就如何彻底破解村经济发展村民致富增收的“瓶颈”问题，决定开展土地整合整治。在前期充分调研的基础上，松林村结合全国村级议事协商创新实验试点工作，召集了村“两委”、小组长、村民代表、利益相关方代表和党员、老干部代表等20余名代表，在“连心议事厅”围绕土地整合整治开展协商议事。代表们针对问题展开热烈讨论，最终达成共识：同意将自留田统一租给村委会，由村委会集体打包出租给种养大户；无论土地肥瘦与位置，村集体将土地进行打包，村民每年按照田亩进行分红。村民们当场对流转土地的数量、收取租金的时间、价格定位进行签字、手印确认。通过村级协商议事的开展，村民们进一步统一思想，充分考虑了利益各方的诉求，消减了不必要的阻力和摩擦，共同协商制定了《松林村土地流转实施方案》。

土地流转制度确定后，村委班子组织各村民组长外出参观学习，最终引进枸杞菜种植。在试点改革期间，松林村村民人均可支配收入从1万多元增长到2万多元，村集体经济经营性收入从15万元增长到23多万元，村民对村“两委”和村庄发展满意度不断提升。如今，在松林村，枸杞菜已成为村民的“致富菜”，村中的东风枸杞菜种植基地年产值可达150万～200万元，此外，通过共议共商发展富民兴村产业之计，松林村还引入多个新型农业经营主体，建成800亩阳山旱地西洋菜示范基地、400亩枸杞菜示范基地，建成田头智慧小站、农产品加工车间、垂钓体验园、特色民宿、农家乐等产业项目，促进一二三产业融合发展，建立健全“一地收四金（股金、租金、薪金、定金）”联农带农利益联结机制，促进农民持续增收致富、村集体经济发展壮大。除获评“全国乡村治理示范村”外，松林村还先后获得“全国综合减灾示范村”“中国美丽休闲乡村”等“国字号”招牌。

松林村在开展村级议事协商时，始终坚持党组织引领这一主线，将其贯穿议事协商始终。通过健全党的领导下村委会负责、各类协商主体共同参与的工作机制，村党组织对议事协商议题、方式、过程、成果运用进行全面引导，确保村级议事协商工作沿着正确的方向开展，其由党支部牵头、党员带头、群众参与，利用议事协商模式寻求共识，激活村集体经济促进产业兴旺的做法，使基层党组织的凝聚力、战斗力得到增强，有效激活了村民参与乡村建设的内生动力，带动当地农民持续稳定增收，助力乡村振兴。

参考文献：

1.人民日报客户端关注阳山：广东阳山：村民议事“小平台”，乡村治理“大舞台”[EB/OL].（2023-07-03）[2024-01-22]. http://www.yangshan.gov.cn/zxzx/zwyw/content/post_1729350.html.

2.朱健宁. 广东省清远市：凝聚多方共治合力 助力城乡社区一体化发展［N］. 中国社会报，2023-11-17(3).

3.阳山：“12345”村级议事协商模式，议出乡村振兴新气象[EB/OL]. (2024-01-15) [2024-01-22]. https://mp.weixin.qq.com/s/qxV15ZdbR5F61ZldmAx9MQ.

4.朱清海. 广东积极推动构建乡村治理共同体［N］. 新快报，2023-09-26（T02）.

第二节　村改工改　做大蛋糕

为大力推进低效用地再开发再利用，2022年12月，广东省人民政府印发《广东省土地要素市场化配置改革行动方案》，实施村镇工业集聚区升级改造攻坚战三年行动，以“工业改工业”为主攻方向，完善促进村镇工业集聚区升级改造政策体系，系统协同高效推进土地盘整、产业再造、环境整治、安全管理。与此同时，实施工业用地“标准地”出让制度，健全工业用地控制指标体系，力促存量工业用地“能改、愿改、快改、改好”，实现从存量拓空间、从集约增效益。

一、探索“村改工改”，推动产业转型升级，盘活存量土地资源

改革开放以来，广东省形成了数千个村级工业园，为当地经济发展作出了重要贡献。随着科技发展与生态环保要求的提升，村级工业园逐渐跟不上时代的步伐。与此同时，产业革命使城市迅速发展，使生产方式和城乡的生活需求发生改变，传统的工业生产难以满足城乡社会发展的需求，城市化进程的不断加快使人们对于城乡土地的利用更趋向于集约化连片开发。因此，“村改工改”便成为推动农村产业转型升级的重要手段，也是当前诸多城乡采用的更新改造方式之一。

近年来，广东省按照部省合作共建节约集约用地示范省的部署，以提高存量土地资源配置效率为核心，深化改革，加快推动“三旧”改造工作，改善了城乡人居环境、促进了产业转型升级。

“村改工改”重点是创新利用原有基础设施，以产业转型之导向推动原有厂房等设施的改造升级，高质量完成城乡更新行动。各地积极推进“村改工改”工作，一方面，通过对城乡产业用地改造更新，推动当地城乡产业转型升级、集聚发展，持续优化产业结构，提高土地、能源、资源的利用效率，促进城乡经济和社会可持续发展。另一方面，通过“村改工

改”，在对一些旧厂房进行改造更新的同时，改善城乡产业用地周边的交通体系、生态环境、公共服务，对城乡的功能布局产生重要的推动作用。

【典型案例】

大源村：以“村改”促产业转型升级　打造中国第一“淘宝村”

大源村曾经是广州市最大、问题最突出的城中村。老旧民房成片，有超过7000栋建筑扎堆在25平方公里的面积上，不但拥挤，还脏乱不堪。大源村过去主要以低端的服装生产与销售为主，产生的经济价值不高，同时给周边生态环境以及社区治理带来隐患。近年来，大源村以“村改”促产业转型升级，推行低端淘汰、高端改造产业转型升级计划，打造现代化林安物流示范园和电商直播基地，成为首个年销售额突破百亿元规模的“淘宝村”，被誉为中国第一“淘宝村”。

这一巨变还要追溯到大源村电商产业的发展源头。大源村电商产业起步于2012年，主要依赖于临近沙河服装批发市场的地域优势和卖家的个人行为。2014年，个人电商在大源村逐渐集聚起来。随着大批卖家的涌入，大源村的电商规模迎来大爆发，于2015年步入全国十大“淘宝村”。大源村虽然电商规模逐渐壮大，但整体发展依旧处于小作坊模式，各电商分散于城中村出租屋。这时期的大源村电商，“大而不强、多而不聚、杂而不精”。这种小作坊分散模式，虽然在一些基本的运输、销售环节上不成问题，但缺少大型生产、研发等高附加值环节。

自2018年以来，大源村开展重点整治，从三方面启动“村改”促进产业转型升级，让原本“野蛮生长”的“淘宝村”升级为可持续发展的现代产业集聚区。

一是整改环境。2018年，大源村以整治违法用地、违法建设为抓手，重点整治“脏乱差”。通过强力查控违建，大源村拆除现状村住宅和物业建筑332万平方米，逐步盘活生态和空间活水，完成沙坑涌绿道、景观建设。大源村新建大源五社公园、黄庄后山公园、11社后山公园等56个公园、共166公顷，人均公园面积从0.1平方米增加到11平方米。同时，还规划新增学校、医院、公厕、农贸市场等106处公共服务设施。

二是整改合同。大源村通过对500多份租期超长、租金超低等问题合同的清理、整改，追回合同欠收租金424万余元，并通过协商调整租金等方式为村社每年增加租金收入1000万余元。通过整改合同，既理清了“家底”，又保障了集体利益，还带来了资产增值，充分释放了“三资”监管红利。

三是改革模式。通过开展综合整治民宅办厂，摒弃低效益、高污染的旧产业模式，大力推动电商产业园建设，打造直播电商新业态模式，大源村一改以往“模仿爆款、薄利多销”的模式，打造有竞争力的自主品牌，用创意赢得更多附加值。同时，紧跟“直播带货”潮流，建设直播基地，成功盘活大源电商创意园、大源文化创意谷，并且联合物流企业、电子商务研究院，成功打造区域性商贸物流中心和地区性小商品集散基地。

大源村“村改”带来的红利显而易见，通过整改环境治理了污染，补齐了公共服务设施短板，尤其通过整改集体经济合同探索出架构合理、逻辑清晰、运作高效的“三资”监管新模式，推动“三资”管理公开透明，给群众一本“明白账”，从而使电商产业得到飞速发展。村内拥有25个电商园区，超过3000家的淘宝店铺，其中，10余商家营业额过亿，50余商家营业额超千万元，数千商家营业额达到百万元级别，带动了全村经济发展。大源村已成为以“村改”推动农村产业转型成功升级的生动写照。

参考文献：

1.这条村年增收千万!靠什么?“三资”管理新模式！[EB/OL].（2019-10-17）[2024-03-20]. https://mp.weixin.qq.com/s/1HBnTA9N3p91AcqxBLO6Mg.

2.大源村，你变了！[EB/OL].（2020-07-07）[2024-03-20]. https://mp.weixin.qq.com/s/pS78UDz8sSqfgWDZB0QXEA.

3.【大源街商会】监事长单位广州市白云区大源街大源村经济联合社简

介[EB/OL].（2024-01-23）[2024-03-20]. https://mp.weixin.qq.com/s/ywzTMUC6lrBgcAcQqOn6GA.

4.赛果展示|大源村乡村振兴成果与发展对策研究[EB/OL].（2023-05-31）[2024-03-20]. https://mp.weixin.qq.com/s/KtBl2yGCj49r_uX8CkWSOA.

二、优化配套政策，促进转型升级和城乡融合发展

为深入实施中共中央、国务院关于粤港澳大湾区建设的战略部署，继续深入推进节约集约用地示范省建设，全面推进土地供给侧结构性改革，优化“三旧”改造市场化运作机制，加快推动“三旧”改造取得突破性进展，促进高质量发展，2019年8月出台的《广东省人民政府关于深化改革加快推动“三旧”改造促进高质量发展的指导意见》明确支持旧城镇、旧村庄整体改造。东莞水乡片区、中山火炬开发区等地的“连片工改”模式探索在释放空间、优化功能、完善配套、导入产业等方面均有很大的潜力。通过连片统筹，加强对连片存量产业地区进行整体规划与管理、优化空间布局、协调多元利益，是“村改工改”的重要发展方向，有利于促进产城融合，保障公共利益。广东深入推进“村改工改”，改善了城乡人居环境，推进了产业转型升级，为其他省开展“村改工改”提供了有益借鉴。

（一）创新“村改工改”工作需要解决的问题

广东省是全国最早开展“三旧”改造试点省份之一。2021年发布的《广东省旧城镇旧厂房旧村庄改造管理办法》是全国第一部关于“三旧”改造省级政府规章。然而，在实践中发现了一些问题：一是“村改工改”多以城市更新政策为主要参照，专项政策比较少，还未形成有效的监管体系；具体实施还需要各地找准“村改工改”的发展定位，加快完善相关政策的出台并加以引导。二是“村改工改”面临融资困难。“村改工改”项目面临利润率降低、回款周期变长、各方诉求难满足、后续项目资金不足等问题，加上项目融资方面还未形成单独的融资体系，仅靠公共财政资金

投入无法解决全部资金问题。三是“村改工改”涉及多个改造单元，而且许多开发商未能准确把握产业地产的开发规律，导致市场主体参与“村改工改”的意愿减弱。四是“村改工改”项目开展后，运营往往难以跟上，因为工业物业后续的销售和招商是确保改造成果的关键，需要有产业运营能力极强的开发商或产业运营商统筹运营。此外，优质产业能否顺利引进，也是“村改工改”面临的重大挑战。

（二）推动“村改工改”工作高质量发展

《广东省旧城镇旧厂房旧村庄改造管理办法》鼓励各地结合“三旧”改造工作统筹推进“村改居”，进一步提升全省“三旧”改造管理规范化、法治化水平，更好地释放市场主体活力，助力推进城市更新和“村改居”。

首先是创新融资政策。“村改工改”项目对资金需求很大，会大量占用生产型企业的流动性资金，如果仅单纯依靠一种或两种融资模式将很难满足未来发展的资金需求，因而需要扩大融资。扩大融资的关键在于围绕城乡产业融合发展创新融资政策，释放空间资源。因此，各地在加强“村改工改”项目与城乡产业融合发展的同时，不断优化信贷资源配置，提升金融产品和服务的精准性，创新融资模式，助力城乡产业高质量发展。

其次是加强试点带动。2022年底，国务院部署在全国选择部分城市开展要素市场化配置综合改革试点。广东以粤港澳大湾区内地九市为区域申报国家试点，对农村建设用地市场提出了推进农村闲置宅基地留权整治、推进集体经营性建设用地入市、完善农村产权流转市场体系等措施，对化解珠三角村改居等遗留问题产生了积极促进作用。根据国家统一部署，广东开展农村集体经营性建设用地入市试点，推进农村集体经营性建设用地与国有建设用地同等入市、同权同价。

最后是加强政策支撑。现阶段，深圳、广州、中山、汕头等地均发布了“村改工改”相关政策，明确了“村改工改”的具体行动计划和具体要求，推进“村改工改”以促产业高质量发展。以中山市为例，截至2023年7月，全市出台的“工改”政策文件达78份（含内部指引），政策文件相互补充，构建成涵盖土地整备、空间规划、审批服务、财税金融等方面的政策体系，并持续推出新政策，充分体现了对“村改工改”的重视。由于“村改工改”过程中还涉及许多复杂问题，只有不断优化配套政策和操作指引，才能进一步激发“村改工改”的自觉性与积极性。

【典型案例】

雁田村：创新推动经济转型　多元化经营显成效

凤岗镇雁田村是东莞市首个“百亿村”，在创新推进经济转型、探索多元发展、确保资产保值增值方面取得了显著成效，为农村股东分红“添柴加薪”。截至2023年底，凤岗镇雁田村村组两级总资产（含下属资产公司）达102.6亿元，比上年增长10.3%，村民人均分红超过4.7万元。

雁田村拉响村改更新引擎，优化存量土地利用，为产业成功转型升级奠定了基础。其中，提前收回686亩原出租地块，积极招引优质产业项目；推动327亩深惠城际周边城市更新TOD项目，对标深圳打造新核心。截至2023年底，完成单元初步成果；规划推进4个“工改工”项目，2023年重点推进得利钟表“工改工”项目，项目投资总额约12亿元，总用地面积42209.8平方米，项目建成后的年产值约8亿元，年税收贡献约7800万元。

在此基础上，雁田村打造了村企合作共赢的典范。2023年10月，雁田村与三正集团合作的地产项目一期部分资产顺利交付，为雁田村增加资产1.7亿元，项目总收益预计约8.5亿元；入股京东智谷、天安数码城项目，增加资产1.7亿元。此外，雁田村还先后成立10家全资公司，聘请职业经理人专业化运营，投资参与优质项目，持有广发银行、东莞农商银行等优质股权约12亿元，年收益约1.7亿元；持有信托产品约7亿元，年收益约9000万元，确保村民享受稳定的发展红利。

增加村民收入、提升村民获得感和幸福感，是集体经济发展的出发点和落脚点。雁田村通过做强村企合作，做优多元投资，做大集体物业，做精资产管理，用实干为全省集体经济多元化发展提供了“雁田经验”。

参考文献：

1. 市农资办助力建成全市首个百亿村[EB/OL]. (2024-02-06) [2024-03-02]. http://nyncj.dg.gov.cn/gkmlpt/content/4/4151/mpost_4151668.html#410.

2. 田玲玲. 村民股东分红五年增67.3%　力争明年清零“0分红村”[N]. 南方都市报，2024-2-29（DA07）.

3. 黄嘉丰. 东莞“百亿村”凤岗雁田：进一步做强村企合作，做优多元投资[EB/OL].（2024-02-18）[2024-03-06]. https://static.nfapp.southcn.com/content/202402/18/c8610768.html.

三、打赢打好村镇工业集聚园区改造升级攻坚战

广东产业空间细碎化问题较为突出，特别是珠三角地区的村级工业园存在大量的低效工业用地。部分地区缺少土地和产业规划，导致工业用地布局细碎及混乱。土地利用散落无章，工业用地与住宅区相互嵌套，存在大量的边角地和插花地，破坏了工业空间整体性，恶化了人居环境，加重了土地综合治理难度。

低效工业园区改造升级是实施“百千万工程”、加速产业扩容提质、重塑城乡发展空间的关键一环。近年来，随着教育水平、劳动力素质的逐步提高，各地开始发展先进制造业、技术研发、生产性服务业、品牌营销等多元化业态，更高质量、更高标准的公共基础设施、居住环境、生态环境的需求更为旺盛。低效、低标准的产业用地和服务设施愈发难以满足发展新需要，因此需要积极推动低效工业用地的升级改造。2021年4月，广东省自然资源厅等印发《广东省村镇工业集聚区升级改造攻坚战三年行动方案（2021—2023年）》，提出“至2023年底，通过淘汰关停一批、合并搬迁一批、功能转换一批、改造提升一批集聚区，工业用地供给能力明显

增强……集聚区升级改造的体制机制和配套政策体系进一步健全”工作目标。2021年7月，广东省人民政府办公厅印发《关于深化工业用地市场化配置改革的若干措施》，旨在破解供需不匹配局面，扩大工业用地有效供给，保障中小企业生产空间，支持各地多措并举盘活存量工业用地，引导产业集聚发展。

（一）正视“工改”困难

在乡镇级工业园区的改造过程中，基层政府、企业和村集体组织等多方主体之间形成了一个错综复杂的利益网络。这种复杂的利益关系增加了土地连片开发建设的难度，而且由于经济利益博弈，容易引发社会纠纷，增加社会治理的成本，从而阻碍了多主体利益共同增值的实现。在“工改”推进过程中，时常出现各部门协调不足、改革路线不清晰、责任不明确的情况。例如，自然资源部门负责土地审批，却无法掌握相关园区的环保或安全生产信息，更新改造工作难以有针对性地开展；更新改造完成的产业空间缺乏科学管理，片面追求租金收入，无法推动产业园区的高质量可持续发展，容易造成产业上的“劣币驱逐良币”。

此外，农村集体土地流转市场的不完善和土地交易的不规范问题也相当突出，违法占用土地的现象屡见不鲜，部分乡镇企业违规使用集体土地，存在批而未建、擅自改变用途、一地多企等问题。这些企业作为区域产业链的关键配套，客观上要求周边能提供适用的村级工业园用地，倘若中小企业没有得到合理的安排，那么在缺少产业空间的条件下就会选择就地关停，将工厂迁移至其他地区。这将造成产业链企业生产成本的进一步上升和影响长期的供应链稳定。

（二）推进“村改工改”工程，为村镇工业提质增效

为促进产业空间提质增效，各地政府部门积极推动集中升级改造，形成正向的产业升级路径。首先由环保、安监部门负责淘汰、清退高污染、

高安全隐患的企业，其次由自然资源部门负责低效工业用地的更新改造工作，最后由招商部门负责对更新改造后的用地进行招商，引入新产业。各地坚持以产业规划为指引、以“工业改工业”为主攻方向，支持村集体、社会资本等市场主体开展村镇工业园升级改造，允许按规定享受完善历史用地手续、土地出让收益返还、土地增值税补助等优惠政策，鼓励在用电、用水、排污权等方面根据土地利用效率实行差别化要素配置政策，倒逼产业空间提质增效。

广东在实践中强调，要分类改造低效工业园区，根据工业园区所处产业集聚区内外情况和用地效益分级情况，划分为改造提升园、承接转移园、限期搬迁园、复垦复绿区、收储发展区、保留提升园等，并提出对应的改造计划。例如，潮州市出台的《潮州市村镇工业集聚区升级改造实施意见（试行）》提出，改造提升园在产业集聚区内的中效工业园区中筛选，工业园区改造以工业用地改造提升为主要方向，以促进企业的扩容升级；承接转移园在产业集聚区内的低效工业园区中筛选，主要为高效技术企业、规模以上工业企业等优质企业，以及产业关联度大的中小型企业、需要集中共享设施的企业腾挪发展空间。2021年10月，广东省自然资源厅借鉴顺德村镇工业集聚区升级改造成功经验，制定了《关于推广佛山市顺德区村镇工业集聚区升级改造模式及其典型案例的通知》，对顺德区村镇工业集聚区升级改造模式进行梳理汇总，明确各种模式的主要特点、适用条件、操作流程及注意事项，指导各地建立适合本地实际的多元化改造模式，不断丰富改造实施路径。2022年2月，广东省工业和信息化厅、广东省自然资源厅发布《关于组织评选第一批村镇工业集聚区升级改造示范项目（示范园区）的通知》，计划评选一批示范项目（示范园区），为全省村镇工业集聚区升级改造提供可学习、可借鉴、可复制的模式和经验。广东省生态环境厅针对村级工业园行业分布较散、企业众多，单个企业治污成本高、治污效果不理想，环境监管难度大等问题，加大整合力度，把同一产业或同一特定生产加工环节聚集于同一专业化工厂，实现集中生产、集中治污，并支持鼓励各地市针对本地产业发展特点和需要，科学论证建设“共性工厂”。

各地区因地制宜，在符合土地利用总体规划、城乡规划和产业发展方向的前提下，分类明确低效产业用地再开发政策，积极推动引导要素整合，坚持市场化运作，通过联合、兼并收购、改制、重组等方式，有效整合资本、劳动力、技术、土地等要素促进产业转型升级，化解过剩产能和淘汰落后产能。同时，将企业兼并重组需要搬迁的工业项目确需新增建设用地的，纳入年度新增建设用地计划统筹安排，保障合理用地需求促进产城融合，引导实现规模集中、要素集聚、产业集群、用地集约。

（三）完善村级工业园区升级改造协调联动机制

近年来，广东各地借鉴顺德村级工业园改造经验，强化政策支撑，加强规划引领，优化行政审批，突出示范带动，注重分类施策，扎实推进村镇工业集聚区升级改造工作，同时指导各地注重改造涉及的各类基础设施协调联动。

首先，制定协调联动机制规范政策。2021年4月，《广东省村镇工业集聚区升级改造攻坚战三年行动方案（2021—2023年）》印发，要求复制推广顺德改革经验和做法，从规划统筹、综合整治、产业导入等方面出台14项改革措施和18项支持政策，其中明确“各地级以上市要编制2021年至2023年改造总体计划，建立升级改造项目库，明确升级改造面积、范围、时序、实施步骤、改造目标等”“加强集聚区与城市基础设施的对接，加快集聚区基础设施更新改造，完善集聚区周边居住、商业、医疗、教育、养老等生活服务配套”“各地级以上市要进一步完善集聚区升级改造拆迁补偿标准、操作办法，推动同一区域、同一类型项目补偿标准的统一”“各地级以上市要建立健全风险防范和征拆纠纷协调裁决机制”，推动编制改造计划、注重改造涉及的基础设施建设、保障行政相对人的合法权益。

其次，加强国土空间布局与产业发展规划充分衔接。广东省自然资源厅积极指导各地结合国土空间规划编制，与产业发展规划充分衔接，区分不同村镇工业集聚区升级改造的类型，合理确定其功能分区和规划布局，明确规划建设的时序安排，科学预测各类基础设施的需求，合理预留用地空间和通道，并在详细规划中传导落实。2021年1月，广东省生态环境厅印发《广东省生态环境厅关于进一步做好产业园区规划环境影响评价工作的通知》，要求以“三线一单”、规划环评为引领，鼓励规划环评包括依托产业园区发展的产业集聚地以及县政府批准设立的工业集中区等区域，指导村级工业园区通过开展规划环评，梳理园区开发现状、生态环境保护情况、环境质量状况，完善园区污染物收集处理等配套设施建设，促进村级工业园区绿色发展。

最后，调动市场主体参与“村改”的积极性。2020年12月，国家税务总局广东省税务局和广东省自然资源厅联合颁发《顺德区村镇工业集聚区升级改造税收指引》，针对顺德“村改”中常用的8种模式，逐一明确税务处理意见，为改造主体提供清晰的缴税指南，并允许其他地区参照执行；《广东省财政厅　广东省自然资源厅　国家税务总局广东省税务局关于明确广东省“三旧”改造土地增值税补助有关事项的通知》明确要求，各地每年获得的“三旧”改造土地增值税补助资金优先用于村镇工业集聚区升级改造范围内符合条件的“工改工”项目，提升市场主体参与“工改工”的积极性。

截至2023年11月，广东省实施村镇工业集聚区升级改造面积6.6万亩，投入资金780.3亿元，已完成面积2.9万亩。

【典型案例】

横坑社区：以“村集体＋产业运营商”模式实现村级工业园改造升级

重大产业项目是支撑集体经济发展的顶梁柱，也是引领带动集体经济增收增资的核心力量。横坑社区位于东莞市寮步镇，当地以村集体自改方式推动辖区内横坑昌运产业大厦、横坑商业大厦、万荣工业区三个“工改工”旧改项目落地，总投资10亿多元，新建集体物业面积42万多平方米，探索出农村集体资产提质增效的发展之路。

万荣工业区建成于1994年，占地165亩。囿于落成年代久远，厂房设施老旧，缺乏相应的配套设施，长期承接产能低、污染大的低端企业，难以承接高技术、高附加值的优质企业进驻，无法为集体创造新的收益。为了解决土地利用率低下的问题，盘活低效资源，推动厂区升级改造，横坑社区建立了“社区党委书记总统筹、副书记跟进落实、两委干部全体参与”的协调推进机制开展企业清退工作，根据企业实际和生产需求提前帮助企业联系新厂房，逐步终止所有到期的租赁合同，妥善安排原有26家企业的清退搬迁，实现企业生产转移无缝衔接，为工业区改造奠定了基础。

横坑社区立足东莞“科技创新＋先进制造”的城市发展定位，将万荣工业区项目作为轴心，将三星工业区、三和工业区、百业五金城等600多亩产业用地连片升级改造，重新塑造高标准的新型产业空间。同时，有针对性地强化智能装备制造、新一代电子信息、新材料生产等优势产业及相关产业链的精准招商，设定准入门槛，引进优质高新技术企业和具有发展潜力的中小企业，与当纳利印刷、科隆威智能装备、中国科学院声学研究所、贝特电子等企业和研究机构达成合作意向。

此外，为应对村集体在专业技术、招商运营等方面的经验不足，横坑社区从外部引入专业力量，通过“一次表决、一次招标”确定产业全程服务商，帮助社区完成政策对接、规划调整、园区设计、工程管理等环节的各项工作，实现村集体与产业运营商各取所长、优势互补。根据预测，横坑社区“工改工”项目建成后，年产值可从1.5亿元提高至20亿元，地块租金收入为村集体创收达7500万元，是改造前的6倍。

参考文献：

1.深度|东莞“工改工”项目的“横坑模式”[EB/OL].（2023-09-14）[2024-03-23]. https://mp.weixin.qq.com/s/S-dWQwtwl2pWxe5fXdskoQ.

2.寮步横坑：典型村里的示范带头队伍[EB/OL].（2024-03-15）[2024-03-23]. https://mp.weixin.qq.com/s/MAObO3oNyVH1X_IRk2-OKA.

3.东莞镇村工业园加速蝶变[EB/OL].（2020-12-08）[2024-03-23]. https://mp.weixin.qq.com/s/zxQs-f_KzG_LAlDVRR30aA.

4.【直隶青年·思在东莞】关于对横坑社区集体经济发展的调研与思考[EB/OL].（2023-04-04）[2024-03-23]. https://mp.weixin.qq.com/s/Db3r9hc-bsnrBcswP-_MLg.

5.百千万工程|点赞！横坑社区入选广东“百千万工程”首批典型村名单[EB/OL].（2023-11-24）[2024-03-23]. https://mp.weixin.qq.com/s/VRyTA8k93l-4CkVF9v_WnQ.

6.如何高效盘活农村集体资产？村企面对面交流经验[EB/OL].（2023-09-01）[2024-03-23]. https://mp.weixin.qq.com/s/BZU5p1E2gtrsicGz2ul_bQ.

第三节　盘活资源　协同发展

广东在“村改工改”中敢想敢闯敢干、敢为人先，坚持以改革促发展，提高土地资源的使用效益，推动乡村产业从“小、散、乱”向协调有序发展。同时，建立城乡产业用地和厂房入市、转让、退出约束机制，优化城乡产业间协作，实现上下游产业集聚发展。

一、以“三旧”改造为突破口　提高土地资源使用效益

改造旧城镇、旧厂房、旧村庄，是化解人多地少矛盾的迫切需要，是改善城乡人居环境、加快发展方式转变、激发城乡生机活力的客观要

求。广东出台了系列政策，进一步规范了“三旧”改造类型、实施主体、改造流程、用地供地等，形成了较为成熟的存量建设用地开发政策体系。为解决盘活存量土地过程中出现的新问题，省政府印发《广东省人民政府关于提升“三旧”改造水平促进节约集约用地的通知》《广东省人民政府关于深化改革加快推动“三旧”改造促进高质量发展的指导意见》，细化明确规划管控引导、收益分配机制、“工改商”政策等方面要求，创新审查报批机制，鼓励整体连片改造，支持降低用地成本，吸引更多市场主体参与。

2021年，广东出台全国首部“三旧”改造省级政府规章《广东省旧城镇旧厂房旧村庄改造管理办法》，确立“三旧”改造规划管理、用地审批、收益分配、项目监管等制度，针对征拆难题，运用国家关于土地征收的法律规定提出“责令交出土地”的解决思路。此外，广州、深圳、佛山、东莞作为“三旧”改造的先行城市，因地制宜探索了一系列创新举措。

二、以产业转型升级为主引擎　促进农村集体经济发展

广东省大部分城中村的集体经济以第二、第三产业为主，推进城中村集体经济形态升级和产业结构转型，是增加集体经济收入、改善生活环境、增进村民福祉的前提。

在推进城中村微改造的过程中，广东始终将推进产业转型升级作为一项重要工作。一是加强规划管控引导，在连片成片改造过程中充分预留产业发展用地。在编制改造专项规划和详细规划时，统筹考虑产业发展目标，合理确定改造范围、用途、布局、时序等。二是大力推动低效产业用地盘活利用。地级以上市、县级人民政府可以安排一定比例的土地出让收益用于支持改造为工业、公益性用途的项目。三是支持优化利益分配，推动解决“工改工”项目收益率低甚至没有收益的问题，积极培育创新创业载体。例如，佛山市南海区运用政府引导、村为主体、市场运作“三大法

宝”，实施旧村提速改造。该区永胜村率先探路，从低端出租经济向现代服务业转型，从传统厂房仓库经营向现代中心区商业商务转型，从农村集体经济组织向现代股份制企业转型，实现村民、企业、政府三方共赢，农村集体经济获得可持续发展。

2019年8月，《广东省人民政府关于深化改革加快推动“三旧”改造促进高质量发展的指导意见》提出，对创新创业载体根据土地权利受限情况实行差别化地价，降低用地成本，支持科技创新和实体经济发展。为推进城镇老旧小区改造、居住社区建设补短板、城中村改造、绿色社区创建等工作，广东省住房和城乡建设厅出台《城中村微改造工作指引（试行）》，要求围绕城市对城中村所在片区的总体功能定位和产业引导方向，确定城中村的产业扶持重点，完善城中村相关设施，通过微改造推动城中村更好融入城市职能分工和产业体系，鼓励城中村合法建筑原使用功能转换为民宿、科创、文化、商业、办公等多功能。

【典型案例】

马务村：聚焦“城中村”改造提升，推进产业转型升级

马务村位于广州市白云区黄石西路。自改革开放以来，多家国有工厂进驻马务村，吸引了大量的外来务工人员在此扎根，当地人口密集，商业繁荣，成为典型的“城中村”。早先，村中的企业主要经营工艺品、皮鞋、电器等产品，随着产业转型，部分企业面临空置停产，集体经济规模较小，村容村貌亟待提升。

2015年，村中的长征皮鞋厂、红菱电器厂和万宝冷机厂等多家国有企业旧厂房被时代商业与马务村集体合作改造成为5A级生态园林式创意产业集聚区。区内陆续建成了科技创意园、文化创意园，设立了农民工博物馆、产业转型升级展示长廊、大学生创业园等，重塑了马务村的城乡空间，将其改造提升成为广州乃至全国创意文化新地标，先后吸引了485家科

技文化创意企业进驻，带动8000人就业和周边物业价值提升，每年上缴利税超过2亿元。

村集体存量用地活化是广州城市更新永恒不变的主题，2022年8月，广州市政府常务会议审议通过村镇工业聚集区更新改造新政，白云区政府因势利导，按照政府引导、村为主体、市场运作的原则，对辖区内的村实行产业转移，以产业转型升级为抓手，促进城中村提速改造，以不大拆大改、修旧如旧的改造方式，保留了马务村过往年代的独特印记，改造带来了产业集聚与升级，形成"生产—设计—研发—直播营销—渠道—延伸服务"直播全周期产业链条，涵盖25项服务，为企业整合直播生态资源，助力快速成长。

在广东，第二、第三产业是众多城中村集体经济的重要来源，马务村在产业转型升级、村容村貌重塑的过程中，实现了村民、企业、政府三方共赢，使农村集体经济获得了新的可持续发展机会，实现了村民收入的稳定增长。

参考文献：

1. 刘智民，杨清淦，汪沛，等. 华丽蝶变展活力　向美而生谱新篇——解析城中村改造的"广东模式"［N］. 中国建设报，2022-08-10.

2. 广东建设年鉴编纂委员会. 广东建设年鉴2022 [M]. 广州：广东人民出版社，2022.

3. 钟键挺. "马"上展宏图 马务村［N］. 信息时报，2014-02-04.

三、以拓展住房供应为抓手　保障外来人员安居乐业

2021年《国务院办公厅关于加快发展保障性租赁住房的意见》印发，拉开了人口净流入大城市和省级人民政府确定的城市加快发展保障性租赁住房的序幕。广东作为经济大省，吸引了大量的外来人口，发展保障性租赁住房是解决新市民，特别是年轻人住房问题的重要途径。为此，广东落实新发展理念，适应城市发展形势要求，制定出台城中村微改造工作指

引，结合乡村振兴和创文巩卫等工作，完善公共服务和基础设施，改善公共环境，消除安全隐患，提升人居环境品质。全省出台了加快发展保障性租赁住房的相关实施意见，并将广州、深圳、珠海、东莞等10个地级市列为发展保障性租赁住房的重点城市。鉴于城市中心区域土地供应紧张，房价高、房源少、租房难对人才产生“挤出效应”，制约城市持续发展的障碍。所以，保留一定规模的城中村作为中低收入群体承担得起的居住空间，是解决城市核心区域住房困难的有效办法。

2019年12月，广州、深圳作为国家试点城市，开始试点推行政策性租赁住房。2021年4月，广东省住房和城乡建设厅印发《广东省发展保障性租赁住房试点工作方案》，新增珠海、佛山、东莞三市作为省级试点城市。为加快发展保障性租赁住房，广东省住房和城乡建设厅制定《广东省住房发展“十四五”规划》《广东省发展保障性租赁住房三年行动计划（2021—2023年）》，决定在“十四五”期间筹集建设保障性租赁住房74.05万套（间），其中2021—2023年全省新增筹建51.2万套（间），更好地保障人民安居乐业。

近年来，广东积极引导住房租赁市场与城市更新等工作有机结合，盘活城乡存量空间，扩大租赁市场供给；健全供地方式，支持利用集体建设用地建设租赁住房，鼓励和引导各地在城市更新中配建公租房；强化金融支持，支持金融机构向改建、改造存量房屋形成非自有产权保障性租赁住房的住房租赁企业提供贷款，允许符合条件的建设保障性租赁住房的集体经营性建设用地使用权办理抵押贷款；培育市场供应主体，加强租赁住房多主体投资、多渠道供给，鼓励企业参与城中村改造项目。各地市因地制宜探索出一些创新政策举措，如广州提出城市更新项目需配置政策性住房和中小户型租赁住房，深圳提出建立城中村住房规模化租赁改造机制，东莞提出城中村存量住房满足要求可转为保障性租赁住房。这些举措，为全省规范、有序、高效推进城中村规模化品质化租赁住房改造探索了方向，为外来人口提供了低成本居住空间，保障了新型集体经济发展的劳动力基础。

第二章

科技创新　赋能提质

新型农村集体经济作为社会主义公有制经济的重要组成部分，是乡村统分结合双层经营体制的重要形式，是推动广大农民实现共同富裕的重要手段。广东省委、省政府高度重视村级集体经济的发展。2019年8月，中共广东省委全面深化改革委员会印发《关于坚持和加强农村基层党组织领导扶持壮大集体经济的意见》，对巩固党在乡村的执政基础，深化农村土地制度改革，完善新型集体经济运行机制，壮大乡村集体经济，促进农民增收，夯实农业农村现代化提出了明确要求。在新征程上，广东深入贯彻习近平总书记重要讲话、重要指示精神，全面深化土地股份合作制改革，创新体制机制，加快“资源变资产、资金变股金、农民变股东”三变改革，强化试点示范，着力打造一批典型样板；支持新型经营主体承接流转土地，发展多种形式规模经营，提高集体经济发展质量，激发集体经济创新动力；引领农民群众走共同富裕道路，助推新时代乡村全面振兴。

第一节　粤强种芯　创新立业

广东将“百千万工程”和种业振兴行动进行有效衔接，创新发展种业，加速生物育种市场化、产业化，有效推进“粤强种芯”行动的开展。

水稻和生猪育种处于全国领先位置，水产种苗产量居全国首位。

一、大力实施“粤强种芯”工程

种质是指生物体亲代传递给子代的遗传物质，是事关国家粮食安全的农业发展“芯片”。种质资源是制造农业种子“芯片”的“晶圆”，植物的种子、果实、根、茎、苗、芽等繁殖材料都是种质资源的重要组成部分，保护好、利用好种质资源是实现种业振兴的重要前提，培育优良种子是推动农业现代化建设的基础性工程，可以为培育新品种提供基础性支撑，促进农业龙头企业和科研机构密切合作，形成创新合力，推广基因技术等新技术，有效突破农业新品种育种“卡脖子”难题，为农业发展提供新动力。

近年来，广东深入开展以种源保护、种子鉴评和优良品种培育为重点的种业振兴工程行动，有序推进“粤强种芯”工程，对农业种质资源实行应收尽收、应保尽保，种质资源库持续完善，取得阶段性成果。农作物、畜禽、水产和微生物四大省级农业种质资源库建成并投入使用，有效保护一大批珍稀特有种质资源。

广东有超百年的水稻育种历史，其中在水稻核心种质杂种优势利用领域引领世界发展。2023年，广东省在全国农业技术推广服务中心发布的新一批超级稻品种名单中名列第一，占据全国超级稻品种数量的28%，参与育成的超级稻品种增至36个，其中，广东省农业科学院水稻研究所育成或参与育成的超级稻品种有28个，造就了“中国籼稻，广东种芯”的“粤稻现象”。

二、增强“种业振兴”创新竞争力

2023年4月，习近平总书记在广东考察时指出，种业是现代农业、渔业发展的基础，要把这项工作做精做好。广东聚焦世界科技前沿，面向国家重大需求，省政府连续11年将种业列为重点工作内容，每年落实省财政资金3亿元，出台实施一系列政策措施，为加快推进广东种业振兴提供有力支撑。在政府、科研院所与市场主体的合力推动下，诞生了以“广明2号”“海茂1号”“海兴农3号”“优薯1号”等为代表的一大批南粤新品种，昔日依靠种子贸易起家的广东，正着力打造重大种业创新平台，汇聚高水平种业人才，扶持种业创新型企业，加快建设中国种业创新高地，以建设“百千万工程”为契机，奋力推动广东种业创造新成就。

（一）促进各类要素加速聚集

各地积极培育打造平台企业，逐步完善体制机制，促进各类要素资源加速聚集，为建设广东种业创新高地夯实基础，持续提升种业创新发展动能。一方面，广东不断丰富种业创新载体，创新种业平台建设，建成畜禽育种国家重点实验室、亚热带农业生物资源保护与利用国家重点实验室、国家生猪种业工程技术研究中心、国家植物航天育种工程技术研究中心、国家基因库等国家级种业科研创新平台，并启动建设10个省级种业创新园，积极筹建国家现代海洋牧场（南方）种业创新基地，为广东种业振兴提供强有力的硬件支撑。另一方面，广东稳步推进种业基地建设，推动南繁科研育种基地，31个部省级畜禽核心育种场、扩繁场等基地建设，为育种创新发展提供基础支撑。

（二）培育高产优质特色品种

各地紧跟现代农业发展方向，不断更新育种发展思路，积极适应产业发展新需求。在方向上，从过去片面追求单一的高产量目标向综合育种目标转变；在研发上，守住高产品种优势，重视培育高品质、高营养、绿色安全的新品种，走高产优质、多元化、特色化道路，以满足乡村产业振兴高质量发展的需要。经过持续不断的保护、挖掘和利用关键性种质资源，广东培育出许多具备市场竞争力的重要品种，如百容草鱼“雄鳢1号”。该育种项目于2003年启动，由海大集团旗下佛山子公司进行培育，充分利用了国内各大水系草鱼原种的品种优势，建立基础群体，并综合采用群体选育、家系选育、雌核发育、分子育种等育种手段，最终获得了优质草鱼品种，2022年获国家水产新品种认证。

在实践中，探索出一些重要的经验与路径：

一是提升良种良法覆盖率。培育优质品种以推进市、县、乡镇老旧品种的更新迭代，在农业主产区建立核心示范基地，并根据各地资源基础打造一批特色示范性项目，以点带面推动区域经济发展。通过项目的实施带动新品种、新技术在广东省全面推广，提升良种良法的覆盖率，推动优良品种在各市县落地生根。

二是充分调动地方资源，做大做强良种优势产业。根据地方需求，合理调配资源，助力各地的育种团队相互配合。例如，韶关翁源大力支持兰花培育产业，整合多方资源重点突破兰花高效育种技术，重点推进种苗的高效繁育，做优做强优质稻、蔬菜、畜禽产业；茂名高州推广符合地方优势的良种良法，农业发展绿色高效，水稻、玉米、甘薯、荔枝等产业稳定健康发展。

三是以优良品种助推乡村特色产业发展，积极引导专精特新企业在种业振兴中“走深走实”，在种业振兴中攻坚克难，做好蚕桑、龙眼、菜心、茶叶、南药、柚子等特色产业和土特产的科技文章。地方政府与企业、村集体组织等发挥各自的优势，共建产业研究院，以科技支撑“小而精”的特色产业稳健发展，特色产业、优势产业互促互进。

三、“粤强种芯”高质量发展初见成效

广东现代种业高质量发展逐渐“开花结果”，取得了诸多阶段性成果。产业创新发展环境保护了种业供给，并且为粤港澳大湾区广阔的市场提供了充分的需求。此外，有效保护域内的热带、亚热带珍稀特色种质资源，为现代种业的可持续、高质量发展提供丰富的基础种源。农业、科技和财政部门通过加大资金和人才投入，不断充实品种培育的技术储备，培

育自主优质品种并推广应用，突破种子产业的“卡脖子”技术。截至2023年，广东种质资源实现数量和质量双保障，累计收集保存农作物种质资源7.6万份、畜禽种质资源（遗传物质）10.02万份、水产种质资源（遗传物质）9.8万余份、农业微生物种质资源6.5万余株。

（一）打造种质种业共享、利用与交易平台

2015年，在广东省科学技术厅的组织和广东省农业科学院的承建下，“广东农业种质资源共享利用服务平台”项目启动，通过集成广东生物种质资源各级共建联盟单位丰富的数据资源，进一步将数据库细分为农作物、林木、水产和家养动物种质资源数据库，完善了种植的共性和特性描述数据。平台作为资源信息的交汇中心和展示窗口，利用网络平台发布农业种质资源信息，提供资源数据检索查询服务，满足了广东动植物育种、基础研究和农业生产队农业种质资源的需求①。

2023年12月，在第二十二届广东种业大会上，“百千万工程”种业交易中心正式启动。该中心旨在为行业提供更加优质、更加权威、更有公信力、全年无休的对接交易服务，将新品种和新技术辐射到全国，甚至将影响力外溢到世界各地，促进种业、科技、产业、金融融合发展，做强“农业之芯”，推动农业全产业链高质量发展。

（二）联合攻关创造多个全国第一

广东坚持以市场为导向、科研为支撑、品种为载体，多主体、跨学科、全方位推动种业联合攻关，利用本省种业科研院校和技术人才聚集优势与产业优势，强化科企融合，在种业发展中处于全国领先地位：1999年，培育出首个通过国家审定的二系杂交生猪配套系“光明猪”配套系和三系杂交生猪配套系“深农猪”配套系；1999年，培育出首个通过国家审

① 吴文栋，林伟君，陈燕苹，等．广东省农业种质资源共享利用服务平台建设研究［J］．广东畜牧兽医科技，2018，43（1）．

定的黄羽肉鸡配套系“康达尔黄鸡128”配套系；2004年，培育出首个通过国家审定的肉鸭配套系“三水白鸭”配套系；2015年，培育出首个通过国家审定的五系杂交瘦肉型猪“温氏WS501”配套系；2019年，培育出首个通过国家审定的肉鸽配套系“天翔1号肉鸽”配套系；2020年，培育出首个通过国家审定的番鸭配套系“温氏白羽番鸭1号”配套系。

【典型案例】

南金村：聚焦种业振兴，打造加州鲈鱼专业村

南金村位于佛山市南海区九江镇，地处珠江三角洲核心地带，具有得天独厚的水产养殖和物流优势。自1984年起，南金村就注重种业的振兴，精准选定加州鲈鱼为特色主导养殖品种，积极选育并引进优质加州鲈鱼品种，建立了专门的鱼苗培育基地。经过层层筛选，成功培育出生长迅速、产量高的“优鲈一号”，并为每条鱼植入产品溯源芯片。通过聚焦种业振兴，南金村成功打造成为加州鲈鱼专业村，并显著壮大了集体经济。

除了注重种业培育外，南金村还对鱼塘基础设施进行了全面升级，修建了周边道路、加深了鱼塘深度、实施了鱼塘方格化改造。采取了挖深鱼塘、优化路网、改造河涌等综合性措施，并配备了独立的排灌系统，这些改进不仅优化了养殖环境，还便利了鲈鱼的运输和销售。在养殖技术上，养殖户根据加州鲈鱼的习性，总结出“四定原则”进行精细化喂养管理：固定的投放地点、固定的投喂时间、适量的投喂数量以及保证鱼食的新鲜度，这些措施极大地提升了鲈鱼的养殖质量。通过这些举措，南金村已成为全省加州鲈繁育和水产物流的重要中心，吸引了21家鱼苗场和20余家水产物流企业入驻，包括多家农业龙头企业，形成了完整的加州鲈鱼养殖、生产、加工产业链，实现了从亩产1000多斤到过万斤的产量飞跃。目前，年产值已高达4亿元，1/3的村民年收入达到了百万元。

加州鲈鱼产业的成功不仅带动了南金村的产业兴旺和村民致富，更为

村级集体经济的发展注入了强劲动力。如今，南金村的乡村生活和村容村貌已得到根本性改善，展现出勃勃生机与活力，成为种业振兴推动集体经济发展的典范。

参考文献：

1.威水！南海加州鲈上央视，为全国探索培育优质新种鱼！[EB/OL].（2021-03-11）[2024-03-24]. https://mp.weixin.qq.com/s/RUCCqeB-p4w5SQzaILSvhg.

2.广东南金村｜一条加州鲈 成就水产专业村[EB/OL]. (2021-12-16)[2024-03-24]. https://mp.weixin.qq.com/s/L-X7GDaZhJQKrTposBB_rQ.

3.一条加州鲈，带富一条村！九江南金“党建红”点亮湾区产业强村振兴梦｜党建引领乡村振兴 走进九江儒林美村⑤[EB/OL].（2022-09-14）[2024-03-24]. https://mp.weixin.qq.com/s/LiLDuCntFcTaSoWFaU5jhA.

4.又双叒叕上央视啦！CCTV17聚焦南金村加州鲈[EB/OL].（2021-07-29）[2024-03-24]. https://mp.weixin.qq.com/s/COCDkw9fHd35WQrfA8lc5g.

第二节　村校携手　产业升级

鼓励高等院校的积极参与、长久参与是广东实施“百千万工程”的重要一环，为推动高等院校深度参与乡村振兴，广东启动实施百校联百县助力“百县千镇万村高质量发展工程”行动（简称“双百行动”），其中首批82家高校院所和57个县（市、区）已全部完成结对签约工作，共形成800多项合作项目，为推动县域高质量发展注入了强劲动力。以“双百行动”为抓手，广东高校振奋精神，真抓实干，充分发挥管理、人才、资源、技术方面的优势，奋力补齐城乡之间的发展不平衡，用教育“软实力”为县（市）高质量发展提供“硬支撑”，务求实效，为促进广东乡村振兴贡献力量。

一、强化城乡发展的人才、智力和科技支撑

广东省高校、科研院所数量多、层次多样、研究领域广、综合实力强，各高校院所参与“百千万工程”是广东省教育服务城乡高质量发展的重要体现。广东“双百行动”在2023年8月3日正式启动，推动高校师生把论文写在大地上，在城乡融合发展的广阔平台上施展才能。根据“双百行动”结对安排，广东挖掘高校院所优势学科、教育资源，科学匹配县域发展的产业需求和人才需求，推进省内百家高校院所与109个涉农县（市、区）结对共建，高校院所深度参与城乡教育高质量发展，将帮扶工作走深走实，成为“百千万工程”的攻坚队。各地按照“县域所需、高校所能”的原则确定工作目标、工作任务，一般由2所高校（含本科院校、高职院校、党校、科研院所）组团式结对1个县（市、区），同时鼓励各地市根据自身实际安排所属高校院所参与市域内帮扶。

【典型案例】

流沙村：“双百行动”助力“珍珠第一村”建设

服务地方经济社会发展是高校的重要职责、价值所在。广东启动实施百校联百县的“双百行动”，使省内高校院所与涉农县（市、区）建立紧密的合作关系，推动二者双向奔赴、合作共赢。“双百行动”在流沙村取得了显著成效，推动了“珍珠第一村”的持续发展。

流沙村位于雷州市潭斗镇，以盛产珍珠而闻名。其海域条件得天独厚，出产的流沙南珠质量上乘，广受国内外珠宝界赞誉。早在2015年，广东海洋大学便与流沙村的广东尊鼎珍珠有限公司建立了产学研合作关系。通过赠送优质马氏珠母贝种苗、提供养殖技术指导等方式，大力促进贫困户增产增收、脱贫致富，巩固脱贫攻坚与助力乡村振兴。自“双百行动”实施后，双方合作进一步深化，共同申报并获批了教育部珍珠科技小院，专注于优质苗种的选育研发，每年成功繁育优质苗种达10亿粒。广东海洋

大学珍珠团队还从珍珠贝中提取了活性物，开发出一系列高附加值的珍珠化妆品，进一步提升了流沙南珠的产业价值。2016—2021年，公司为流沙村及周边村庄提供了600多个就业岗位，吸收贫困户50多户就业、154户参与入股分红，同时创造就业岗位收入及产业分红增收8000多万元。

“双百行动”极大地推动了流沙村的珍珠产业发展，为美丽乡村建设和区域产业转型升级提供了高质量服务，取得了显著的经济效益和社会效益。

参考文献：

1.林露．“双百行动”中驻湛高校与县城同频共振　从高校到田野的“奔赴”［N］．南方日报．2024-01-25（IC02）．

2.学校召开“双百行动”工作部署会[EB/OL].（2023-09-15）[2024-03-01]. https://www.gdou.edu.cn/info/1091/65046.htm.

3.康韵怡，刘稳．广东海洋大学珍珠团队走化妆品深加工之路　南珠产业驶向新蓝海［N］．南方日报，2022-04-14（IC03）．

4.杨月，韩文艺．科技小院的“小珍珠”托起大梦想［N］．中国青年报，2023-10-31（04）．

二、健全校地合作长效机制

“双百行动”的主要任务是“两强化、两突出、两参与、一提供”，即强化产业发展科技支撑、强化城乡规划建设服务，突出基本公共服务支持、突出基层人才培养培训，参与集体经济运营、参与基层改革创新探索，提供决策咨询服务。一方面，支持高校院所服务县域，推动县域科研的布局设点，推动产学研用协同创新机制的建立。如华南农业大学建设汇聚各类要素的综合性校地合作实践基地和服务站点，推动多主体参与、多举措并举的校地合作长效机制。另一方面，重点培训基层各类人才，高校院所发挥各自学科优势为县域经济发展培育更具专业性、更切合地方发展需求的产业经济师、建筑师、工程师、乡村规划师及乡村工匠、职业经理人等专业人才，形成符合县域经济发展的“橄榄型”人才培养结构，在积极引进高端人才的同时，重视本土专业人员培育，建设供给更有保障、层次更加科学的“百千万工程”人才队伍。

【典型案例】

南蒲村：校地携手共绘脱贫攻坚画卷

在脱贫攻坚、驻镇帮镇扶村以及“双百行动”实施的过程中，教育系统彰显了应有的担当作为，与贫困村携手建立了深厚的情谊和长效的合作，走出了一条又一条多元且高效的发展路径。其中，南蒲村与广州中医药大学携手合作的经验，成为校地合作助力脱贫攻坚的典范。

南蒲村位于清远市清新区太平镇东部，曾是省定贫困村。为响应国家新时期精准扶贫号召，坚决打赢脱贫攻坚战，广州中医药大学选派驻村干部到南蒲村开展精准扶贫工作，探索建立脱贫长效机制。工作队与当地党员干部、群众共同建立起“南蒲人家”种植基地，开展清远鸡、小龙虾等养殖项目。产业初具规模后，工作队帮助对接网络销售平台、农副产品专业销售企业建立了销售链，拓宽了农副产品销售渠道，提高了销售效率。广州中医药大学还依托自身专业优势，通过支持南蒲村医疗卫生事业，将“健康扶贫”作为精准扶贫的关键一环，针对南蒲村所在的区镇医疗资源匮乏问题，通过校地共建中医院、医联体、卫生站等方式，与市、区、镇、村开展联动，构建了健康保障服务体系。在校地双方的共同努力下，南蒲村2017年被评为清远市国家级扶贫改革试验区示范村。2019年底实现全部贫困户高质量稳定脱贫，贫困村顺利脱贫摘帽。贫困户的人均可支配收入从2015年的3922元逐年提高至2020年的20600元。

广州中医药大学充分发挥中医药高校的特色优势，为南蒲村的科学发展提供了有力支持。通过校地携手合作，南蒲村实现了由“输血”到“造血”、由贫困到兴旺的华丽转变，充分展现了校地合作在脱贫攻坚中的重要作用。

参考文献：

1.李朝民，吴砾星，梁冰清，等．南粤大地涌新潮——广东创新推进城乡区域协调发展纪实［N］．农民日报，2024-04-12（01）．

2.陈亮．发挥中医智慧，广州中医药大学助力决胜清远南蒲村脱贫攻坚战[EB/OL].（2020-12-04）[2024-03-13]．http://ycpai.ycwb.com/ycppad/content/2020-12/04/content_1329248.html.

3.南蒲村驻村第一书记郑永臻：有是“证”用是“药”！扶贫路上开“良方”[EB/OL].（2020-12-16）[2024-03-13]．https://static.nfapp.southcn.com/content/202012/16/c4447095.html.

4.贺晓龙，廖晓键．四诊合参 辨证治“贫”——广州中医药大学助力决胜脱贫攻坚收官战［N］．中国中医药报，2020-11-30（06）．

三、为校地合作发展注入强劲动力

为实现乡村与高校院所的合作共赢，充分发挥地方政府、高校院所、企业在“双百行动”和驻镇帮镇扶村中的积极作用，需要探索多样化合作模式，根据当地产业基础和发展需求，重点围绕产业发展、城乡融合、人才培育、决策咨询、集体经济等方面进行多样化合作，协调各方资源，探索出最合适的合作模式，谋划出富有效益的合作项目。

以科技支撑产业落地，以技术创新促进经济增长，是高校赋能乡村发展的重要支点。例如，茂名高州与中山大学、广东省农业科学院建立结对关系，在农产品加工、现代制造业、医疗教育等方面，积极谋划双方合作项目；东源县与广东工业大学建立结对关系，结合黄田镇米酒产业优势，将酒糟开发成活性多肽、碳量子点及高附加值纤维等高附加值产品，打造公共服务示范平台。该项目获河源市科学技术局省科技专项资金“大专项＋任务清单”农业科技成果转化项目立项支持。

综合性高校充分发挥多学科齐头并进的教育、研发、创新、传播优势，深入结对地区教育系统、产业园区、大型企业、重点乡镇等，全面梳理当地需求，清单式推进工作，“多点开花”支持乡村高质量发展。例如，华南理工大学帮助惠来县隆江镇孔美村从“涉毒村”发展成为集旅游项目与特色农产品开发于一体的“美丽红色村”，获“中国传统村落”等称号，华南理工大学驻孔美村工作队被评为全国脱贫攻坚先进集体。

【典型案例】

青岐村：村校共建万亩鱼塘　打造“百千万工程”标杆

青岐村位于佛山市三水区最西部，依托西江和北江的优质水资源，开展校地合作，成功打造了万亩鱼塘，成为广东的“亿元村”。该村水产养殖业占据了近三成的面积，规模效应显著，连续3年被评为“全国乡村特色产业亿元村”，为村民带来超过2700万元的年集体收入。

青岐村以科技为先导，与高校、科研机构紧密合作，共同打造“百千万工程”的标杆。在推进“百千万工程”中，青岐村通过与科研院所的合作，将万亩鱼塘打造成科技养殖的典范。智慧渔业的引入，使得青岐渔业产业园的养鱼方式科技感十足。科研院所提供的技术、信息等服务，使得水产种苗的购买，水产品的养殖、销售、加工、运输、贮藏等环节都得到了极大的优化。青岐村高标准规划建设省级现代渔业产业园，吸引了18家规模企业入驻，形成了特色水产品牌，并打造了全链条的养鱼模式。其中，“高校 + 科研机构 + 企业”的产业联盟为青岐村的水产养殖业注入了强大的科技动力。同时，青岐村还通过规模农企的示范带动、发展电商直播和预制菜产业等方式，不断扩大特色水产养殖业的规模，延长产业链，提升产品质量和效益。这些举措不仅提高了村民的收入水平，也使得青岐村的水产业总收入超过3亿元。

作为村校企合作的典型代表，青岐村以科技赋能万亩鱼塘，将“育繁推”和“产学研”成功结合，于2024年入选广东省“百千万工程”首批典型县镇村名单。如今，青岐水产品已销往全国各地，成为带动产业兴旺、乡村振兴的重要力量，为农业产业发展探索出了一条新路。

参考文献：

1.三水西南："一村一示范"争做乡村振兴三水新样板[EB/OL].（2023-12-01）[2024-03-04]. https://mp.weixin.qq.com/s/2SPSl6u1zCfiheSg1TbSQQ.

2.奋战百千万|在三水青岐，探寻"亿元村"的致富密码[EB/OL].（2023-11-29）[2024-03-24]. https://mp.weixin.qq.com/s/f5wEGpOTvmtq8wmvdx0JrQ.

3.三水青岐村：一部手机"养好鱼"[EB/OL].（2023-08-10）[2024-03-24]. https://mp.weixin.qq.com/s/jWcR0eBDCoulsDkQ48llpg.

4.掌握养鱼核心科技！三水区(青岐)渔业产业园"智慧渔芯"启用 [EB/OL].（2020-11-25）[2024-03-24]. https://mp.weixin.qq.com/s/j5cHPvv_di9UhbEIbTDU8Q.

第三节　数字农业　插翅腾飞

党的二十大报告提出，加快发展数字经济，促进数字经济和实体经济深度融合，打造具有国际竞争力的数字产业集群。发展数字农业，广东具有产业、市场、科技和环境等多方面的优势。2022年，广东省数字经济规模为6.41万亿元，连续6年居全球首位。在推进数字农业转型升级过程中，广东不断创新技术手段，改变落后生产方式，培育现代数字农业新动力、新模式与新业态，打好数字农业新基础，加快推广农业大数据应用，构建一批数字化农业平台，总结推广数字农业发展经验、模式和路径，在开创数字农业高质量发展的新局面上扛起广东担当，展示了广东作为，作出了广东贡献。

一、强化数字经济与现代农业深度融合

数字经济推动农业变革，为广东农业产业链的转型升级和农业现代化发展提供了新的强劲动能，助力广东经济高质量发展。

（一）构建数字农业农村发展政策体系

广东多部门合力谋划，从统筹协调数字乡村发展，推进数字赋能乡村产业等方面激发乡村发展新动能。2020年以来，广东省委网信办印发《广东省信息化“十四五”规划》，将数字乡村发展示范作为优先行动，从加快乡村信息基础设施建设、推进数字农业应用创新、推进乡村治理能力现代化和服务数字化、繁荣发展乡村网络文化等方面进行安排部署。同步印发《广东省数字乡村发展统筹协调机制方案》，联合省农业农村厅、省发展改革委、省工业和信息化厅等36个部门建立广东省数字乡村发展统筹协调机制，加强统筹协调、整体推进和督促落实。广东省发展改革委牵头编制出台《广东省人民政府关于加快数字化发展的意见》，重点围绕数字经济、数字社会、数字政府等数字化发展关键领域作出一系列部署，并提出加快数字赋能推动现代农业发展。与此同时，对推进农业农村大数据建设应用、推动农业生产数字化转型、加快智慧农业技术创新、加强农业科技信息服务等工作进行安排部署，推动数字经济与农业发展深度融合发展，大力推进数字技术在农业生产、流通等领域的应用。广东省农业农村厅印发《广东数字农业农村发展行动计划（2020—2025年）》，大力发展农业农村数字经济，全面提升农业农村生产智能化、经营网络化、管理高效化、服务便捷化水平，用数字引领驱动农业农村现代化，为全面实现乡村全面振兴提供有力支撑。

（二）加快农村信息化基础设施建设

信息化在推进乡村治理体系和治理能力现代化中具有基础支撑作用，能有力推动农业全面升级、农村全面进步、农民全面发展。为此，广东多措并举，持续完善农村信息化基础设施。

一是推进光纤网络、5G、4G等通信网络建设。加快农村光纤网络覆盖，优先覆盖民族地区、原中央苏区和革命老区；加快4G入乡进村，在全省行政村100%覆盖的基础上进一步补充完善农村及偏远地区4G网络覆盖；稳步推进农村5G网络建设。

二是推动各地政府、运营企业加大资源投入和协调建设力度。督促各地认真落实省乡村信息基础设施发展有关文件要求，进一步强化政企联动协调机制，及时协调解决建设进度和受阻问题。

三是加强财政资金扶持，安排省财政资金用于乡村信息基础设施扶持项目，推动农村地区光纤接入用户加快发展，提升广东信息基础设施整体发展水平，缩小城乡发展差距。

截至2021年12月底，乡村宽带网络建设取得阶段性突破。全省农村光纤接入用户累计1033.9万户，全省农村百兆用户占比为92.13%。全省4G网络在全省行政村和自然村普遍覆盖。粤东粤西粤北地区累计建设5G基站42240座。

（三）大力推进数字农业农村建设

数字技术融入农业生产、赋能农业农村发展，有助于改革传统粗放式农业生产方式，加速农业数字化、智能化和精细化改革，助力实现农业现代化。

在广东省委、省政府的指导引领下，广东省农业农村厅创新提出构建农产品“12221”市场体系，推动乡村特色产业高质量发展，通过“小切口”实现农业产业大变化。农产品“12221”市场体系即推出“1”个农产品大数据，组建销区采购商和培养产区经纪人“2”支队伍，拓展销区和产区“2”大市场，策划采购商走进产区和农产品走进大市场“2”场活动，实现品牌打造、销量提升、市场引导、品种改良、农民致富等“1”揽子目标。

2022年1月，农产品“12221”市场体系首次写入省政府工作报告。2022年3月，广东省农业农村厅印发《2022年广东省数字农业工作要点》，其中明确围绕“三个创建，八个培育”的总体目标继续实施广东数字农业农村发展行动计划，结合农产品“12221”市场体系建设，大力发展农业农村数字经济，全面提升农业农村生产智能化、经营网络化、管理高效化、服务便捷化水平，用数字化引领驱动农业农村现代化，引领指导各地贯彻落实数字农业农村重点建设任务。各地坚持以供给侧结构性改革为主线，加快构建以大数据为核心、市场消费为导向、品牌建设为抓手的现代农业产业体系、生产体系、经营体系，高质量建设全省农产品“12221”市场体系，切实满足人民群众对优质农产品的实际需要，帮助农户以更好的价格卖出更多的农产品。

除了关注数字赋能农产品市场体系外，广东多部门还印发了《广东省贯彻落实〈数字乡村发展行动计划（2022—2025年）〉实施方案》，从推进基础设施数字化升级、推动智慧农业创新发展、培育壮大乡村新业态等8个方面，部署20项重点工作，加快以信息化推进农业农村现代化，提升数字化生产力，构建乡村数字治理新体系，扎实推进数字乡村发展。

【典型案例】

吉田村：深耕科技沃土　培育智慧农业

吉田村位于佛山市高明区，地理区位偏远，曾面临青壮年外流、集体经济薄弱的困境。2018年，村集体收入仅为19.6万元，被广东省定为经济薄弱村。近年来，吉田村依托科技力量，成功实现了从传统农业向智慧农业的转型。

2019年，吉田村抓住政策机遇，实施拆旧复垦改革，为村集体经济发展夯实基础。拆旧复垦改革后，吉田村大力推进股份制改革，集约土地5000余亩进行集中规划招商，建立多个农业基地。在这些改革举措引领下，吉田村的经济收入迅速增长，辖区各经济社（联社）经济总收入约为200万元，比拆旧复垦前增加了近9倍。另外，在佛山市、高明区两级科技和农业部门的指导下，吉田村于2020年开启科技助农新征程。通过与国内顶尖的农业科技机构合作，共建吉田智慧农业科技园区，国内首个水稻无人农场正式落地吉田，借助5G、北斗卫星导航等先进技术，无人水稻农场实现了水稻生产全流程无人化操作。这不仅提高了农业生产效率，还降低了生产成本，提升了农产品的品质和市场价格。吉田智慧农业科技园区的成功建设，吸引了大量年轻人返乡助农。他们学习新技术，参加高科技无人机的培训，为智慧农场的耕作模式提供了有力的人才支撑。

如今，吉田村的传统农业生产模式正逐步走向信息化、数字化、无人化，迈向智慧农业产业新台阶，成功实现了从传统农业向智慧农业的转型。

参考文献：

1.无人拖拉机、采摘机器人……佛山这个智慧农业园区值得一学！[EB/OL].（2022-03-14）[2024-03-21]. https://v.qq.com/x/page/t3327za3wdh.html?faker=1&resid=70001002

2.国内首个无人商用农场！佛山这条村，厉害！[EB/OL].（2022-06-20）[2024-03-21]. https://mp.weixin.qq.com/s/FsnP-84CBbjjXXDv3I3-Qg.

二、扎实推进数字农业农村建设

近年来，广东以实施乡村振兴战略、数字乡村战略为统领，以高质量发展为导向，以数字技术与农业农村发展深度融合为主攻方向，全面提升农业农村生产智能化、经营网络化、服务便捷化水平，用数字化引领驱动农业现代化，扎实推进数字农业农村建设。

（一）强化基层治理数字化的基础保障

在完善社会信用体系方面，广东省发展改革委牵头制定了《广东省社会信用条例》，于2021年6月1日起实施。全面展开相关配套措施的制定完善、信用分级分类监管、“信用＋大数据”公共信用综合评价等工作。完善社会信用体系将优化乡村治理数字化建设环境，为推进乡村治理数字化建设提供有力的信用保障。

在信息基础设施建设方面，广东省纳入全域规划的14.2万个20户以上自然村光网建设项目顺利完成覆盖，接入能力普遍提速到100Mbps以上，乡村宽带网络建设取得历史性突破。全省农村光纤接入用户累计1016.9万户，全省百兆用户占比为88.6%，农村光纤入户率达60.6%。全省4G基站累计达50.8万座，居全国第一，4G网络在全省行政村和自然村基本100%覆盖。《广东省关于促进农村消费的若干措施》提出，要“升级农村电气网和通信网络，支撑农村消费提质”，具体包括：珠江三角洲九市乡镇和粤东粤西粤北县城实现5G网络覆盖；加快推进农村信息工程进村入户示范省工程建设；进一步降低农村建档立卡贫困人员通信资费，特别是网络流量资费，鼓励通信运营商面向农村居民推出专门的流量包。

在电子商务进农村综合示范方面，农业农村部门紧扣乡村产业振兴目标，高度重视和大力推进农村创新创业，充分把握建设优势特色产业集群、现代农业产业园、产业强镇等工作的契机，强化政策扶持，搭建平台载体，培育新型经营主体，坚持“政府搭建平台、平台聚焦资源、资源服务创业、创业带动就业”的思路，结合地区产业特点，通过政府引导、社会资本参与等多种形式，推进127个省级现代农业产业科技创新及转化平台建设，推进江门市、茂名市、湛江市建设3个省级农产品加工示范区；利用存量资源，建设了一批农村创新创业园区和孵化实训基地，为乡村产业振兴注入强大动力。

（二）加大电商人才培养力度

中共中央、国务院高度重视发展农村电商工作，让更多群众用上互联网，让农产品通过互联网走出乡村。近年来，广东累计统筹财政资金近10亿元，建成县级电商公共服务中心53个，镇村级电商服务站点8300多个，构建起覆盖县镇村三级的农村电商公共服务体系。2019年，广东省人力资源和社会保障厅、广东省农业农村厅印发《关于进一步加强我省农村电商培训推动创业就业的工作方案》，明确全省开展农村电商培训，带动农村电商创业就业。2020年10月正式启动实施“广东百万农民线上免费培训工程”。电商人才培养带动了电商产业的蓬勃发展。第三方数据监测显示，2018年至2022年，广东农村地区网络零售额增长至879.3亿元，年均增速20.8%；农产品网络零售额增长至792亿元，规模扩大了3倍，电商助农效果显著。

2020年，广东省农业农村厅印发《广东数字农业农村发展行动计划（2020—2025年）》，结合广东大力发展农产品“短视频 + 网红”营销模式，提出要开展短视频制作和应用推广，引导农业生产、农产品流通和消费快速无缝对接；探索“短视频 + 订单农业”模式，激发城市和农村的消费活力；探索引入社会资本，开展农产品短视频营销定制服务，积极参与各类农产品展销活动，推动农产品出村进城，拓宽农民增收渠道；举办“短视频 + 网红”培训班，培育新一代“短视频 + 网红”人才，融合农产品直播带货模式，传播优秀农村传统文化，助力乡村振兴战略的实施。

（三）开展全省数字乡村发展试点工作

2020年8月，广东省数字乡村发展试点工作推进视频会议在广州召开，会议落实省委、省政府关于深入实施乡村振兴战略和数字乡村战略的工作要求，部署推进全省数字乡村发展试点各项工作。会议选取珠海市斗门区等10个县、广州市黄埔区新龙镇等20个镇开展省级试点；印发《广东省数字乡村发展试点实施方案》，从工作机制、试点任务、阶段安排、相关措施等方面对数字乡村发展试点工作作出部署要求；深入开展数字乡村专题调研，召开数字乡村发展粤北片区工作座谈会，推动重点、难点问题解决。

为了更好地发展智慧农业，广东省农业农村厅积极筹建数字农业功能产业园，重点建设数字农业信息、技术、人才、设备集聚区，农业全产业链示范区，三产融合发展赋能和先导区，数字农业科技创新孵化区。一方面，通过汇聚数字农业现代化技术、人才、资金、设备及数据资源信息等关键要素，链接政府、专家、企业及农户，引领全要素流动交易、市场匹配的机制创新和制度创新，辐射带动两翼山区，延伸服务东西协作、南北合作、互通全球。另一方面，通过运用现代化先进设备及绿色生态的农业循环发展模式，基于大数据、物联网、卫星遥感、互联网等现代化技术，实现农业生产、加工、物流、销售等全产业链的现代化、智能化、数字化发展，助力农业转型升级，并通过数字农业科技创新孵化工程，辐射带动周边产业发展。

三、数字经济激发乡村振兴新动能

广东大力推进数字技术广泛应用于农业生产，乡村数字经济新业态新模式不断涌现，电商销售蓬勃发展，不断激发乡村产业发展新动能。随着互联网技术和信息化手段的广泛应用，广东乡村文旅、休闲农业和民宿经济正蓬勃兴起。

（一）数字化为乡村经济插上腾飞的翅膀

近年来，数字技术不断融入乡村生活各类场景，改变着乡村生活的方方面面。

首先，数字赋能乡村，补齐了信息基础设施短板。数字化手段和技术为乡村建设提供了更加智慧的解决方案，推动了乡村基础设施的提档升级，农村产业、服务、治理等使用场景的数字应用布局，体现了新时代地方乡土风貌，打造了满足高品质生活的居住环境、消费空间。其次，数字赋能乡村，激活了农村数字经济“造血”动能。农特产品“触网”加速了绿水青山转变为金山银山；网络销售打通了农产品“出山路”，“智慧农村”示范村建设推动了数字技术与乡村生产管理、流通营销、乡村旅游等领域融合应用。再次，数字赋能乡村，激发了乡村网络文化的“铸魂”效应。数字化技术成为梳理、保护和展示乡村物质和非物质文化遗产的重要手段，推动更多现代文化融入乡村生活，创造了越来越多的乡村文化IP，优秀传统文化变成文化商品，乘“互联网+平台”的东风向城市传播，推动了高质量的城乡融合。最后，数字赋能乡村，提升了乡村治理效能。信息服务云平台、物联网等先进数字科技在乡村治理体系中的应用，推动了数据公开与共享，丰富了群众监督渠道，消除了政府与群众之间的信息鸿沟，加强了干群之间的高效透明沟通，推动实现了民主治理和开放式治理，提高了农村居民对教育、就业、养老、医疗等公共服务自动化的可及性。

（二）数字农业应用遍地开花

广东积极抓住数字乡村建设发展窗口期乘势而上、顺势而为，让数字为农业产业化应用赋能，使乡村振兴的成色更足、质量更高。如今，在南粤大地的田间地头随处可见智能化监测、自动化播种、无人机灌溉等数字化技术，科技赋能为现代农业发展插上“数字翅膀”。在阳江市阳西县，程村蚝、罗非鱼、荔枝、东水山茶4个数字农业产业园已完成建设。佛山市南海区里水镇、汕头市澄海区两大“农产品跨境电子商务”综合试验区投入运行，农产品跨境贸易生态产业链不断完善。韶关南雄市、阳江市阳西县、茂名高州市等一批国家数字乡村试点地区正在全面崛起。

（三）数字农业显著提升竞争力

广东数字化技术在大田种植、畜禽养殖、水产养殖、农机调配、设施农业等多个领域广泛应用，促进现代农业转型升级，提质增效。

在大田种植方面，韶关南雄市建成省级丝苗米产业园，通过打造智慧农业大数据中心，年生产加工销售优质稻7.64万吨，产值达3.62亿元。在畜禽养殖方面，汕头市的广东德兴食品股份有限公司打造“数字化猪场”，对生猪生产和经营管理进行精细化管理，极大地提升了产业竞争优势。在水产养殖方面，中山小榄搭建“智慧渔业 + 5G”综合管理平台，针对脆肉鲩养殖打造动态化水质监测、自动化设备控制、精准化生产养殖、数据化预警分析、可视化决策管理一体化平台。在农机调配方面，广州智慧荔枝果园利用“5G + AI模式”搭建产区数据标准体系，对农机等生产资源进行智能化指挥调度，入选2022年全国智慧农业建设优秀案例。在设施农业方面，佛山南海区的智能化大棚设备实时监测生产加工环境数据，实现特色花卉产业的生产数字化、标准化、规模化。在数字化农业新成就方面，广东以“种铸强芯，数领未来”为主题，创办全国首个元宇宙种业大会，打造全球首个数字农业线上发布厅，全面呈现十年来广东在种业振兴、粤强种芯工程、农业数字化方面的新成就，展示国内现代农业综合技术示范高地、创新高地和开放高地。

在向现代数字化农业转型的过程中，广东不断创新技术手段，改变落后的生产方式，激发农业产业发展的新动力、新模式和新业态。随着互联网技术和信息化手段的推广应用，广东智慧农业、乡村旅游、休闲农业、民宿经济正呈现快速发展态势。

【典型案例】

鸡乸塱村：抢抓渔业数字化先机 实现水产养殖高质量发展

鸡乸塱村位于阳江市阳西县织篢镇谷围村境内，近年来紧抓渔业数字化的机遇，推动了水产养殖的高质量发展。在改革开放初期，鸡乸塱村依托丰富的海洋资源，逐渐发展成为“广东最富渔村”。然而，该村并未满足于已有的成就，而是紧随时代发展的步伐，利用数字农业为乡村振兴注入新动力。

在阳西县政府构建数字农业示范县的大背景下，鸡乸塱村积极响应，建设了罗非鱼数字农业产业园。通过引入物联网、5G、大数据等先进技术，该产业园实现了生产、供应、销售三端的数字化管理。养殖管理者可以实时监测水质环境数据，确保罗非鱼生长环境的最优化。同时，流通大数据平台为产业园提供市场动态、竞争力和品牌知名度等信息，助力养殖规划与市场对接，降低了市场开发和中间流通成本。鸡㟖塱村还发挥近海优势，壮大海洋捕捞业和水产养殖业。全村拥有装备先进的远洋渔船22艘，船队作业范围广。在数字化的推动下，2022年罗非鱼数字农业产业园带动当地农民、渔民3300多户就业致富，村集体经济收入超过50万元，人均年纯收入达13万元，其中12户农民、渔民收入超过100万元，20户农民、渔民固定资产超过500万元，集体经济收入和人均年纯收入均显著提升，成为全省最富的渔村之一。

鸡㟖塱村抢占渔业数字化的先机，推动产业融合，大力发展渔家风情旅游业，擦亮乡村旅游品牌，为实现广东渔业供给侧结构性改革提供了良好的实践经验，探索出了一条乡村振兴的新路径。

参考文献：

1.厉害了！阳西这个渔村开启“科幻模式”[EB/OL].（2020-08-27）[2024-03-21]. https://mp.weixin.qq.com/s/xex2qt59N_ NCvravzAVw_g.

2.织篢镇鸡㟖塱村：小渔村迈出共富大步伐[EB/OL].（2022-10-03）[2024-03-21].https://mp.weixin.qq.com/s/9Xw9s9F3K7StnT6_653C-g.

3.从贫困小渔村变身“广东最富渔村”，阳西这里每年吸引众多游客前往[EB/OL].（2023-10-30）[2024-03-21]. https://mp.weixin.qq.com/s/iIfvu6zC6GKi3bqkh1q0FA.

第三章

开放发展　拓展空间

新时期，广东作为中国外贸第一大省和农产品进出口大省，肩负“以更大魄力在更高起点上推进改革开放”的责任使命，需要继续推动农业产业对外开放走在全国前列。2023年4月，习近平总书记在广东考察时指出，中国是一个有着14亿多人口的大国，解决好吃饭问题、保障粮食安全，要树立大食物观，既向陆地要食物，也向海洋要食物，耕海牧渔，建设海上牧场、“蓝色粮仓”。建设现代化海洋牧场是贯彻落实习近平总书记考察广东重要讲话、重要指示精神，树立大食物观、向海要粮的重要举措，也是落实省委“1310”具体部署和深入实施“百千万工程”的重要抓手。2023年，广东提出现代化海洋牧场建设十六字诀：坚持“疏近用远、生态发展”，实施“陆海接力、岸海联动”。海洋牧场的建设将梯度利用海洋空间，近海、中海、远海各尽其用，同时推进陆海全产业链融合发展。因此，要加快引导好、保护好、发挥好社会资本投入农业农村的积极性、主动性，推动社会资本更好融入全面乡村振兴，加快推进农业农村现代化[①]。

① 参见农业农村部、国家乡村振兴局发布的《社会资本投资农业农村指引（2021年）》。

第一节　向海而兴　耕海牧渔

2024年广东省政府工作报告提出，要坚持向海而兴、向海图强，全面建设海洋强省，打造海上新广东。在规划建设“南粤粮仓”方面，广东有着深厚的资源优势。广东大陆海岸线长4000多公里，1963个海岛如繁星密布，42万平方公里海域辽阔壮观……这是广东向海而兴的厚实家底，也是广东向海图强、发展现代化海洋牧场的最大底气。

经略海洋长风起，筑梦深蓝正当时。广东建设海洋牧场的路线图已清晰勾勒，位于珠江口东岸的深圳正在建设首批现代化海洋牧场项目并同步推进4艘10万吨级深远海大型智能化养殖工船建造，2025年建成后预计年产量可达2.2万吨；位于粤东的饶平启动岸上花鲈良种场建设，这些适合深远海养殖的花鲈新品系未来年产可达到3亿尾；位于粤西的湛江正在加快建设205个重力式深水网箱和2个半潜式桁架智能养殖平台，传统近海业态重叠的格局将被打破，网箱养殖正在走向深远海。

一、向海图强是实现高质量发展的重要途径

广东如今已实现“仓廪实”，但依然要望向深海。贯彻落实关键粮食安全战略，努力践行大食物观，积极打造“南粤粮仓”，建设现代化海洋牧场，是落实“百千万工程”，唱响海洋牧歌，实现“藏粮于海”的重要路径。

广东地处热带和亚热带，拥有全国第一的海岸线长度、全国第二的海域面积，水深大于15米的海域面积占省管海域面积70%以上，全年都适合海水鱼类养殖，可全时间段、全方位向海要粮，建设现代化海洋牧场具有得天独厚的自然资源禀赋和产业基础优势，向海图强将成为减轻近海环境资源压力、促进海洋渔业转型升级、实现可持续高质量发展的重要方略。

广东现代化海洋牧场建设正在加速推进，深圳、珠海、汕尾、江门、阳江、湛江、潮州等沿海地市成立一级开发主体，积极招商引资，完善政策体系和基础设施，促成项目落实，一个海上新广东正在逐步形成。但也要看到，现代化海洋牧场建设是一个复杂的系统工程，涉及养殖生产、种苗繁育、装备建造、精深加工、仓储物流、市场销售、生态环保、科技创新、安全生产、用海管理等各个方面。因此，现代化海洋牧场建设应遵循市场原则和产业发展规律，发挥好各类市场主体独特优势，创新现代化海洋牧场产业模式，更好发挥农业龙头企业的辐射带动作用，加快构建联农带农惠农富农新格局。

二、加强统筹规划，推进海洋牧场可持续发展

提升海洋牧场建设成效需要强化统筹规划，分类规范海洋牧场建设，加强关键技术攻关和设施装备研发，强化海洋牧场建设科技支撑。此外，还要构建从种业、养殖、装备到精深加工的现代化海洋牧场全产业链，推进海洋牧场相关产业的联动发展。

（一）科学编制养殖水域滩涂规划

全省21个地级以上市、96个水产养殖主产县（市、区）均已完成规划编制发布工作。各地按照规划的分区要求及管控措施，依法核发水域滩涂养殖证，保护生态环境，维护渔民合法权益。根据国家统一工作部署，广东推动各级加快国土空间规划编制工作。在省级国土空间规划编制中强调统筹海洋空间开发利用，提出渔业用海空间布局规划，安排珠江口渔场、汕头渔场、抱虎渔场、万山底渔场、放鸡—海陵渔场、湛江硇洲渔场等18个传统渔场及稔平半岛养殖基地、镇海湾养殖基地等9个近岸海水增养殖基地等渔业用海布局，满足渔港及渔业设施建设发展用海需求。

（二）推进产业结构优化升级

广东省委、省政府高度重视水产养殖业结构的优化调整和转型升级，大力支持现代化海洋牧场全产业链发展，加快打造万亿级现代化海洋牧场全产业集群，通过政策引导、机制建设、平台打造，推动海洋渔业向信息化、智能化、现代化转型升级，以“大渔带小渔”“新型带传统”促进大中小企业通过分工协作、基地培育、资金合作和技术扩散等方式互融互通，带动中小企业、渔民专业合作社转型升级，形成协同、高效、融合的大中小企业融通创新生态。2022年，广东海洋生产总值1.8万亿元，同比增长5.4%，占地区生产总值的14%，占全国海洋生产总值的19%，海洋经济总量已经连续28年全国第一。广东海洋三次产业结构比为3.0：31.9：65.1，海洋第二产业比重同比上升2.6个百分点，海洋制造业增加值4419.6亿元，同比增长6.3%，在海洋经济发展中的贡献持续增强。海洋新兴产业增加值210.8亿元，同比增长18.5%，占海洋产业增加值比重提高到3.3%。

在利益联结机制方面，各地重点推广了“企业 + 合作社 + 渔户”合作发展模式，健全渔业生产服务体系，组建现代化海洋牧场发展服务中心，创新“深远海养殖 + 休闲海钓”发展模式，壮大新型农村集体经济，鼓励渔民通过自主经营、投资入股等方式参与现代化海洋牧场建设，多渠道增收致富。

（三）促进水产养殖绿色发展

广东省委、省政府高度重视渔业绿色高质量发展，大力贯彻落实《关于加快推进水产养殖业绿色发展的若干意见》。2020年，广东省农业农村厅联合十厅局印发《关于加快推进水产养殖业绿色发展的实施意见》；2022年，由广东省农业农村厅牵头起草，以省政府办公厅名义编制出台了《广东省人民政府办公厅关于加快推进现代渔业高质量发展的意见》，加快推进现代渔业高质量发展，构建渔业生产生态良好空间。

近年来，广东乡村积极推动渔业绿色转型，通过水产绿色健康养殖“五大行动”、珠三角百万亩养殖池塘升级改造、养殖尾水治理、建设美丽渔场等一系列举措，推广建立绿色、健康、生态养殖模式，建立了池塘工程化循环水养殖、工厂化循环水养殖、稻渔综合种养、用药减量、配合饲料替代幼杂鱼、水产新品种试验示范等170个示范基地，构建了渔业生态和谐发展空间。与此同时，广东还着力加强产学研协同创新，充分发挥省级产业技术体系创新团队对科技的支撑作用，加大良种选育、绿色养殖等重点领域技术创新力度，使养殖向环境可持续的方向发展。促进浅海生态环境持续改善，积极向深蓝挺进，坚持在近浅海上做“减法”、在中远海上做“加法”、在综合开发利用上做“乘法”，推动立体化、多维度联动开发。广东正以积极进取的姿态在现代化海洋牧场破浪前行，依托自身优势，抓住主要矛盾，寻找海洋牧场建设突破口，奏响向深蓝挺进的宏伟乐章。

三、奏响岸海联动、向海图强的宏伟乐章

挺进深蓝需要底气和勇气。广东发挥海洋大省的优势和潜力，突破海洋渔业转型升级过程中遇到的一系列堵点难点，为全产业链全方位推进现代化海洋牧场建设提供有力支撑。

（一）耕海牧渔，现代化养殖要先行

得风气之先的广东率先创新运用深水网箱养殖，是全国最早实现深水网箱装备国产化研制和推广应用的省份，在养殖装备领域处于国内领先地位。

2023年广东湛江深水网箱养殖的金鲳鱼在越冬鱼码头市场反响大，售卖价格高，最高达24元/斤，同比涨价8元/斤。爆款鱼的背后正是湛江完备的水产食品产业链在发挥强劲作用。在当地，30多家饲料加工厂年产水产饲料90万吨，约占全国水产饲料六成，深水网箱销量约占全国的六成，海

洋新业态新产品新技术不断涌现。从网箱网具的制造到饲料生产，从水产种业到水产品流通加工，深海养殖产业全产业链有七大体系，相关产业年产值超过500亿元，产业链从业人员达100多万人。

预计到2027年，广东海洋养殖捕捞产值将达到3250亿元，海洋养殖装备制造产值突破8亿元；冷链物流及贸易产值将超650亿元，并将有力推动海洋旅游业的蓬勃发展，助力全产业链协同共进。

（二）牧海耕田，融合发展空间巨大

水上生产清洁能源、水下养殖绿色产品正成为广东沿海独特的风景线。地处南海之滨的广东阳西原来是传统农业大县，近两年当地开始牧海耕田，成为全国海域面积最大的国家级海洋牧场示范区，海域面积达497平方公里。经过几年探索，发现风电区海底下环境有利于贝类鱼类生长，于是风电企业探索网箱养殖。

海上“良田”，让休闲海钓成为新时尚。在汕尾，两个2000平方米的深海养殖平台上，“海洋牧场+休闲海钓”两者融为一体。生态池养出肥美鱼虾，当地的海洋牧场也开始逐渐从近海走向远海，技术开发逐渐从粗放转为精细。在珠海，在我国首座半潜式波浪能养殖旅游平台“澎湖号”上，游客们既能听涛观海，欣赏海天一色的壮美景色，又能品味新鲜海产，充分感受“海洋牧场+休闲渔业”的多产业融合发展模式。

（三）筑梦深蓝，生态优化是关键

绿水青山就是金山银山。为保护海洋生物生态环境，广东坚持“疏近用远、生态优先”，实施“陆海接力、岸海联动”。

一是在近浅海上做“减法”，统筹提高岸线资源利用效率，适度控制近海养殖用海规模，推动近海海域环境持续改善。早在20世纪80年代，广东就开始建设人工鱼礁，截至2023年3月，投礁293.1万空方，几乎重塑了广东近海岸鱼类生存环境。人工鱼礁可以成为海洋生物的栖息繁殖场所，

保护海洋生物资源，有利于海洋生物的增殖，有益于生态资源的恢复，有助于多层次海洋生态系统的建立。以人工鱼礁为基础的“藏粮于海”遍布广东沿海，人工鱼礁也成为海洋牧场的重要基础，监测数据表明，人工鱼礁区单位水体生物量高于非礁区50%以上。二是在深远海上做“加法”，大力发展深水网箱养殖，远海重点发展远洋捕捞，拓展深远海立体海域开发利用空间，增强海洋固碳能力，实现海洋绿色生态可持续发展，推动形成近浅海与深远海绿色生态协同发展新格局。三是在综合开发利用上做“乘法”，推动水上、水面、水体、海床等立体开发，海上、岛上、岸上联动开发，形成港产城融合、渔工贸游一体化发展的良好格局[①]。

近年来，广东海岸线整治修复、魅力沙滩打造、海堤生态化、滨海湿地修复及美丽海湾建设等工程建设取得明显成效，累计整治修复海岸线超过100千米，修复沙滩约22千米，完成海堤生态化长度约37千米，营造红树林2778公顷，修复现有红树林2093.87公顷。“在发展中保护、在保护中发展”成为广东筑梦深蓝的生动注脚。

【典型案例】

放坡村：向海深耕打造“南极村”品牌助推集体经济发展

湛江市徐闻县角尾乡放坡村是一座被碧海蓝天拥抱的历史古村落。放坡村位于湛江市徐闻县角尾乡西南沿海，西侧紧依北部湾，具有发展海洋牧场的区位优势。当地的灯楼角在中国大陆最南端，因而也被称为“南极村”。依托海洋牧场和滨海文旅，放坡村绘就了一幅“向海生长”多彩画卷。

现代化海洋牧场建设是放坡村推进乡村振兴的有力抓手。放坡村周边海区水质优良，水温适宜，海水盐度较高，优渥的环境使得当地成为湛

① 培育万亿级产业集群 广东唱响“海洋牧歌”［N］. 南方都市报，2023-06-14（GA04）.

江三倍体生蚝主要养殖区。相比于传统生蚝，三倍体生蚝生长快、个头大，可以增加产量、提高品质并降低死亡率，促进养殖户增产增收。不仅如此，三倍体生蚝还是碳汇渔业的组成部分，具有较强的碳捕集作用，能够消除海水富营养化。近年来，放坡村所在的角尾乡依托滨海资源禀赋，开展村校和村企合作，在水产养殖产业上深耕良种选育、孵化、养殖、服务、加工等环节，大力培育龙头企业，带动形成集生蚝原良种选育、清洁生产、精深加工、冷链物流、销售、文旅等于一体的完整产业链，规划建设30000亩海、350亩陆基产业融合区，积极开拓“蓝色粮仓+蓝色文旅”海洋牧场发展新模式，打造乡村振兴新增长极。放坡村因此而受益，种植业也蓬勃发展，塑造出“角尾红葱”“珊瑚番薯干”等优质农业品牌。

在拓展渔业文旅新业态方面，放坡村拥有纯净的沙滩和碧蓝海水，建有国家级珊瑚保护区、珊瑚主题科普展馆，并拥有传统特色的珊瑚屋古建筑，村内的艺术家部落、东坡草堂、民俗风情、休闲场所等让人流连忘返，自然风光美不胜收。政府率先出资在当地建设示范民宿，创造经济收益，带动村民翻新建设村屋，充分利用村庄闲置民居、空地打造特色小民宿、小餐馆、小商店、小文创室等，已建成开业的特色民宿达百余家。村居环境的改善，促进了庭院经济的发展，衍生出包括吃、住、行、游、购、娱等在内的文旅服务链，农业观光、海上体验、摄影创作等大文旅新业态陆续被开发出来，放坡村建成了形神兼备的宜居宜业和美乡村。2019年，放坡村被评为广东省文化和旅游特色村。2021年，放坡村获评全国乡村旅游重点村，累计接待旅客超30万人次，带动村民就业150多人，年旅游总收入约2800万元，村集体收入达50万元，村民人均收入达3.2万元。2023年11月，放坡村登上央视《山水间的家》，文旅知名度进一步提升。2024年3月，放坡村成为国家3A级旅游景区。

放坡村深耕海洋产业，依托“蓝色粮仓”建设，积极发展海洋主题文旅的做法，充分展现了滨海地区的发展潜力，成为乡村振兴高质量发展的典型代表。

参考文献：

1.东风已至！中国大陆最南端“美丽”起势[EB/OL].（2023-08-25）[2024-03-21]. https://mp.weixin.qq.com/s/mRkslhDmQ6q8Lc_FE20Qhg.

2.黎阳明. 这40分钟有惊喜 央视展现充满朝气活力的放坡村[N]. 湛江日报，2023-11-05（1）.

3.湛江“海洋牧场”重点项目集中开工和签约！落户徐闻的项目有→[EB/OL].（2024-01-04）[2024-03-21]. https://mp.weixin.qq.com/s/gvXA4AsOnMI_Vx57Exj3QA.

4.农拓 | 走近角尾乡，聆听海洋的故事[EB/OL].（2024-02-22）[2024-03-21]. https://mp.weixin.qq.com/s/s4B0BYy01Fg3ZV1Fs0pwgQ.

5. 卓朝兴. 角尾乡放坡村旅游景区获评国家3A级旅游景区[N]. 湛江日报，2024-03-07（A05）.

6. 傅晓冰. 在徐闻角尾乡，解锁大陆南极浪漫之旅[EB/OL].（2023-12-19）[2024-03-21]. https://static.nfapp.southcn.com/content/202312/19/c8417406.html.

第二节　外引内联　引资入村

社会资本是全面推进乡村振兴的重要支撑力量，需要加大政策引导和撬动力度，扩大农业农村有效投资。应聚焦乡村振兴重点领域，创新投入方式，打造合作平台，营造良好营商环境，激发社会资本投资活力，规范社会资本投资行为，以更好满足全面推进乡村振兴多元投融资需求，为全面推进乡村振兴、加快农业农村现代化提供有力支撑。

乡村振兴离不开社会资本的大力支持，需要充分发挥好财政政策、产业政策引导和撬动作用，规范社会资本投资行为，引导好、保护好、发挥好社会资本投资农业农村的积极性、主动性，推动社会资本更好发挥服务全面推进乡村振兴、加快农业农村现代化的作用。

社会资本投资农业农村要尊重农民主体地位，充分尊重农民意愿；要遵循市场规律，充分发挥市场在资源配置中的决定性作用，同时，更好发挥政府的宏观调控作用；要坚持开拓创新，发挥社会资本市场化、专业化优势，加快投融资模式创新应用；要稳妥有序投入，引导社会资本稳妥有充投入亟须支持的农业农村领域，不超越发展阶段搞大融资、大开发、大建设[①]。

一、着力引导社会资本进入农业农村领域

广东省乡村产业仍然存在农业产业要素支撑不足、农业产业链各环节衔接不紧密、农业企业难以获得股权融资支持等短板。省委、省政府推进市场资本与实体企业联结桥梁的建立，整合各方优势资源形成合力，推进社会资本服务乡村振兴，用资本助力乡村振兴的“广东实践”。

（一）成立首个省级乡村产业投资联盟

2022年7月7日，广东成立全国首个省级乡村产业投资联盟，开启金融助推产业高质量发展新模式。广东乡村产业投资联盟是联结市场资本与实体企业的重要桥梁，旨在有效整合各方优势资源以形成发展合力，全面推进金融服务乡村振兴。乡村产业投资联盟深入贯彻中央和广东省关于稳住经济大盘各项政策措施和金融支持受新冠疫情影响企业纾困的决策部署，是凝聚各方力量、引导社会资本投入乡村产业的创新探索，也是推进广东乡村产业振兴的重要举措。

乡村产业投资联盟由大型农业企业、产业投资机构、私募基金、平台券商合力共推，已有70多家机构加入。它以“搭平台、聚合力、谋发展、兴乡村”为宗旨，聚集社会资本和乡村产业资源，通过资本助力，驱动产业和资本快速融合，实现基金赋能乡村经济的“四个一”目标：创建一支乡村产业专业投资队伍，建设一个乡村产业项目资源库，组织一系列多元化投融资对接活动，打造一个信息互通、资源融合、多方共赢的乡村产业

① 参见农业农村部、国家乡村振兴局发布的《社会资本投资农业农村指引（2022年）》。

投融资对接平台。

（二）引导社会资本助力农业发展

近年来，广东省财政厅在农业基础设施、水利工程、社会事业、生态环境保护、保障性安居工程等领域积极稳妥推进PPP模式（即政府和社会资本合作模式），引导社会资本进入农业农村领域，采取竞争性方式选择具有投资、运营管理能力的社会资本参与项目建设，明确责权利关系，充分发挥市场机制作用，提升公共服务的供给质量和效率，实现公共利益最大化。纳入广东省PPP项目库管理的农业农村类项目数百个，总投资额超过1000亿元，其中153个项目已签约落地进入执行阶段，总投资额约663亿元，涵盖了农村污水处理、垃圾处理等民生项目和农业产业发展等多个领域。广东通过引资、引智和引制相结合的多元形式，推动农业农村基础设施建设不断完善，为现代农业产业发展和乡村振兴提供了有效助力。

【典型案例】

连樟村：引资入村打造新时代美丽乡村发展样板

清远市英德市连江口镇连樟村曾是“生活垃圾靠风刮，污水靠蒸发”的省级相对贫困村，村集体经济薄弱，空心化严重。2015年，中共中央、国务院颁布《关于打赢脱贫攻坚战的决定》，吹响了脱贫攻坚的冲锋号，连樟村开始迎来新的变化。从2017年9月开始，在各级党委、政府的领导下，碧桂园集团、国强公益基金会启动了连樟村新农村示范村建设项目，带动连樟村产业“强筋健骨”，村容村貌焕然一新。

为了扩大连樟村茶产业的发展空间，村集体与帮扶企业联合兴建了茶产业深加工高科技示范园区，结合当地出产的红茶品种，利用生物发酵技术进行深加工，将茶叶制成护肤品、保健品，延伸茶叶的产业链。在此过程中，示范园区进一步解决了部分村民的就业问题。不仅如此，帮扶企业还从观光旅游等环节入手，全方位带动上下游产业发展，帮助村民增收致富。在国华文旅的助力下，连樟村形成了整体运营规划思路，围绕“党建+农旅一体化”探索出“1+1+N”的乡村运营模式，即一个美丽乡村、一套文旅商业系统及农林牧渔多元化产业，开发出红色文化、林下经济等系列文旅产品，推出包括特色作物、中草药、种植技术等元素在内的青少年研学产品，构建了集一二三产业于一体的乡村振兴农旅综合体样板。

如今的连樟村走出了一条可持续发展的产业融合道路，集体经济有了持续收益，村民增收、防止返贫取得实效。据当地统计，该村村集体2018年收入仅为11万元，至2022年达170万元，增长约15倍，获得“全国先进基层党组织”“广东省文明村”“广东十大美丽乡村”“国家城乡融合发展试验区连樟样板区”等荣誉称号，成为新时代的富饶美丽乡村。

参考文献：

1.连樟村：以脱贫攻坚精神续写乡村振兴新篇章[EB/OL].（2021-06-23）[2024-03-22]. https://mp.weixin.qq.com/s/Wf-4hR4buSs5DinrDKobgA.

2.碧桂园：做帮扶路上的前行者｜“6·30”助力乡村振兴活动系列报道①[EB/OL].（2023-06-25）[2024-03-22]. https://www.nfncb.cn/a33592/33592.html.

3.广东连樟村：乡村农旅产业样板[EB/OL].（2021-10-08）[2024-03-22]. https://mp.weixin.qq.com/s/NBSEjiW84lqTJeer5TO4Aw.

二、激发社会资本活力，为推进乡村振兴提供有力支撑

广东聚焦乡村发展、乡村建设、乡村治理的重点领域、关键环节，优化营商环境，充分调动各方积极性，活跃更多社会资本，加快农业农村经济转型升级。

（一）优化乡村营商环境

改革开放以来，广东农村经营主体虽然实现了蓬勃发展，但相对于城市，仍然面临数量不够多、质量不够高、实力不够强、活力不够足的问题。个中原因，除了农村在要素配置、发展水平等方面的先天不足之外，营商环境政策支撑较弱也是瓶颈之一。

为此，广东省人民政府办公厅于2023年印发《广东省发展壮大农村经营主体若干措施》，立足城乡统筹发展，完善产权保护、放开市场准入、维护公平竞争，加强反垄断执法，保障农村经营主体公平参与市场竞争，优化农村经营主体营商环境，为农村经营主体提供宽松的成长空间、稳定的经营预期和法治化的保障，推动农村经营主体高质量发展。各地通过推进简政放权、推进依法行政、加强法治政府建设、提升政务服务水平、优化办事流程、精简办事材料、着力提高行政审批效率等系列举措，将优化农业产业营商环境工作做深做实。

（二）建立新型帮扶协作机制

2023年2月，广东召开省委农村工作会议暨全面推进“百县千镇万村高质量发展工程”促进城乡区域协调发展动员大会，省委书记黄坤明指出，“深入开展新型对口帮扶协作，实现优势互补、互利共赢”。建立健全新型帮扶协作机制，对增强广东农村内生发展动力具有重要意义。

根据省委决策安排，广东着力深化拓展省内帮扶协作，建立纵向支持、横向帮扶、内部协作相结合的机制，实现对粤东粤西粤北地区45个县（市）帮扶协作全覆盖，做好惠州、江门、肇庆市12个县（市）的帮扶工作；强化省市县纵向帮扶，结合驻镇帮镇扶村和对口支援重点老区苏区县工作，建立省直机关事业单位、省属国有企业、高校、科研院所等组团帮扶机制，第一轮纵向帮扶共涉及全省156家有关单位，帮扶对象包括全省57个县（市）及5个重点老区苏区市辖区，基本实现县域帮扶全覆盖；强化市际横向帮扶协作，按照“市统筹、县协同”的原则，优化珠三角核心区与粤东粤西粤北地区县级结对关系，探索建立共建共享机制，推动珠三角产业向粤东粤西粤北地区有序转移，鼓励共建产业转移合作园区；强化市域内帮扶协作，推动区、县（市）联动发展；健全省领导同志定点联系县、市领导同志挂钩联系中心镇和欠发达乡镇、县领导同志联系村机制，指导和督促各项工作落实。新一轮对口帮扶协作充分借鉴省外优秀经验和创新模式，积极探索成本共担、利益共享协作机制和模式，推动“输血式”帮扶向“造血式”帮扶转变。

（三）强化配套政策支持

各地制定产业、商贸、人才、科技、土地、生态保护、财政、金融、民生保障等配套支持政策，各县（市、区）结合本地实际制定具体实施方案，构建“百千万工程”的“1 + N + X”政策体系。一是加大产业政策扶持力度，优化产业发展目录，支持县域重大产业平台建设，推动产业数字化绿色化改造。二是加大土地政策倾斜力度，强化县域重大项目用地保障，强化农村一二三产业融合发展用地支持。三是建立县级财力保障长效机制，试行省财政资金全面直达县（市），稳步提高土地出让收入用于农业农村比例，统筹地方政府新增债券用于县镇村建设。四是健全多元化投入机制，政府出一点、集体筹一点、社会资本投一点、银行贷一点、帮扶方补一点、乡贤捐一点，引导更多资金注入县域发展和强镇兴村[①]。

（四）鼓励投资重点产业和领域

社会资本是全面推进乡村振兴、加快农业农村现代化的重要支撑力量。近年来，广东持续加大政策引导撬动力度，扩大农业农村有效投资，充分发挥社会资本投资农业农村、服务乡村全面振兴的作用。

一是支持社会资本发展规模化、标准化、品牌化和绿色化种养业，推

① 参见《中共广东省委关于实施“百县千镇万村高质量发展工程”促进城乡区域协调发展的决定》。

动品种培优、品质提升、品牌打造和标准化生产，助力提升粮食和重要农产品供给保障能力。鼓励发展水产绿色健康养殖，发展稻渔综合种养、大水面生态渔业和盐碱水养殖。支持深远海养殖业发展，建设深远海大型智能化养殖渔场，推动海洋牧场、远洋渔业基地建设。支持大食物开发，保障各类食物有效供给。

二是鼓励社会资本投资创新型种业企业，扶优扶强种业企业，支持种业龙头企业健全商业化育种体系，提升商业化育种创新能力，提升种业国际竞争力。引导参与现代种业自主创新能力提升，深化产学研合作开展种源关键核心技术攻关。

三是鼓励社会资本开发特色农业农村资源，推进农业现代化示范区主导产业全产业链升级，积极参与建设现代农业产业园、优势特色产业集群、农业产业强镇、渔港经济区，打造特色农产品优势区，建设国家农村产业融合发展示范园，支持建设特色产业示范村镇。加快农业品牌培育，加强品牌营销推介，鼓励社会资本支持乡村公用品牌建设，打造一批具有市场竞争力的农业企业品牌。

四是鼓励社会资本参与粮食主产区和特色农产品优势区，发展农产品加工业，提升行业机械化、标准化水平。加强粮食、棉花、食糖等重要农产品仓储物流设施建设，打造农产品物流节点，发展农超、农社、农企、农校等产销对接的新型流通业态。鼓励发展生鲜农产品新零售。支持冷链物流企业做大做强，支持大型流通企业以县城和中心镇为重点下沉供应链，推进农村客货邮融合发展①。

① 参见农业农村部、国家乡村振兴局发布的《社会资本投资农业农村指引（2022年）》。

【典型案例】

南平村：社会资本赋能乡村建设　探索新型村企合作共建模式

南平村地处广州市从化区温泉镇凤凰山麓，在过去是一个交通不便、人居环境缺乏管理的客家贫困山村，在当地有“晴天尘土猛，雨天泥泞深”的说法。2017年，珠江实业集团对口帮扶南平村，以形成村企党建共同体、发展共同体、命运共同体、治理共同体、利益共同体“五个共同体”为理念，实行“村集体经济组织＋国有企业”合作共建模式，通过资源变股权、资金变股金、农民变股东的“三变”改革，对闲置校舍等村集体资源量化入股，组建成立广州珠江南平投资发展有限公司，村企股比1：4，采用“公司＋村集体＋农户”一体化管理和利益联结机制，由政府、村集体、村民和企业四方共商共建共管共享。新型村企合作共建模式的创新，使得南平村走出了一条农民增收、产业增效的乡村振兴之路。

产业兴旺是乡村振兴的根本。珠江实业集团立足南平村的资源禀赋，针对晚熟荔枝“双壳槐枝”开辟营销思路，帮助当地注册“南修子”品牌，综合运用“荔枝＋电商＋慈善＋旅游＋直播带货＋N”模式对优质荔枝等产品进行品牌营销推广，开创荔枝“私人定制”模式。同时，以荔枝为主题，推动农业与体验、观光、旅游等深度融合，将南平村的乡村新貌广为传播，提高南平荔枝的网络知名度。

在此基础上，珠江实业集团投入1.23亿元建设南平村，改善村庄面貌，为南平村提炼出“静修”的文化主题，规划设计山、泉、林、溪、石相映成趣的自然景观，引进开发餐饮旅居、静修康养、会务培训、研学旅行、农副产品等多元特色业态，开发出包括特色美食、休闲娱乐、农事体验、演出演艺、特色购物等在内的丰富乡村旅游产品，延长了游客过夜游玩的时间。2019—2023年，南平村累计接待游客150万人次，旅游收入超过4500万元。在珠江实业集团的帮助下，南平村挂牌多个省市级教育培训康养基地，承接各类培训实践活动，开展会务、研学约600场次，培训4.5万人次，实现会务综合收入约600万元。

引资入村不仅让南平村提高了村集体和村民收入，还增强了乡村的凝聚力、吸引力，让在外人才主动回乡创业。截至2023年，共有400余人返乡开办了民宿40家、农家乐23家、农创小集市超15家。如今的南平村集体收入由帮扶前的31.2万元增长至150万元，增长率达到381%，村民年人均收入增长196%，荣膺“中国美丽休闲乡村”“国家森林乡村”“广东省文化和旅游特色村”“广东十大美丽乡村”等称号，成为由贫困村蝶变为广东乡村振兴和新型集体经济可持续发展的示范样本。

参考文献：

1. 广东省发展和改革委员会. 广州市从化区村企合作共造“三体”绘就静修小镇新画卷：广东省城乡融合发展典型做法之二十二[EB/OL].（2022-08-19）[2024-03-22]. https://mp.weixin.qq.com/s/Fh8Ro_HwiFsRTcK1-EM7vw.

2. 百千万工程 | 广州从化：以“绿”增益，“美丽颜值”变“经济价值”[EB/OL].（2023-11-10）[2024-03-22]. https://mp.weixin.qq.com/s/DN6qM8IsN-4D2FKwriygvg.

3. 乡村振兴 | 广州从化南平村：从贫穷村到美丽休闲乡村[EB/OL].（2022-11-24）[2024-03-22]. https://mp.weixin.qq.com/s/YBUh3BLE-kTR1K40EPc1FA.

4. 珠江实业：村企共建引领南平之变 | “6·30”助力乡村振兴活动系列报道⑤[EB/OL].（2023-06-29）[2024-03-22].https://www.nfncb.cn/index.php/gdxczxfwzx/33596.html.

三、构建以财政、金融政策引导，社会资本积极参与的支农投入机制

近年来，广东围绕县域农业发展主导产业，通过创新财政资金投入方式，坚持以重大建设项目为牵引，促进产业转型升级，持续扩大农业农村有效投资，加快构建财政优先保障、金融重点倾斜、社会资本积极参与的支农投入机制，从而有效推进农业产业转型升级，整体提升农业产业链现代化水平。

（一）发挥金融支农作用

早在2017年，广东就设立了全国首只农业供给侧结构性改革基金，省财政分年度注资100亿元，引导带动金融、工商等社会资本投入，基金总规模将达到300亿元。基金已经累计撬动社会资金130多亿元，重点支持了一批生猪、种业、农产品加工等经营性股权投资项目。

2019年8月，广东省农业农村厅推动27家银行、基金等机构联合发起成立了全国首个金融支农联盟，打造农业特色贷、农业险和农业担保、农业投资等金融精准支农产品、组合套餐，牵头研究金融服务乡村振兴过程中的难点问题，加快完善“三农”金融服务体系并推动金融资源与产业发展深度融合，在重大涉农项目建设、保障民生、联农带农等方面取得成效。截至2020年10月，广东省涉农贷款余额达1.48万亿元，普惠型涉农贷款余额2198.99亿元，较年初增长25.27%[①]。

（二）开设“广东乡村振兴板”，调动社会资本参与“三农”投资

加快产业发展的关键是积极引导涉农企业进入资本市场，通过资本市场直接融资及保险期货，合规高效利用资本，推动三产融合发展，保持产业链供应链高效稳定。

广东证监局以“乡村振兴关键在于产业振兴”为核心，协同各部门，完善资本市场功能和充分发挥资本作用，结合广东农业产业的发展实际，以提升农业企业上市融资、风险管理的服务能力为重点，全力参与乡村振兴相关工作。2021年11月，广东股权交易中心正式开设“广东乡村振兴板”。截至2022年8月底，“广东乡村振兴板”拥有145家挂牌展示企业，398家企业入选后备企业库，充分调动社会资本参与“三农”投资，通过

① 广东省农业农村厅．广东：以重大项目建设为牵引促进产业转型升级［J］．农产品市场，2021（4）．

搭建产业平台，优化资源配置，为“三农”行业主体提供技术培训、资源对接、战略咨询、金融授信等有效服务，积极探索政府领导下的社会资本与村集体合作共赢模式，引导社会组织创新“金融服务 + 乡村振兴”“电子商务 + 乡村振兴”等模式，以数字技术持续赋能农村一二三产业融合发展，推动乡村基础设施建设、治理模式创新、生产方式转型、生活方式改善[①]。

（三）引导龙头企业参与乡村振兴

近年来，广东省在龙头企业培育上取得了优越的成绩，共培育87家国家级、1292家省级重点农业龙头企业，现代农业产业体系逐渐完善，农业生产体系和经营体系现代化水平不断提升。2021年11月，国务院印发《“十四五”推进农业农村现代化规划》，部署提升产业链供应链现代化水平。产业链供应链现代化水平考验的是农业龙头企业的整体实力。广东农业龙头企业数量、质量均稳居全国前列，在保障人民群众“米袋子”“菜篮子”“果盘子”充足丰富、维护经济发展和社会稳定大局中发挥 了积极作用。广东省内国家、省、市、县四级农业龙头企业总数已超5000 家，相关企业实现超7300亿元的涉农营业总收入；龙头企业规模化发展， 充分利用资本市场，有150家企业通过各类渠道上市与融资，有19家年营业收入超50亿元的企业，其中海大、温氏、海天味业等12家企业销售收入超百亿元。各级农业龙头企业[②]以市场需求为导向，通过自筹自建、合作共建等多种方式，布局建设了一批“米袋子”“菜篮子”等重要农产品规模化生产基地，有效保障了一线生产供应。

① 参见广东省民政厅印发的《“百社联百村——助力百千万工程”专项行动实施工作方案（2023—2027年）》。

② 据统计，广东省各级农业龙头企业建设省内外各类农产品生产基地2261.95万亩，实现生产基地总产值3196.29亿元。其中粮食年产量59.60万吨、蔬菜185.29万吨、水果228.97万吨，出栏生猪2171.84万头、禽类4.50亿只，水产品464.03万吨。

第三节　走出国门　行销海外

党的二十大报告提出，“加快建设农业强国”“坚持高水平对外开放”，对新形势下的“三农”工作和农业领域对外开放作出新部署。作为中国外贸第一大省和农产品进出口大省的广东，肩负着“以更大魄力在更高起点上推进改革开放”的责任使命，继续推动农业领域对外开放走在全国前列。长期对外开放的实践让广东深刻认识到，在当前全球贸易形势日趋复杂的背景下、国内国际双循环的新发展格局下，实施高水平对外开放，加快“走出去”步伐，是实现广东农业农村现代化的关键之举。广东必须推动农业“走出去”，跑出“加速度”，推动农业在更高层次、更宽领域对外开放，推动更多广东企业、岭南特色农产品在国际上乘风破浪、扬帆远行。

一、广东农产品进出口额稳步提升

广东是我国重要的农业产区，也是主要的农产品出口贸易大省，农产品出口额常年位于全国前三。近年来，广东创新开展“喊全球吃广东农产品”的宣传推介活动，积极培育农产品出口和对外合作市场主体。截至2023年10月，已有17家农业国际贸易高质量发展基地，147家省级农产品出口示范基地，以及一批农产品出口龙头企业，不断推动广东水果、水产、花卉等特色优势农产品及预制菜“走出去”。

2022年，广东农产品进出口规模排名全国第一，占全国农产品进出口总值的14.8%，再创历史新高。农产品进出口比2021年增长28.1%，总值达3301.8亿元。其中出口1157.7亿元，增长69.1%；进口2144.1亿元，增长13.3%。广东特色水果出口大幅增长。广东出口柑橘属水果7.8亿元，增长18.2%；香蕉3786.7万元，增长196.1%；龙眼2986.4万元，增长32.9%；优势农产品荔枝1.7亿元，占全国荔枝出口的59.4%。

广东深入推动高水平对外开放，开创高质量发展新局面。2022年是《区域全面经济伙伴关系协定》（RCEP）生效元年。近年来，广东先后发布国内首个农业领域对接RCEP的工作举措《广东省农业农村厅推动对接RCEP十项行动》，印发《关于加大力度推进广东农业领域对接RCEP促进农业国际合作与农产品贸易的通知》等文件。2022年上半年，广东省与RCEP成员国农产品贸易额72亿美元，占全国与RCEP其他成员国农产品贸易额的13.8%，位居全国第二。其中，出口15.8亿美元，位居全国第三，同比增长41.5%，增速全国第一。

【典型案例】

高明村：花卉远销海外　拓展集体经济发展空间

高明村地处湛江市遂溪县城月镇南部，至今已有600多年历史，原名为后芒村，有着优良的革命传统，在抗日战争与解放战争时期，涌现出一批革命志士。早先，高明村村民以种植番薯、玉米、水稻、经济速生林等为生，经济落后，管理失序，环境杂乱无章。

作为一个革命老区村庄，身处新农村建设大潮中的高明村不甘落后，展现了艰苦奋斗的革命精神。近年来，该村不断开辟经济发展新路，在流转1000多亩土地的基础上科学规划土地用途，盘活闲置资源，发挥集体经济优势，大力建设“西瓜红”番薯基地、高明产业扶贫项目出口苗木基地。其中，“西瓜红”番薯种植面积1220亩，总产量3680吨，总收入1040万元，纯收入750万元。2020年3月，遂溪县领导还做客番薯基地爱心助农直播间为番薯代言，直播间观看人数超过200万人，卖出了2.1万单重达75吨的番薯。苗木基地是湛江市南国风园林有限公司与高明村共同建设的重点产业扶贫项目，占地面积600多亩，有近6万棵苗木，苗木出口韩国，深受韩国市场欢迎，年产值达1000多万元。

按照“公司＋基地＋贫困户”的产业模式，基地项目的贫困户享有

“培训＋打工＋分红”的福利，分红按投资本金的9%处理。富起来的高明村，壮大了集体经济，启动了民房改造和村容村貌提升项目，人居环境焕然一新，获评“广东省宜居村庄”“湛江市生态文明先进村”“湛江市宜居村庄”。

开拓国际市场赋予了中国特色新型集体经济更为广阔的发展空间。拥有红色基因的高明村立足特色主导产业积极推动产品“走出去”，体现了敢为人先的广东精神。

参考文献：

1.袁增伟，陈诗宇．花卉出口到韩国 村民年年有分红［N］．羊城晚报，2022-01-27（A6）.

2.陈思亮，林日清．点“地”成金 流转幸福［N］．南方日报，2022-12-27（VD04）.

二、推动农业企业“走出去”，不断取得新突破

中国入世20余年，广东农产品年进出口总额从2002年的52.9亿美元增长到2021年的398.5亿美元，增长653.3%。农业领域对外开放不断迈上新台阶、取得新突破。在全省以对外开放推动乡村振兴的背后，一批广东农业领军企业脱颖而出，成为广东农业布局海外、提升全球竞争力的先锋。

在国际贸易中，农业外贸企业往往是弱势方。广东通过加强对企业跨国经营的分类培育，大力扶持发展速度快、质量好的农业中小企业，让企业抱团出海，提升整体竞争力。例如，广东中荔农业集团由7家企业共同控股组建，助力农业企业抱团出海，实现了多项广东农产品出口“零的突破”，如徐闻菠萝首次出口日本、徐闻荔枝首次出口美国、遂溪火龙果首次出口中东和加拿大。广东支持涉外企业与农业科研院所组成产学研联盟，通过聚焦专业领域，打造“走出去”品牌，提升农业国际话语权，增强全球竞争力。例如，广东海大集团经过20余年的持续、快速发展，构建

了全产业链的经营格局，在海内外设立了320多家分公司、子公司，员工超2万人，2021年全年实现营业收入859.99亿元，同比增长42.56%，水产饲料实现对外销量467万吨，同比增长21%，位居全球第一。广东恒兴集团是中国第一家对外输出中国水产养殖技术标准的企业，近几年加快国际化步伐，大力加强养殖信息化建设，参与建设中东最大水产项目。

三、奋力续写现代化农业建设新篇章

广东是对外开放的“桥头堡”，正努力健全现代农业服务体系，推进农产品“12221”市场体系建设，奋力续写更多“春天的故事”。

在树立出口示范标杆方面，广东省农业农村厅、海关总署广东分署联合开展了广东省农产品出口示范基地认定工作，按照产品外向化、基地规模化、技术标准化和管理规范化要求建设，用好“两种资源、两个市场”。截至2022年11月，广东已认定195家省级农产品出口示范基地，扶持力度持续加大，推动全省农产品出口贸易高质量发展。

在搭建扬帆出海平台方面，韶关、高州、徐闻、遂溪、德庆等地在农业农村部农业贸易促进中心指导下陆续创建RCEP农产品国际采购交易中心，韶关市曲江区探索建设韶关RCEP食用菌国际采购交易中心，惠州市惠阳区镇隆镇建设省级荔枝RCEP国际合作先行试验区。广州市南沙区申报国家级农业对外开放合作试验区，创建RCEP预制菜展示体验中心。借“一带一路”、RCEP的东风，国际采购交易中心为优势农产品出口提供了阵地。在广东农产品“12221”市场体系建设的推动下，广东荔枝、梅州柚、德庆贡柑等越来越多岭南特色农产品实现产销两旺，昂首阔步走向国际市场。

在密织物流冷链网络方面，广东多次组织省内航空海运物流企业和农产品企业对接洽谈，中远海运、广州港集团、侨益物流、薛航集团、珠海航空城发展集团等纷纷与有需求的企业基地精准对接，共同探讨广东预制菜与农产品的航空海运物流体系建设。中国是世界上最大的鳗鱼出口国。日本超过六成鳗鱼加工品来自中国，而中国超过75%的鳗鱼养殖在江门台山，冷链网络的完善让台山鳗鱼远销日韩。2022年，江门入选2022年国家骨干冷链物流基地建设名单，成为广东省唯一入选此次建设名单的城市。作为江门冷链产业园的牵头主体，广东新供销天业冷链集团有限公司助力打造广东供销冷链物流骨干网，在茂名、湛江、广州等地设立21个试点，共投放田头移动冷库43台，总计服务荔枝、龙须菜、菠萝、圣女果等农产品424.5万斤。

在探索融合发展新路径方面，广东农业以“农产品+”跨界融合，解锁新体验。“钓鱼无国界”，垂钓是世界上最受欢迎的户外休闲运动之一，珠海斗门依托丰富的渔业资源，创新地将白蕉海鲈与垂钓相结合，探索渔业一二三产业融合发展的新路径。如今，斗门规划编制垂钓之都地图，计划举办有全球影响力的国际垂钓邀请大赛，创立中国（斗门）国际垂钓人才培育中心，创建国际垂钓之都，让“白蕉海鲈”品牌走向国际。

【典型案例】

三河村：菠萝走向世界　香甜飘遍全球

三河村位于湛江市徐闻县曲界镇，年平均气温23.5℃，雨量丰沛，阳光充足，土壤中的有机质结构非常适合菠萝种植，是徐闻菠萝的主要产地之一。

徐闻菠萝以大、甜、香、靓而闻名，被认定为国家地理标志保护产品，入选全国名特优新农产品名录。然而，在很长的一段时间里，徐闻菠萝只专注于国内市场，直到2017年才开始向俄罗斯、日本、吉尔吉斯斯坦、阿联酋、迪拜等国家和地区出口，但增速较为缓慢。自2022年1月1日RCEP生效实施以来，我国企业对亚太国家农产品出口量激增，为徐闻菠萝的出口创造了崭新的契机。2022年2月23日，徐闻菠萝对接RCEP出口新加坡发车仪式在三河村的诺香园农产品专业合作社基地举行，5吨徐闻菠萝踏上国际化新旅途。诺香园农产品专业合作社由“80后”返乡青年陈如约创办，致力菠萝的种苗繁育、配套技术开发、标准化种植、初加工、营销与出口，和省内高校、科研院所建立了密切联系，共同开展研发工作。

在新品种选育方面，合作社先后引进种植了MD2金菠萝、台农4号手撕凤梨、台农16号甜蜜蜜凤梨、台农17号金钻凤梨、台农21号黄金凤梨、台农22号西瓜凤梨、台农23号芒果凤梨等多个优质品种，开展了多项菠萝杂交育种研发工作，有效提升了菠萝品质。

在技术开发应用方面，合作社发明了自动化菠萝移栽机，开发了菠萝专用测土配方、自主研制自动培土盖膜铺滴灌施肥一体机，在果园中应用菠萝水肥一体化技术，极大地改善了菠萝的种植条件。

在新品种推广种植方面，合作社大胆创新“我出苗，你出地；我来教，你来种；种出果，我来收”的理念，在种植标准化和精细化上下功夫，为有意愿种植新品种的农户提供“一站式”服务，免除了农户在成本、培训、销售等方面的后顾之忧，吸引农户按照标准化栽培技术种植新品种。在菠萝产销对接方面，合作社探索出“新品种＋标准化管理＋技术支持＋包装品控＋市场营销＋线上服务”的“六位一体”模式，通过统一收购、统一价格、统一渠道、统一品牌、统一市场形象等策略，将零散的果农聚合起来，形成利益共享、风险共担的共同体，成功带动1000多户种植户增收致富。

在品牌打造方面，合作社注册自主品牌“诺香园”，获得“全国名特优新农产品”称号和绿色食品认证。在高水平对外开放的背景下，合作社积极办理出境水果果园注册登记，按照标准化果园和出口备案基地标准进行质量提升，为打入国际市场做足准备。凭借出口到俄罗斯等国的经验，三河村乘RCEP生效的东风，成为广东名优农产品海外营销接力赛的“第一棒”，冲在前列。

作为广东农业农村国际化发展的典型代表，三河村形成了可持续发展的菠萝现代农业生态圈，不断推动徐闻菠萝迈出国门、走向世界，坚定了村民对发展特色产业的信心，形成了新型集体经济增长的强劲引擎。

参考文献：

1.中国国际电视台：RCEP为徐闻菠萝种植户打开新大门[EB/OL].（2022-03-18）[2024-01-27]. https://www.zhanjiang.gov.cn/zjsfw/bmdh/wsj/zwgk/gjjl/content/post_1589183.html.

2.黄楚璇. 徐闻菠萝首次出口新加坡［N］. 南方农村报，2022-02-24（6）.

3.许琨. 80后“菠萝哥”和他的“菠萝的海”［N］. 南方都市报，2021-03-23（GA09）.

典型案例中

示范引领探索农村集体经济经营新模式

▶▶▶

在中国式现代化的征程中，广东围绕全面推进乡村振兴，先行先试，吹响“百千万工程”高质量发展的号角，南粤乡村大地上涌现出一大批推进乡村振兴的先进典型，谱写了一个又一个的动人故事。

为加快农业农村现代化，广东通过人才引领驱动产业升级，实现农业农村全面发展。人才是推动农业农村现代化的关键。在乡村人才振兴方面，广东采取开发本地返乡创业乡贤、引育新农人、夯实驻村干部导航的做法，充分发挥先进典型的示范激励作用，总结出一批可复制、可推广、可借鉴、可落地的经验做法。产业是推动农业农村现代化的重要动力。广东新农人推动传统农业产业转型升级，大力发展数字农业、农村电商和文旅融合，实施绿美广东战略，切实将“青山”转变为“金山”。

广东乡村振兴实践体现了人才是第一资源，各类新农人积极探索农村集体经济经营新模式，促进乡村产业转型升级，为全国各地全面推进乡村振兴提供了有益参考，在“三农”战线上为广东实现“走在前列”作出了重大贡献。

◀◀◀

第四章　人才先行　产业振兴

发展新型农村集体经济，为全面推进乡村振兴增动力、添活力，人才队伍建设显得尤为重要。在“百千万工程”引领下，广东省把人才振兴作为推进乡村振兴的关键，近年来相继出台了加强乡村振兴人才支撑重点工作及任务分工方案，鼓励引导人才向粤东粤西粤北地区和基层一线流动，从乡村人才规划、队伍建设、平台建设、机制创新、智力帮扶、金融支持、宣传引导、环境营造等方面创新政策举措，推动政策举措落地见效，努力打造一支规模大、素质优、结构精的乡村振兴人才队伍。

第一节　吸引乡贤回村　激发兴业动能

乡村振兴，关键在人，核心是人才[①]。2021年2月，中共中央办公厅、国务院办公厅印发《关于加快推进乡村人才振兴的意见》，强调要把乡村人力资本开发放在首要位置，大力培养本土人才，引导城市人才下乡，推动专业人才服务乡村，吸引各类人才在乡村振兴中建功立业。人才

① 中央农村工作领导小组办公室．习近平关于“三农”工作的重要论述学习读本［M］．北京：人民出版社，2023.

兴则乡村兴，人才强则乡村强。农业农村部发布的数据显示，从2012年到2022年底，返乡入乡创业人员累计达到1220万人；2021年12月印发的《“十四五”农业农村人才队伍建设发展规划》提出，到2025年，这一数据将超过1500万人，为全面推进乡村振兴提供有力人才支撑。在省委、省政府的决策部署下，广东乡村振兴工作不断向系统化、立体化、多元化发展，新型职业农民挑大梁，专业人才下乡服务，旅外乡贤归巢反哺，乡村人才量质齐升，人才赋能乡村高质量发展其势已成，未来可期。

一、激活乡贤资源，助力“百千万工程”

实施“百千万工程”离不开人才的支撑，尤其需要发挥好乡村本土乡贤的重要作用。传统乡贤即为社会作出重大贡献、为乡人所推崇、造福乡梓的德行高尚、德高望重的贤达之人。乡贤作为熟悉家乡人文环境和资源禀赋的本土人才，是全面推进乡村振兴的重要力量①。要鼓励、引导更多乡贤反哺桑梓，在谋发展找路子、惠民生促治理等方面发挥优势，引领乡村文明建设，推动产业高质量发展。

2015年，中央一号文件首次提出“创新乡贤文化，弘扬善行义举，以乡情乡愁为纽带吸引和凝聚各方人士支持家乡建设，传承乡村文明”；2016 年，中央一号文件将“乡贤文化”列入农村思想道德建设；“十三五”规划纲要中提及“新乡贤文化”；2017年，中央一号文件进一步对“新乡贤文化”进行阐析；2018年，中央一号文件专门提出要“积极发挥新乡贤作用”，促进乡村振兴战略的实施和推进②。2023年农业农村部、国家发展改革委等九部门联合印发《“我的家乡我建设”活动实施方案》，促进、鼓励、引导乡贤回归并参与家乡发展。

自古以来南粤乡贤就有建设家乡、报效桑梓的优良传统。在广东自然村落历史人文普查的资料中记载着大量乡贤参与家乡建设的事例。历史

① 唐任伍．“新乡贤”为乡村振兴注入强劲动力［J］．人民论坛，2024（1）．
② 同上。

上，广东是中国最早向海外移民的地区，同时也是向海外移民人数最多的地区之一。经过数代人的努力，海外的广东人已在各行各业崭露头角，引领时代潮流。至2021年底，广东有3000多万海外华侨华人，分布世界160多个国家和地区，成为亚太部分国家的主要经济力量。

【典型案例】

九龙峰：乡贤与乡村振兴“双向奔赴”

广东实施的“百千万工程”为乡村振兴高质量发展与乡贤人才共赢找到了结合点，激发了乡贤返乡创业的热情。位于惠东县的九龙峰旅游区近年来吸引了多位乡贤回流，乡贤凝心聚力使周边的大布村、鹤楼村、长坑村等乡村的特色产业提质增效。

九龙峰因山脊形似九条龙而得名，山中古木参天，树荫蔽日，幽谷溪流，泉清水碧，具秀、清、逸、媚、幽之长，非常适宜发展乡村旅游、康养休闲等产业。2020年1月，九龙峰旅游区管委会成立，下辖1个社区和18个行政村，总面积218.05平方公里，户籍人口5.2万人。相关负责人走访了遍布深圳、广州的乡贤，与他们开展联谊会、交流会、慈善会等活动，激发他们返乡投资创业的积极性。2023年，已有榕昇大康休闲中心、福源居生态农业园、绿芝源蜂蜜专业合作社和绿芝源帐篷营地等四个投资项目在九龙峰辖区内扎根，总投资约1.4亿元，提供就业岗位400多个。

榕昇大康休闲中心位于大布村，由乡贤李学康筹建。李学康1994年退伍后曾从事多个行业。返乡后，他出资8000万元，以“修旧如旧”为理念，将荒废多年具有明清风格的古民居进行修缮改造，以休闲度假和健康养生为主题，融合传统与现代风格，建成了占地面积约23000平方米的特色古民居民宿区。民宿区包含了传统美食街、金丝楠木家具工艺馆、书画镌刻名师工作室等场所，对传承和发扬客家文化起到了重要作用。村委会通过微改造、精提升的方式发展旅游业，使大布村成为乡村旅游精品村。

福源居生态农业园位于鹤楼村，由乡贤胡海源于2022年开发建设。项目从一片荒地起步，回到家乡的胡海源投资5000万元租赁了113亩土地，聘用专业运营管理团队盘活旱地、果园、林地、草地、坑塘等资源，建成了集露营、采摘、亲子活动于一体的生态农业园项目。该园给鹤楼村带来一系列经济效应，成为壮大村集体经济的增长极和动力源。

绿芝源蜂蜜专业合作社由乡贤杨新荣创办，他充分挖掘九龙峰野花品种多、分布广、花期长、蜜源丰富的自然禀赋优势经营“甜蜜产业”。杨新荣采取“合作社+基地+农户”模式发动周边的100多户村民养殖蜜蜂，组建了蜂蜜加工生产线，打造了集生产、加工、销售于一体的全产业链模式，每年为每户农户带来约5万元的收入。

绿芝源帐篷营地坐落于九龙峰旅游区长坑村园潭村小组，是群山中一片70多亩的小盆地，拥有得天独厚的自然环境，配有13间精致露营帐篷餐厅以及儿童娱乐设施、房车营地、户外KTV，开设了山地越野车、攻防箭、真人CS水弹枪、网红摄影基地、菜园采摘、果园采摘、自然教育户外研学、户外游泳等项目，集吃喝玩乐住于一体，为村民带来致富增收的新路子。

九龙峰旅游区积极作为，持续引导乡贤返乡为家乡谋出路、献良策、拉资金、立产业、助发展，充分激活了乡贤之力，是“百千万工程”高质量走深走实的生动体现。

参考文献：

1.蔡伟健，赖金朗，洪鹊儿．九龙峰旅游区“百千万工程”高质量发展项目签约　4宗项目现场签约投资超2亿元［N］．惠州日报，2024-01-08（A7）．

2.惠东九龙峰：大力发展特色产业，打造大湾区美丽“后花园”[EB/OL].（2023-10-27））[2024-03-15]. http://www.huidong.gov.cn/hdxwz/ztlm/jswm/wwyt/content/post_5115857.html.

3.乌天宇．双向奔赴！惠东九龙峰凝聚乡贤力量，推动乡村振兴[EB/OL].（2023-11-24）[2024-03-15]. https://baijiahao.baidu.com/s?id=17834542428859

68904&wfr=spider&for=pc.

4.王丁全. 惠东九龙峰旅游区：乡贤返乡铺开农文旅融合富民路[EB/OL].（2023-11-22）[2024-03-15]. https://mp.weixin.qq.com/s/_HtrhKlrIl6u2yVb-5_JnQ.

生活富裕是乡村振兴的建设方向和最终目的。广东实施“百千万工程”，按照抓重点、补短板、强弱项的要求，围绕农民群众最关心、最直接、最现实的利益问题，把乡村建设成幸福美丽新家园。而乡贤往往具有丰富的人脉资源、经济资源，主张发展特色经济，能够实现乡民经济最大化，进而建设好幸福美丽乡村。

二、凝聚乡贤智慧，赋能“百千万工程”

引导乡贤回流，充实人才队伍，这是广东实施“百千万工程”的题中应有之义。乡贤群体中不乏技能匠人、经济能人、销售达人，他们有经济实力、有经营眼光、有人脉资源，是全面推进乡村振兴的首要力量和坚实的人才支撑。广东政府高效引导乡贤回流乡村，号召广大乡贤能人努力争当乡村振兴的引领者，为乡村人才队伍建设注入更多乡贤力量，通过凝聚新乡贤力量、发挥新乡贤作用，加快发展乡村新产业、新业态、新模式，推动“百千万工程”不断取得新实效，为家乡经济社会发展增光添彩。

【典型案例】

愚公楼村：汇贤聚能激发集体经济增长动能

愚公楼村地处湛江市徐闻县曲界镇，是全国最大的菠萝生产基地，有“中国菠萝之乡”的美誉，是广东乡村特色产业亿元村之一。村中出产的愚公楼菠萝被认定为国家地理标志保护产品，被中国果蔬产业品牌论坛组委会评为“中国十大热带名果”，早在20世纪70年代就空运到北京招待外宾，美国相关历史书籍还把愚公楼菠萝列为世界名果。

愚公楼村的发展，离不开乡贤的助力。长期以来，菠萝基地出产的菠萝有大有小，大果上市销售，而150～450克重的小果是人们看不上眼的次品，不但价低，还鲜有问津，往往被当作损耗扔掉。这一现象被当地一位“90后”新农人魏仕旗看到，他认为，菠萝一季要生长近2年，扔掉太可惜。在广州从事电商行业的他经过研究发现，泰国小菠萝卖得很好，于是他返乡成立了湛江三木食品有限公司，将菠萝地里即将被扔掉的上千斤小果收购下来，进行分级、清洗、整理、去皮、切分、包装等处理后制成鲜切小菠萝直接推向市场，既保持了菠萝原有香味，又方便了顾客。通过对接盒马、大润发等商超，魏仕旗解决了供应链和市场的问题。短短三年内，鲜切小菠萝销售超过500多万斤，大受消费者的青睐，小果的产地收购价也达到了1.2元/斤，成绩喜人。

在魏仕旗的努力下，曾经不起眼的小菠萝为乡亲创造了每亩近2000元的收益。他还不断开拓愚公楼菠萝的产、供、销体系。例如，与广东农垦和阿里巴巴合作开设了产地仓，降低菠萝加工成本；与盒马合作共同研发菠萝切片、菠萝预制菜等新产品，通过深加工的方式延长菠萝产品的供应期，为愚公楼村集体增收增添动力。

参考文献：

1.简陈明. 徐闻小菠萝走俏大市场［N］. 湛江日报，2022-04-14（A03）.

2.李建文，陈小勇. 广东徐闻县：汇聚乡贤“贤能”为乡村振兴添“动能”[EB/OL].（2023-11-13）[2024-3-18]. https://www.msweekly.com/show.html?id=150250.

3.黄书平. 菠萝托起的村庄：再访愚公楼村［N］. 湛江晚报，2020-10-31（15）.

农业GDP是民生GDP、幸福GDP，也是“潜力板”GDP。广东推进“百千万工程”，需要更多乡贤能人有所作为，帮助整合、盘活乡村各类资源，深耕乡村特色产业。要进一步凝聚起乡贤参与家乡建设的强大合力，让他们在农村广阔天地大施所能、大展才华、大显身手，充分发挥新时代的引领作用，带动村民一起奔向共同富裕的康庄大道。

三、汇集乡贤力量，推进“百千万工程”

常言道：“一根筷子易折断，十根筷子抱成团。”一个人的能力是有限的，只有与人合作，才能弥补自己能力上的不足，取得自己原本无法取得的成就。良好的集体善于合作，优势互补，相互帮助，共同进步。乡贤不是一个人，是一个人带动一群人。

新时代的乡贤具有眼界宽、思路活等优势，是振兴乡村的新引擎、主力军，通过选、用、学等方式，可以更好地发挥乡贤作用。选乡贤，即高效率精准选拔乡贤人才，明确选拔标准，广泛动员参与，建立乡贤人才数据库。用乡贤，即充分发挥乡贤作用，根据乡贤的专业特长和兴趣爱好，搭建相应的平台发挥作用，鼓励乡贤积极参与社会治理，利用乡贤的人脉资源和经验优势，推动当地招商引资、产业发展等工作，促进地方经济繁荣。学乡贤，即建立乡贤学习交流机制，选树典型，通过媒体宣传、表彰奖励等方式，推广乡贤的先进事迹和成功经验，激发更多人的学习和参与热情，做好乡贤文化传承弘扬和创新发展文章，匠心打造“和合报本”新乡贤品牌，助力推进“百千万工程”。

【典型案例】

良洞村：乡贤理事会助力美丽新农村建设

良洞村位于云浮市新兴县簕竹镇东部，是新兴美丽乡村的典型代表，曾获得“全国民主法治示范村”“广东省文明村”“广东十大美丽乡村”“美丽宜居示范村”“社会主义新农村建设示范村”等荣誉。

依托温氏集团起源地的优势，良洞村着力打造“一产引领、三产融合”的发展模式，以农牧养殖为引领，带动编织袋厂、农牧旅游等二三产业发展，形成农牧特色产业链，通过帮助农户创业、解决农民就业问题、吸纳农户入股等多种方式带领群众致富奔康。

在这里，乡贤理事会在产业发展、村集体治理等方面发挥着不可或缺的作用，是良洞村构建自治、法治、德治相融合的全方位治理体系中的重要一环，是提升乡村治理能力和治理水平的重要组成部分。乡贤理事会积极联络汇聚乡贤，在三个方面充分发挥了热心乡贤在集体公益事业和新农村建设中的作用。一是邀请乡贤组成乡村发展的智囊团，为乡村建设出谋划策，开路破题；二是结合良洞村的规划，发动杰出乡贤带头捐资，吸引他们返乡创业，引进社会资本，拓展市场渠道，整治人居环境，共同做大做强特色产业，壮大新型集体经济；三是为村民树立振兴乡村、实干担当、勇于开拓的榜样，让乡贤精神在群众心中落地生根，引导村民向上向善，营造家庭和睦、孝老爱亲的氛围，共同建设邻里和谐、顾全大局的村集体。

乡贤理事会为乡贤们共商家乡事、共谋家乡建设提供了组织保障，为乡村发展注入了一泓活水，弘扬了乡贤精神，绘就了乡村发展新蓝图，是乡村全面振兴的有力支撑。

参考文献：

1.周姗姗，姜晓丹. 这里的新乡贤有一套［J］. 农村·农业·农民（A版），2019（5）.

2.簕竹镇良洞村："133"工作法助推村级集体经济驶入"快车道"[EB/OL].（2023-08-02）[2024-03-14]. http://www.xinxing.gov.cn/yfxxlz/gkmlpt/content/1/1722/post_1722668.html#3802.

3.冯凯思，簕竹宣. 簕竹镇良洞村：党建助推村民共富共享［N］. 南方日报，2022-02-24（XD04）.

人才是第一资源，是兴邦之本和强国之基。"百千万工程"的实施首先要夯实人才基础，进而才能全面推进强镇兴村。乡村在自身发展潜力不突出、各类资源要素缺乏、难以聚集各类人才的情况下，尤其需要发挥新乡贤作用，把乡贤工作摆在重要位置，从政策出台、机制完善等方面发力，为乡贤回乡创业营造更好的环境。因此，政府应坚持主动作为，采取线上线下相结合的模式，加大宣传对接力度，让更多乡贤看到家乡的变化、听到家乡的呼唤。

吸引乡贤回流，要善打“感情牌”，用乡愁激发乡贤回乡热情，加快乡贤“回巢”步伐，汇聚更多更强的乡贤力量；要支持有财力的新乡贤根据乡村的资源禀赋优势，在乡村投资办厂，强一（产）接二（产）联三（产），发展养殖业、种植业、农产品加工业、乡村休闲旅游业等，搞活乡村经济，吸纳就业，增加村民收入；要鼓励有经营才能的新乡贤发挥自身优势，把村民组织起来，盘活村中的土地和房屋等闲置资产，组建家庭农场、股份制合作社，带领村民开办民宿、农家乐、农村电商，把乡村的土特产推销出去，增加农民收入；要让拥有一技之长的技能型新乡贤发挥技术优势，带领乡亲们发展刺绣、编织、装修等民间传统产业，使村民们各得其所、各施其能[①]。

第二节　强化能人带动　提升产业水平

中国式现代化蕴含“农业强、农村美、农民富”的幸福图景。2023年全国两会期间，习近平总书记在参加江苏代表团审议时提出：“农业强国是社会主义现代化强国的根基，推进农业现代化是实现高质量发展的必然要求。”针对“农业现代化的资源要素如何优化”问题，习近平总书记指出：“我们现在推进乡村振兴，需要大量的人才和优质劳动力”。

乡村人才的培养是创新事业的内生动力。广东立足乡村发展的最大实际，着力培养具有创新思维和创新能力、了解农村实际发展情况、专业技能突出、德才兼备的复合型人才，使乡土人才、乡村能人利用自身的人脉

① 唐任伍.“新乡贤”为乡村振兴注入强劲动力［J］. 人民论坛，2024（1）.

等资源带头致富、带动村民实现共同富裕，促进乡村经济发展，推动乡村社会发展。

【典型案例】

罗洞工匠小镇：文化能人推动文化赋能乡村新发展

黄永浩，广州市从化区江埔街锦一村村民，2020年被文化和旅游部授予“乡村文化和旅游能人”称号，在2022年“千企帮千镇、万企兴万村”行动典型评选活动中获评“广东十大南粤新乡贤”。2018年，他回乡参与乡村振兴建设，兼任广州市从化区罗洞工匠小镇总工程师，带动大批村民致富，也使村集体经济有了稳定的收入来源。

罗洞工匠小镇规划涵盖江埔街4个行政村、30多个自然村，以美丽乡村为依托、中国非遗文化为内核，汇四海能人，着力打造全国非遗文化产业园。小镇发展从整合片区资源山、水、田、林、村、人入手，合理布局产业和科学规划基础设施建设，创建政府主导、企业市场化运营、村集体提供资源、高校提供技术支持、行业协会制定标准和能工巧匠参与的六方共建共享发展模式，实施建设百家农户百家铺、百家旅舍、百艺坊、百匠园和百家大院工程，从传统单一农耕作业到三产融合发展，既保护好生态又留住了乡味，真实展现生态变美、生活变富的和美乡村景象。小镇致力发展培养工匠人才的综合教育产业，目前签约合作高校30余所，进驻小镇企业80多家，引入和签约能工巧匠、非遗传承人代表100多人，全力打造集创意文化、传统技艺、研学科普等功能于一体的文化产业示范园区。该项目全面建成后可带动农村劳动力就业6000人以上，带动学生就业3000人以上，增加区域内农民人均年收入2万元以上。小镇已初步形成百匠园、罗洞音乐文化园、科普园、广乐府、主题民宿及大师工坊等微型产业集聚区。

小镇充分发挥传统农村技艺和传统文化作用，以合理布局大健康、教育和文旅三大产业为抓手，以非遗养生、生态养生和文化养生为康养产业特色，紧扣生态发展，践行习近平总书记提出“绿水青山就是金山银山”理念，以农村旧房屋和非遗技艺等资源为载体，以点连线带面，吸引全国非遗能人及非遗项目入驻，筑工坊，搭平台，形成产业链，并不断扬长补短，以非遗项目和传统技艺对传统产业进行创造性转化和创新性发展，拟通过引进百名大师，带千名徒弟，展万件精品，构建乡村特色的“游、学、康、养”线路，“引进来”“走出去”，以文化赋能乡村发展，激活乡村，为乡村的持续发展提供了大批工匠人才。小镇紧抓三大产业发展，以非遗和传统文化为小镇产业筑基铸魂，从无到有，焕然一新，形成工匠村、名匠街和100多家主题民宿，以文化做好土特产文章，以“食在广州，味在乡村”的乡厨美食留住记忆，避免乡村同质化，形成乡村新业态，以新质生产力推动乡村持续发展，做到未来可期。

黄永浩通过集聚传统文化和传统老手艺工坊，整合“工坊 + 学校 + 企业”资源，搭建“百艺千校万企”产教融合平台，共建实践基地，并与侨联、高校留学生和华侨等团体，以传统工艺、中国功夫、厨艺和中医为交流载体，紧扣国家“一带一路”倡议，走民间外交，目前已与匈牙利、美国、法国等国家华侨建立交流关系，传承中国工艺，弘扬中国文化。

近年来，罗洞工匠小镇为企业精准培养大批工匠人才，成为广州市首批产教融合实训示范基地之一，获得“广州文化产业园区”“广州乡村文艺空间”等称号。2022年罗洞工匠小镇的百匠园非遗工坊被认定为广州市首家非遗工坊，是全省十大非遗工坊之一。锦一村成为全省示范村；锦二村通过盘活村资产，优化产业结构，科学处理乡村人、财、物关系，使村集体从零收入转变为每年增收近100万元，被中央文明办评为“第二届学雷锋文艺志愿服务最美文艺志愿服务社区（村）”；罗洞村、上罗村吸引大批文旅企业和能工巧匠入驻，固定资产投资超亿元，年接待游客超50万人次，打造产业兴旺、生态宜居、乡风文明、治理有效、生活富裕的和美乡村。

参考文献：

1.李荣坤，王伟杰. 发挥优势 多措并举：各地加强乡村文化和旅游人才队伍建设[N]. 中国文化报，2023-08-24（2）.

2.刘振山，李洪波. 传统文化赋能乡村振兴的有益探索：新质生产力在广州从化 [EB/OL]. （2024-03-28）[2024-04-11]. https://baijiahao.baidu.com/s?id=1794772701337644160&wfr=spider&for=pc.

产业兴则百业兴，产业兴旺是乡村振兴的基石。截至2021年12月，我国已认定3673个全国“一村一品”示范村镇，主导产业产值超过7000亿元。广东把“一村一品、一镇一业”作为促进产业兴旺、推动乡村振兴的重大行动和重要抓手，广东省农业农村厅要求各地高度重视省级“一村一品、一镇一业”专业村镇的培育与发展，加强宣传指导，加大扶持力度，推动全省特色农业高质量发展，培育壮大乡村产业，依托资源禀赋，引导和促进更多资本、技术等要素向农业农村流动，汇聚人气，实现以产兴村、产村融合。

【典型案例】

里洞镇各村：强化能人示范 激发发展活力

里洞镇位于云浮市新兴县南部，与开平、恩平、阳春三市相邻，下辖8个村庄，是有名的革命老区、绿色生态强镇，拥有丰富的自然与人文资源。近年来，里洞镇举全镇之力抢抓乡村振兴和融入大湾区发展战略机遇，推行“党组织 + 头雁、基地、合作社、能人、农户、市场”的“1 + 6”发展模式，构建精心“选”能人、用心“育”能人、专心“激”能人的工作机制，围绕山区人才流失头等难事选题立项，大力实施乡村振兴人才引擎工程，落实“百名人才进站”“双培双带”两项计划，建设人才“蓄水池”，激发人才干事创业的精气神，增强能人的带头示范效应，有力带动辖区内里江村、鹅石村等村集体经济的保稳增收和可持续发展。

一是掌握辖区内能人的分布情况。镇班子成员、驻村干部、村“两委”干部明确能人队伍创建方案，组织力量深入8个村（社区）走访调研，引导各类符合条件的能人加入队伍。二是通过结对联系、内培外育、靶向帮扶等机制激发不同类型能人干事创业的积极性。里洞镇聚集各方力量成立了能人队伍联系服务团队，积极听取各类能人发展需求和意见建议，根据这些需求和意见建议制定能人培训计划，依托镇人才驿站、镇党校等载体加强技能培训服务，举办党性培育班、政策辅导班和技能培训班，提升能人队伍素质。与此同时，聚焦各类能人在创新创业中存在的难点和难题编制重点难题清单，安排专人协调各方资源，靶向解决这些难题。三是激励农村乡土专家和高素质农民等能人指导带动周边农户发展；鼓励农村青年能人和银发能人在服务群众、政策解读、生态文明建设、文化建设等方面发挥正能量；将书记能人和乡贤能人调到基层治理一线，推进基础设施建设、矛盾纠纷调处、安全防范等工作落实。

里洞镇培育乡村领头人带动镇村发展的做法，显著提升了地方治理能力和产业发展水平，出现了一批代表性能人推动集体经济发展的典型。例如，里江村的回乡创业青年欧洪灿创办了新兴县果芝林种植专业合作社，建成了600亩的番石榴基地，为里江村集体年增收10多万元，为54户脱贫户保稳增收3500元/户。鹅石村的梁建波牵头盘活五鹅茶业专业合作社，兴办光能茶叶加工厂，茶场基地由40亩扩展到300多亩，入社农户由23户发展到128户，年产销茶叶从0.3万斤提高到1.5万斤，实现年销售收入150多万元，带动茶农人均年增收2000多元，带动周边群众季节性劳务收入增加5000多元。

参考文献：

1. 梁颖，谢铭智. 里洞镇：能人辈出激发“+”效应［N］. 南方日报，2023-08-03（XD02）.

2. 梁颖，黄玉桥，谢铭智. 里洞镇：党建“书记项目”带活“大产业”[EB/OL].（2021-06-11）[2024-03-14]. https://static.nfapp.southcn.com/

content/202106/11/c5400033.html.
3. 梁颖，黄玉桥. 新兴里洞镇打造“乡村振兴人才引擎”工程[EB/OL].（2021-09-09）[2024-03-14]. https://economy.southcn.com/node_550560ee2a/123c60deee.shtml.
4.云里洞镇里江村：“三个突出”破译乡村振兴“人才密码”[EB/OL].（2023-06-01）[2024-03-14]. http://www.xinxing.gov.cn/yfxxld/gkmlpt/content/1/1702/post_1702200.html#3108.

截至2022年10月，广东已有2455个省级专业村、352个省级专业镇。这些村镇成为广东特色农业发展的样板。

专业村镇的建设，进一步提升了乡村能人投身乡村事业的积极性、主动性和创造性，增强了他们的凝聚力和向心力，实现了全方位、全过程的领先示范，使得乡村能人在服务新发展格局中主动担当、率先作为，为乡村事业高质量发展贡献自己的力量。

【典型案例】

碧园村：“产业村长”进村，富民兴村有道

新型农村集体经济发展难题源于缺人。自广东实施“百千万工程”以来，各地围绕人才创新开展了许多探索、积累了许多经验。

梅州市实施的“产业村长”制度就是典型代表之一。“产业村长”是促进乡村产业振兴的专职职务，大部分都是“80后”，且主要为梅州市农业企业负责人，其所在企业的主营业务往往与其任职村的主导产业相匹配，这些企业包括粮食生产加工企业、果蔬销售企业、特色农产品精深加工企业等。他们当中既有返乡创业青年，也有本地乡土专家和乡村能人。2023年，梅州所有县合计聘任“产业村长”147人，“产业村长”覆盖97个镇（街、农场）164个村（含2个联镇联村），累计投入财政资金7777.9万元，这些财政资金用于发展110个项目，项目落地使19162人得以就业，培育“四上”企业38家，全市所有村级集体经济年收入达到10万元以上。

碧园村是梅州市兴宁市龙田镇下辖的一个行政村，以肉鸽养殖作为特色产业，2019年入选第九批全国“一村一品”示范村镇名单。陈伟波是碧园村的“产业村长”，2009年大学毕业后进入外企工作一年，2010年弃工返乡养鸽创业，从一名工科生转变为一名养殖鸽子的农科生。创业初期，他从3000对种鸽起步创办肉鸽养殖基地，规模较小，没有办公的场所，只有几幢鸽舍。龙田镇党委、镇政府向上级单位推荐他，为陈伟波提供了大量专业技能培训，帮助他的基地发展壮大。到2012年底，鸽场从最初的3000对鸽子增长到30000对，成为当时粤东地区规模最大的肉鸽养殖基地。不断扩大鸽场规模的同时，陈伟波利用当地肉鸽养殖相对集中的优势，发挥龙头企业的联农带农效应，以“合作社+基地+农户”的模式与碧园村建立合作关系，通过提供种苗、提供技术培训、保价回收、提供就业岗位等方式带动周边1000多户农户发展肉鸽养殖。2013年底，陈伟波成立了梅州市金绿现代农业发展有限公司，开拓鸽子活禽销售业务，在兴宁、五华、梅县开设了活禽直营店。2017年底，陈伟波在兴宁市开办了第一家“陈小鸽”品牌旗舰店，主要销售鸽子汤、鸽子套餐、鸽子蛋等系列产品。2019年，碧园村入选全国“一村一品”肉鸽产业示范村，金鸽养殖专业合作社入选国家级农民合作社示范社。2020年，陈伟波的公司带动14个省定贫困村，1933户贫困户参与农光（光伏）互补产业、入股分红和肉鸽养殖增收，2017年到2020年仅入股分红收入总额就达210.5万元，有效带动贫困户脱贫致富。陈伟波担任“产业村长”之后，碧园村村集体经济稳步发展，截至2023年，仅乳鸽养殖产业项目村集体经济年收入就达12万元。

“产业村长”的创新模式，为乡村能人提供了更为广阔的发展空间，使产业和村集体的结合更加紧密，既实现了人才的创业梦，也圆了农户的脱贫致富梦。

参考文献：

1. 张柳青. 兴宁市选聘79名产业能人带动村民走向致富之路：“产业村长”

齐上阵“产业富村”助振兴［N］．南方日报，2023-10-18（MC04）．

2．姚燕永，吴扬，梁文悦，等．返乡创业“鸽”显神通［N］．南方农村报，2020-04-25（07）．

3．张柳青．工科生玩转农业　小鸽养出大品牌［N］．南方日报，2018-08-22（MC07）．

4．温柔．借鉴“产业村长”制度　破题乡村“缺能”“缺人”：对话全国政协委员、华南农业大学副校长温小波［J］．南方，2024（05）．

5.百千万工程·兴宁实践｜龙田镇碧园村“产业村长”陈伟波：小鸽子大产业，激发高质量发展强动力[EB/OL].（2023-09-13）[2024-03-20]. https://www.xingning.gov.cn/jrxn/ztzl/bqwgc/content/post_2538532.html.

农民是乡村建设发展的主体，乡村能人是乡村发展的主干。大部分乡村能人来自基层，他们拥有丰富的生产实践经验，是推动乡村振兴的重要力量。为了最大限度发挥乡村能人的作用，需要全面认识并有效发挥农民的主体性，让他们学有所用、有所作为、展现魄力，释放创新创业活力，成为振兴乡村主角。

未来，乡村能人队伍仍需持续壮大，要深化“能人+”效应，努力让各类乡村能人成为乡村产业发展的中流砥柱、亲朋邻里的好榜样、乡村振兴的生力军。各地应营造“培育一批能人，带动一片群众，发展一方经济”的良好环境，切实为“百千万工程”赋能增色。

第三节　培育青年人才　壮大乡村产业

青年人才是全面推进乡村振兴的生力军。2023年习近平总书记在给中国农业大学科技小院的同学们的回信中，对全国广大青年提出了殷切期望，希冀新时代青年志存高远、脚踏实地，把课堂学习和乡村实践紧密结合起来，厚植爱农情怀，练就兴农本领，在乡村振兴的大舞台上建功立业。习近平总书记的回信是对新时代广大青年投身农业农村现代化事业的极大肯定和鼓励。

乡村振兴需要青年扎根基层一线，磨砺“自找苦吃”的精神信念；需要青年深入乡土中国，厚植深沉持久的爱农情怀；需要青年立足乡村实践，练就能担重任的兴农本领[①]。在加快推进广东农业农村现代化、加快实现高水平农业科技自立自强、深化农村改革的征程中，乡村地区比以往任何时候都更加需要广大青年作为强农兴农的生力军深入基层一线，破解农业农村发展中的堵点、痛点、难点，改善乡村人民群众的生活。

2023年，广东启动了“百千万工程”青年兴乡培育计划。计划通过“政府+企业+高校”三方联合培育模式，加快形成“城市青年下乡、在外青年返乡、本土青年兴乡”的人才集聚效应，为乡村振兴注入源源不断的动力。计划主要面向三类人群：一是有志于回归乡村、服务乡村、愿意带领村民致富的广东在校大学生；二是已经在广东乡村发展的村庄合作社青年骨干、村集体经济负责人、村干部、种植养殖大户、返乡创业青年；三是近年来共青团广东省委组织开展的各类乡村振兴服务项目优秀青年代表。针对当前广东县域急缺的经营性人才，计划将分阶段、递进式、体系化围绕“百千万”展开：“万”是通过线上班培训一万名青年，让他们具备乡村经营基本知识，组成青年兴乡预备队；“千”是通过普及班培训一千名青年，让他们具备乡村经营基本能力，组成青年兴乡突击队；“百”是通过高级班培训一百名已投身乡村建设的优秀青年，组成青年兴乡先锋队，重点打造青年兴乡的示范典型。

① 张亚东，韩一. 乡村振兴要发挥好新时代青年的生力军作用［N］. 中国社区报，2023-12-05（3）.

【典型案例】

三联村：返乡创业青年壮大蚕桑产业

乡村振兴战略实施以来，英德市主动作为，积极营造创新创业的良好环境，向想创业、敢创业、能创业的青年才俊提供资源支持与交流平台，使一大批走出英德的年轻学子回乡创业，为家乡注入源源不竭的力量。

李雪艳是英德市石牯塘镇三联村人。她的家乡是蚕桑种植专业村，爷爷是全镇第一位尝试种桑养蚕的“开荒牛”，父亲则是致力破解种桑养蚕技术难题的“老黄牛”。2017年，李雪艳从北京理工大学珠海学院毕业后，前往深圳从事航空航天相关工作。同年10月，党的十九大提出了实施乡村振兴战略，她响应党的号召，有了以蚕桑产业作为切入点返乡创业的打算。2019年8月，李雪艳离开深圳来到英德市返乡创业孵化基地工作，累计服务创业项目54个，直接带动就业人次852人，间接带动就业2000人以上。工作期间，她熟悉了家乡情况，积累了工作经验，提升了作为一名新农人的能力。2021年5月，李雪艳辞去她在孵化基地的工作，创立了链嘉乡（广东）食品有限公司，研发生产与蚕桑相关的系列食品，开展蚕桑研学活动。“链嘉乡”与“恋家乡”同音，寄寓了李雪艳思乡、返乡、报乡的心。作为一名“蚕桑三代”，李雪艳将桑树资源充分开发利用，建立产品生产标准，树立品牌，顶端的嫩芽叶用于加工生产桑叶菜，而老叶子则用于养蚕。桑农在种桑养蚕的基础上，每亩可增收约1500元。

2022年，李雪艳创办了广东木光子宸生物科技有限公司，将蚕桑的产品线拓展到护肤和宠物粮食领域。与此同时，李雪艳还与父亲所创立的英德市菜篮子农业开发有限公司联合打造蚕桑特色产业园，建立三产融合的产业链条，探索形成“公司 + 合作社 + 基地 + 科研院校 + 农户 + 互联网”的经营模式，联结多方利益，使当地的蚕桑产业向多元化发展。经过不懈努力，她的桑叶菜品牌获“广东省扶贫产品”“广东省一村一品”“全国名特优新农产品”“青农优品”等荣誉，畅销于广东省内外各大连锁餐饮、配送商、电商平台。公司基地获得“广东省菜篮子工程英德菜篮子蔬菜基地”等荣誉称号，李雪艳本人则在2023年获得了“全国乡村振兴青年先锋”称号。

青年乡贤是推进“百千万工程”的重要力量。在李雪艳带动下，石牯塘镇农户们纷纷加入桑叶菜的生产链条，截至2023年底，当地的桑树种植面积达到1.3万亩左右，产值超过亿元，辐射带动了1000多户桑农实现就业增收。

参考文献：

1.洪会强，曹成飞，钟履双，等. 青春有力量 助力“百千万”［N］. 清远日报，2023-05-04（A3）.

2.苏枫. 乡村振兴 | 返乡护桑田的“职业农民”[EB/OL].（2023-06-08）[2024-03-18]. https://baijiahao.baidu.com/s?id=1768114728024403874&wfr=spider&for=pc.

依据新形势下乡村发展需要多元化人才的实际，分别制定建设目标和差别化政策，做到突出重点，如以农民合作社带头人、家庭农场主、农村创业带头人、农村电商人才为代表的乡村致富能人，以农村基层组织负责人、农村社会工作人才、农村经营管理人才为代表的乡村组织能人，以“田秀才”“土专家”“乡创客”为代表的农业科技能人，以乡村教师、乡村医生、乡村工匠为代表的乡村文化能人等。针对人才不同特点和作用，强化示范引领，谋划实施人才培育重大工程、专项行动和提升计划，以点带面，实现乡村人才振兴。

政府应起到引导、培育、助推的作用，充分发挥集聚社会资源办大事的优势，吸引更多能人投身乡村工作，给乡村能人培育工作一个良好的开端。待时机成熟，政府转变职能角色定位，用市场化手段，进一步增强市场激励、社会评价和行业规制的力量。

对企业而言，参与乡村能人培养，积极赋能乡村人才培育工作，不仅是推动乡村现代化发展的重要因素，也是践行社会责任的重要体现。

【典型案例】

下屯村：建立厨师培训基地　助力乡村服务业和村集体经济发展

下屯村位于河源市东源县义合镇，具有深厚的客家饮食文化基础。20世纪80年代初，下屯村走出去的务工人员很大一部分都从事餐饮业，不少人成长为名厨后又不断介绍村里的年轻人出去发展。在“师带徒”传统的影响下，下屯村平均每10人中就有1人以厨师为职业，在外持证上岗的厨师有近300人，涌现出以“厨王”阮仲孟先生为代表的一大批餐饮界的杰出乡贤和美食行业的佼佼者，下屯村也因此成为远近闻名的“厨师专业村”。

2019年，广东省审计厅第二批驻下屯村扶贫帮扶工作队与碧桂园控股有限公司、广东省扶贫基金会及东源县人民政府等单位共同筹资约600万元，建设占地面积约600平方米、建筑面积2000多平方米的“粤菜师傅”培训基地，打造集培训、展示、餐饮和会议功能于一体的乡村振兴人才实训基地（河源客家菜实训体验展示基地）。2022年4月，第一期培训班正式开班，邀请经验丰富的粤菜大师为30名学员进行为期6天的培训，授课内容包括了东江义合鸭、客家红焖肉等东源本地特色菜品的制作技巧和方法。截至2024年2月，累计培训粤菜师傅约6000人次，带动就业创业约1.6万人。培训对象除了本地村民外，还包括了东源县乃至河源市有意向从事厨师工作的群众。

基地作为村集体物业，每年可以为村集体带来10万元租金收益，有培训时提供培训服务，收取一定的培训场地服务费，平时则作为农家乐对外开放营业，带动8名村民就业，忙时还会临时聘请村民帮工。2023年，基地为村民增收50多万元，既规范了当地的厨师培训模式，也实现了村集体物业盘活利用；既有助于实现乡村人才振兴，也壮大了村集体经济。

参考文献：

1.东源县“粤菜师傅”培训基地正式开班 为全面推进乡村振兴加油鼓劲[EB/OL].（2022-04-14）[2024-03-19]. http://www.heyuan.gov.cn/ywdt/xqdt/content/mpost_492046.html.

2.李娇. 河源东源县义合镇：抢抓休耕期，打造百亩格桑花海 | “河”力绿美[EB/OL].（2024-02-20）[2024-03-19]. https://static.nfapp.southcn.com/content/202402/20/c8616389.html.

3.农艳芳，王飞. 做强人才驿站 为乡村振兴引入“智慧大脑”［N］. 新快报，2022-08-12（T09）.

4.彭茂洋. 助推乡村振兴发展，河源客家菜师傅培训基地开工奠基！［N］. 河源晚报，2020-09-24.

5.河源下屯村如何从“网红”村变成“长红”村？[EB/OL].（2024-04-16）[2024-04-19]. https://dara.gd.gov.cn/snnyxxlb/content/post_4407519.html.

在乡村振兴实践中，培育以农民合作社带头人、家庭农场主、农村创业带头人、农村电商人才为代表的青年人才，对于巩固拓展脱贫攻坚成果与全面推进乡村振兴有效衔接意义深远。如今，农业正处在新科技革命的路口，壮大农村创新创业的青年带头人队伍，不仅可以为农业发展提供前沿探索和转型升级的机会，也能为农业产业带来培育新质生产力、拓展新空间的机遇。

第五章

产业兴农　转型升级

党的二十大报告提出，发展乡村特色产业，拓宽农民增收致富渠道。广东各地乡村结合自身资源禀赋，因地制宜发展特色产业，推动产业转型升级，拓展乡村产业增值增效空间，提升乡村多元价值，进一步促进集体经济增长和农民增收致富。同时，广东立足人才与产业双轮驱动，广泛宣传返乡入乡创业创新政策，筑巢引凤，把有知识、有见识、有能力的青年人吸引回乡，不断拓宽乡村振兴的视野和格局。各地纷纷行动起来，一场返乡入乡、创业创新风潮在南粤大地兴起。

第一节　电商助农　三产融合促升级

习近平总书记于2020年4月在陕西考察调研时指出，电商作为新兴业态，既可以推销农副产品和助力群众脱贫致富，又可以推动乡村振兴，是大有可为的。当前，信息技术在农业生产中发挥越来越重要的作用，手机成为“新农具”，直播成为“新农活”，农村电商、数字农业助推农业农村新质生产力的形成。直播带货释放出大量动能，弥补了线下消费的不足。据阿里研究院统计，2022年，广东有淘宝村1466个，总数位居全国第二。其中，广州市白云区大源街大源村、番禺区里仁洞村，佛山市南海区九江镇沙头村，揭阳市锡场镇军埔村，肇庆市德庆县马圩镇旺岗村，清远市英德市石灰铺镇美村村等较具代表性和典型性。农村电商通了销路，活了产业，富了农民，为广东乡村振兴注入了新活力。

一、打造网络品牌效应，推进产业集聚发展

产业集聚有助于实现规模经济[①]。广东的地形复杂多样，以山地和丘陵为主，导致许多乡村地区因地理条件限制而难以实现产业集聚效应。借助农村电商的发展，各地得以在网络空间上聚合力量，共同打造区域品牌，推动特色产业的繁荣发展。

首先，电商平台可以助力乡村产业进行数字化转型和平台化发展，通过网络平台的广泛辐射和快速流通，吸引优质企业投资合作，实现跨区域的融合发展，进而形成具有竞争力的产业集群。其次，对于品牌价值尚待提升的乡村产业，电商平台的数字化集成运作能力使得区域内多家企业联合建立区域公共品牌矩阵成为可能，通过协同合作，塑造品牌影响力，提升特色主导产业的知名度和影响力。最后，电商产业园区的建立，可以吸引受地理环境限制的乡村产业入驻，政府在做大做强集体经济的基础上，加大基础设施和服务体系的建设投入，构建协同、创新、高效的农村电商生态圈，有助于畅通城乡经济循环，促进农村产销“两头甜”。

【典型案例】

来苏村：建设电商平台壮大集体经济

来苏村位于鹤山市共和镇，自实施乡村振兴战略以来，积极探索“互联网＋农业”的创新模式。2019年，来苏村成功打造了“莱苏电商小铺”，以“线上＋线下”的销售模式推广当地特色农产品——“三瓜两豆

---

① 王玉德. 发展农村电商 助力乡村振兴［N］. 光明日报，2023-12-12（05）.

一葛”（苦瓜、黄瓜、节瓜、肉豆、豆角、粉葛），吸引不少企业和单位来采购，有效促进了村民增收和人才回流，为集体经济的发展壮大注入了新的活力。2020年，在江门市委组织部、江门市农业农村局的支持下，来苏村进一步开拓创新，搭建了一个覆盖五邑地区的农村公益电商平台——五邑红农村电商平台。

五邑红农村电商平台由来苏村与江门市莱苏方舟电子商务有限公司联合开发，自2020年12月18日上线以来，立足于发展村集体经济，将江门四市三区1000多个行政村的优质农产品、工业品和旅游产品进行整合，形成了一个品类丰富的在线市场。平台商品涵盖了粮油米面、家禽蛋类、时令果蔬、预制菜、云上花市、养生茶饮、休闲零食、土特干货等。平台还开设了优选特色馆，设立台山专区、开平专区、恩平专区、鹤山专区、蓬江专区、江海专区、新会专区以及消费帮扶等栏目，并通过扶贫干部代言推荐，将这些产品推向全国市场。自平台运营以来，陆续上架了300多个单品，由专业的电商运营团队操盘。2023年9月，中国侨都特色产品展示中心的启用，标志着五邑红农村电商平台在原有基础上进一步拓展了“对口帮扶＋农村电商＋商铺盘活”的模式。该中心主要展销江门五邑地区、广西崇左市、黑龙江七台河市等地区生产的380多种名特优新产品，涵盖李锦记酱油、新宝堂陈皮、益膳预制菜、明富粮油、水禾豆食品、天行健农业、雪莊茶园等知名品牌。这不仅深化了江门与崇左、七台河的联动发展，促进了优势互补和互利共赢，更推进了东西部协作和对口合作，助力农村电商消费持续增长。

如今，五邑红商城已经成为五邑地区“小而美”的农村公益电商平台，为广大乡村的特色产品插上了互联网的翅膀，成为江门实施农村电商助农兴农战略、发展壮大村集体经济、扩大农村消费、实现乡村振兴的重要平台和载体。

参考文献：

1.谌磊. 五邑红商城上线 助力脱贫攻坚和乡村振兴[EB/OL].（2020-12-20）[2024-03-17]. http://www.jiangmen.gov.cn/home/zwyw/content/post_2214483.html.

2.“红色”农村电商公益平台拓宽我市农企农户销售渠道，激活致富潜能 乡村产业发展插上电商“翅膀”[EB/OL].（2021-03-05）[2024-03-17]. http://www.jiangmen.gov.cn/home/zwyw/content/post_2264594.html.

3.黄文生. 中国侨都特色产品展示中心启用［N］. 广州日报，2023-09-21（13）.

二、延长产业链条，促进三产融合发展

广东乡村，尤其是粤东粤西粤北地区的乡村，其产业普遍面临产业链延伸不足、经营主体规模小且层次低、三产融合发展动力不足等挑战，而农村电商的发展为应对这些挑战提供了新的机遇。

首先，农村电商通过网上营销，为乡村产业产品的推广和销售开辟了新的渠道，推动了乡村产业的改造与升级。一些镇村充分利用农村电商营销带来的即时效应和热点效应，推动相关加工业的发展，有效延长了乡村产业链条，提升了产品附加值，并因地制宜建立产业园区，实现了产业升级和融合发展。其次，农村电商的发展带动了物流、包装、仓储、营销、直播、影视、支付、信贷等关联产业的兴起，促进了资金、人才等要素进一步集聚，进而带动餐饮、住宿等相关产业发展，进一步延伸了产业链条。最后，农村电商在一定程度上打破了乡村产业间的壁垒，推动了一二三产业多维融合。一些地区通过农村电商的带动探索出创意农业、休闲农业等农旅融合发展模式，甚至催生出田园综合体、研学基地等农工旅、农文旅融合发展模式。

当前，广东正加快农产品电商发展，健全农产品“12221”市场营销体系，依托网络平台打造更多叫得响的“粤字号”强村富民农业品牌，促进农产品产销两旺。2023年，广东出口农产品1309.1亿元，增长13.3%，占同期全国农产品出口总值的18.8%。其中，电商主体的赋能提质效应显著。

例如，抖音开展“广东乡村电商助力行动”，累计交易额达39亿元；京东等助力遂溪县全年甘薯电商销售3.45亿元，“火山壹号”甘薯线上售价达20元/斤。

三、优化供应链，提升产品供应效率

传统农产品供给模式以“农户—批发商—农贸市场或超市—消费者”为主，中间环节多，储运成本及农产品损耗率较高，导致田头价格低、零售价格高，农户增收困难。农村电商的发展提升了合作社、家庭农场及个体农户的触网销售能力，提高了农产品的供应效率，优化了农产品的供应链条，为集体增收和群众富裕开辟了新途径。

一是农村电商消除了农户与消费者之间的信息鸿沟，发挥信息平台和数字营销的作用，使农产品供应与消费者需求精准匹配。通过创新的“造节”、直播带货等手段，农村电商实现了农产品的短周期、大规模交易，极大地缓解了欠发达地区的农产品滞销难题。二是农村电商积极参与农村物流基础设施建设，提升了农产品流通效率。在“快递下乡”“电子商务与快递物流协同发展”等政策引导下，电商平台深度参与构建县、镇、村三级物流体系，并带动田头仓储、冷链物流体系的建设，满足了生鲜农产品的储运需求，提升了物流效率。三是农村电商整合了供应链前端，创新了农产品的供应链模式，实现了交易的前置处理。供应链模式从以往的“拣货—物流—配送—零售”转为“拣货—零售—物流—配送”，实现了农产品的按需配送。此外，农村电商还积极整合供应链各环节，推行基地直供和预售模式，进一步将供应链模式优化为“零售—拣货—物流—配送”，减少了流通环节的损耗，提高了整体供应链的效率和响应速度[①]。

① 王玉德. 发展农村电商 助力乡村振兴［N］. 光明日报，2023-12-12（05）.

【典型案例】

上寮村：依托服装产业建成亿元“淘宝村”

衣食住行构成了人类生活的基本需求，而一件衣服不仅承载着千年的文化美学，也映照着人们对美好生活的向往。上寮村位于揭阳市普宁市区西北部，曾经是一个人烟稀少的小村庄。上寮村从寥无人烟的小村庄转变成月销售额超亿元的“淘宝村”，其发展史是普宁市打造“电商强市”之路的生动注脚。

揭阳市是全国闻名的中国纺织产业基地市和广东省纺织服装产业集群升级示范区，拥有完整的纺织服装产业链，囊括纺纱、织布、印染、辅料、配件、设计、生产、销售等环节，普宁市则是全国最大的服装市场之一，且具备优越的电子商务条件。自2008年以来，普宁市上寮村的年轻人开始返乡创业，从事服装电商销售，起初成效平平，但到了2012年，市场开始兴旺，开辟了服装价值实现的新路径。自此，上寮村持续多年被评为“淘宝村”，得到了当地政府的高度重视，规划建成上寮电商园。近几年，上寮村逐步构建起完整的上下游产业链，主要销售女装、童装和内衣裤。随着上寮电商园的迅速发展，该村又适时推出了上寮电商城项目，为上寮村电商经济的持续发展注入了新动力。到了2023年，该聚集区已有多家网货供应商年销售额超亿元，网批店铺近3000家，淘宝C店超30000家，电商创业及就业人员超30000人，2022年电商交易额更是高达400多亿元，成为普宁市最活跃的网络服装批发集聚区。

上寮村沿着服装销售打造电子商务集聚区的产业发展路径取得了斐然成绩，电商经济给这座村庄带来了无限生机与活力。

参考文献：

1. 黎慧莹. 穿梭45·身边故事会｜乘电商“东风”致富：寂静村落崛起成月销亿元的“淘宝村”[EB/OL].（2023-11-17）[2024-03-20]. https://baijiahao.baidu.com/s?id=1782805622317407176&wfr=spider&for=pc.

2. 羊城派：小服装串起大产业！揭阳纺织服装产业的“变”与“新”[EB/OL].（2023-06-05）[2024-03-20]. https://guangdong.chinatax.gov.cn/gdsw/jysw_jcdt/2023-06/05/content_c14a8643b1ce484eba4b27e18796c026.shtml.

3. 陈锴跃，曾柯权.【视频】揭阳：创新发展激活产业强市新动能｜改革开放45周年·广东调研行[EB/OL].（2023-11-21）[2024-03-20]. https://6nis.ycwb.com/app/template/displayTemplate/news/newsDetail/120014/52338368.html?isView=true.

第二节　数字赋能　催生新质生产力

当前，数字经济日益成为拉动经济增长的重要引擎，并逐步向农业农村领域深度渗透，为广东乃至全国乡村振兴战略的实施提供了强大的驱动力。在推进传统农业向现代农业转型的过程中，数字经济对实现产业振兴和农业现代化起着至关重要的作用，而农业科技现代化又是农业现代化的核心要素。大力发展农业农村数字经济，既是推动农业农村现代化、实施乡村振兴战略的核心手段，也为农业农村发展带来了前所未有的机遇和变革。

广东省积极响应“十四五”规划纲要中关于“加快推进数字乡村建设”的号召，于2020年发布了《广东省贯彻落实〈数字乡村发展战略纲要〉的实施意见》，明确提出到2025年，全省数字乡村建设将取得重要进展：20户以上自然村光网实现深度覆盖，5G网络实现农村重点区域普遍覆盖，乡村产业数字信息化得到应用，城乡“数字鸿沟”明显缩小；培育形成一批特色农村电商典型企业，基本形成乡村智慧物流配送体系。

为进一步细化实施步骤，广东省农业农村厅于2020年6月出台了《广东数字农业农村发展行动计划（2020—2025年）》，提出到2025年，广东省将在数字农业农村发展方面取得重要进展。届时，数字农业发展模式将得到进一步优化，农村数字化管理水平将持续提高，数字技术将更深入地与农业产业体系、生产体系及经营体系相融合，有力推动农业生产力提升和经营模式创新，为乡村振兴注入源源不断的新动能。

一、转变传统农业生产方式

数字经济推动农业生产的智能化和信息化，使传统农业从依赖经验的生产方式向数据驱动的生产方式转变，使农业生产更加科学化、精准化、智能化①。这一变革极大地提升了畜禽养殖、田间管理、机械装备等环节的智能化水平，不仅提高了农业生产效率，减轻了农民的劳动负担，还增加了农民收入。数字经济正以前所未有的力量颠覆性地改变着我国传统农业的生产和管理模式，尤其在广东这片改革热土上，数字经济已经深度渗透到农业生产的各个环节，为广东乡村振兴和农业现代化注入了新动能。为了进一步提升数据支撑、分析研判和调控引导能力，广东省采取试点先行的策略，以县为主体，省市县联动，推进农产品大数据应用，积极强化“互联网+”战略在农产品流通领域的应用，深入推进“互联网+”农产品出村进城工程。

其一，广东积极培育具有竞争力的农产品大数据运营主体，实现一县一重点产业一营销大数据的目标。广东农产品依托“保供稳价安心”数字平台，开展线上线下、国内国际相结合的数字化云端营销推广。

其二，广东通过创新的数字化手段，全面提升农产品的生产和供应链效率，确保农产品的稳产保供。积极推动建立田头智慧小站的线上服务平台。这一平台利用先进的信息技术，为农产品的预冷和保鲜提供综合的数字化服务，从而提升农产品的整体质量和市场竞争力。同时，相关部门建立健全监测预警机制，通过紧密跟踪粮食、蔬菜、生猪等主要农产品的产能、市场行情、流通状况及成本收益等关键指标，实现对市场波动的及时

① 甘丹丽，江易华．数字经济赋能中国式农业农村现代化的逻辑与路径[EB/OL].（2023-11-28）[2024-01-22]. https://topics.gmw.cn/2023-11/28/content_36994469.htm.

预测和有效应对，保障农产品供应的稳定性和可靠性。

其三，广东广泛开展信息进村入户，从而全方位促进农产品的销售和流通。通过构筑现代化农业信息体系，搭建农业数字化共享平台，建设现代农业大数据系统，使农业生产、管理、销售体系实现数字化融合。这将全面提升农业数据的收集、加工、分析、处理能力，有效激发农业新活力，带动产业链的延伸、价值链的提升和供应链的智能化发展。

其四，数字经济的蓬勃发展，尤其是在数字金融领域的创新突破，为广东农业融资保障问题带来了前所未有的解决良机。数字经济特别是数字金融的发展能够帮助金融机构有效掌握贷款农民的历史经营数据、产品销售数据、个人征信数据等信息，合理评估其资金需求，科学把控贷款风险，助力解决制约农业高质量发展的融资难题①。

【典型案例】

柏桥村：以荔为媒加速发展新质生产力

柏桥村地处浮山岭余脉坡地，隶属茂名市高州市根子镇，以其2000年的荔枝种植历史而闻名，被誉为“中国荔乡”。这里不仅拥有6800亩的荔枝种植面积，还有隋唐年间形成的古荔枝园“根子贡园”，被誉为“活的荔枝博物馆”。近年来，柏桥村通过标准化种植、品牌营销、古树守护、文旅融合、科技创新等多维度发展，全面加速了新质生产力的形成。

柏桥村的古荔枝园不仅是历史的见证，更是科技创新的结晶。古荔枝园成园于隋唐年间，是目前全国面积最大、历史最悠久、保存最完好、古荔树最多、品种最齐全的荔园之一。园内80亩地生长着39棵500年以上树龄的荔枝树，其中9棵更是超过了1300年。每棵古树都有专属的“身份证”，通过手机扫码即可获取古树的编号、科属、树龄等详细信息，这种创新的

① 王琳. 实现共同富裕的助推器：以数字经济助力农业增效农民增收［N］. 人民日报，2022-07-07（9）.

信息化管理，为古树保护与研究提供了便利。

作为国家荔枝种质资源圃的所在地，柏桥村的实验室在保鲜研究方面取得了显著成就，包括物理源、植物源、生物源和新型包装材料的保鲜技术。其中，研发成功的生物源（厌氧型益生菌）荔枝保鲜技术，可使桂味、妃子笑等部分荔枝品种的保鲜时间延长1个月，拓宽了荔枝的销售半径，为果农带来了更多收益。

柏桥村还建设了集荔枝产业展示、荔枝主题观光体验、游食玩购于一体的荔枝优势产业集聚区。2022年，到柏桥村的游客达200多万人次。为了进一步拓宽新质生产力的发展视野，柏桥村依托柏桥讲堂，与广东省委党校、北京大学、中山大学、暨南大学等单位开展联学共建，邀请专家教授、先进代表参与授课，内容覆盖了先进发展经验、农房管控、乡村振兴工作机制、创新成果等多方面，拓宽了党员领导干部的视野。截至2023年，柏桥讲堂已开展889个班次（活动），累计培训了45895人次。

柏桥村不仅是茂名发展新质生产力、推进共同富裕的窗口，更是科技创新的典范。2023年，柏桥村荔枝产量近1万吨，销售额近1.2亿元，集体经济收入达到342万元，带动户均增收20%。依靠发展新质生产力，村民实现了收成有分红、务工有报酬，每户年收入达到5万～8万元，部分超过10万元，形成了“一果兴百业旺”的繁荣局面。

参考文献：

1. 全良波，詹翔闵，卓剑斯，等. 茂名：从柏桥村出发 新质生产力乘风破浪［N］. 羊城晚报，2024-04-11（A7）.

2. 谭铮，鄢敏. 荔枝提升“含金量”文旅产业“快步走”［N］，羊城晚报，2024-04-12（A2）.

3. 刘俊，刘栋铭，杨金凤. 习近平总书记视察广东的重要讲话在茂名广大干部群众中引起热烈反响：进一步把荔枝做成富民增收的大产业［N］. 南方日报，2023-04-14（A15）.

4. 黄月华. 记者探访国家荔枝种质资源圃：打造中国荔枝种业“硅谷”［N］. 茂名日报，2022-05-25（A1）.

二、变革农产品供应链体系

数字经济拉近了农产品生产者和消费者之间的距离，打破了传统的销售渠道。在互联网、大数据、云计算、人工智能、5G等现代信息技术的推动下，农产品供应链新模式、新技术不断涌现。例如，通过电商平台、农业App等数字化工具，农产品生产者能够更加直接地与消费者进行互动和交流，电商与直播相结合形成的直播带货模式，充分利用互联网直观、形象地宣传当地产品，塑造地区特色品牌，打通农副产品的线上销售渠道，延长了农业产业链，许多地方的农民通过直播、短视频等新型互联网商业模式，实现了收入大幅提高①。这种产销联系不仅减少了中间环节，提高了农产品的价格，也使消费者更容易获取农产品的信息，提高了对农产品的认知度和信任度。

“百千万工程”实施后，广东全省按照“强节点、建链条、优网络”工作思路，推动农产品供应链体系变革，完善农产品流通骨干网络，强化长期稳定的产销对接机制，加快建设畅通高效、贯通城乡、安全规范的农产品现代流通体系，助力村集体收益和农民增收。

【典型案例】

健民村：在石漠化荒山中孕育出山茶油产业的“盒马村”

健民村地处韶关市乳源瑶族自治县乳城镇，曾因喀斯特地形和石灰岩地貌导致的石漠化而闻名。“九分石头一分土，寸土寸金水如油”曾经是健民村的真实写照。然而，逆境中育生机，油茶树却喜欢生长在这样的环境里，更成为村里的主要经济作物。

广东宝华农业科技股份有限公司（简称“宝华农科”）在漫山的碎

① 王琳. 实现共同富裕的助推器：以数字经济助力农业增效农民增收［N］. 人民日报，2022-07-07（9）.

石中克服艰难险阻，建立了4万亩的油茶种植基地。按照每亩地可产出750～800斤鲜果来计算，油茶种植基地一年可以生产出近千吨的优质山茶油。得益于此，健民村吸引了阿里巴巴旗下零售平台“盒马鲜生”的关注，双方决定合作打造山茶油“盒马村”。所谓“盒马村”，就是利用阿里巴巴的传统优势，根据订单为盒马种植农产品的村庄，盒马将物联网、区块链、云计算、人工智能等前沿技术应用于乡村，把分散、孤立的生产单元连接到新零售的销售单元，通过提升产、供、销全产业链效率，打破传统零散乱的小农模式，实现农业数字化、规模化、集约化转型，塑造新零售、新农业、新农民的典范。在合作过程中，宝华农科与盒马经过半年多的科技攻关和上百次实验，率先成功研发了“零反式脂肪酸”的山茶油技术工艺，为产品赋予了领先行业的品质优势。技术研发与数字供应链的应用显著提升了产能和经济效益，2019年，宝华农科的山茶油销量全国第七，截至2022年，销量排名第一，总产值翻了一番，直接带动当地二三产业的发展。在就业方面，健民村每年可为6000余户农户提供直接就业机会，每户增收超过8000元，真正实现了在曾经的荒山中挖掘出“聚宝盆”。

参考文献：

1. 叶丹. 广东盒马村山茶油突破传统工艺成行业第一[EB/OL].（2022-12-28）[2024-03-20]. https://baijiahao.baidu.com/s?id=1753443972462889100&wfr=spide r&for=pc.

2. 石头缝里也能榨出油，广东一盒马村山茶油突破行业工艺[EB/OL].（2022-12-28）[2024-03-20]. https://baijiahao.baidu.com/s?id=1753425377840364242&wfr=spider&for=pc.

3. 田建川，王瑞平. 广东乳源：石头缝里为何能“榨”出“油”［N］. 新华每日电讯，2023-11-15（7）.

三、推动数字乡村深度协作

从2019年开始，中央一号文件多次强调实施数字乡村战略，开展国家数字乡村试点和数字乡村建设发展工程，数字乡村建设已成为实现乡村振兴的关键举措和加速农村发展的必然选择。广东省根据《数字农业农村发展规划（2019—2025年）》《关于开展国家数字乡村试点工作的通知》等部署要求，积极推动数字新动能向广大农村延展，积极探索具有岭南特色的数字乡村建设路径。

昔日，广东农村地区因信息闭塞而合作有限；如今，在数字经济的推动下，各个乡村能够更容易地获取各种信息，探索跨村域的信息共享和资源协同机制，实现多村联动、连片发展的新格局。借助数字农业社区、社交媒体平台，农民可以在更大范围分享种植经验、农业技术，形成协作网络，促进农业技术的创新发展和资源的高效利用。这种协作网络不仅提升了区域农业的整体竞争力，也促使农业生产更好地适应市场变化[①]。

与此同时，城乡融合也随着信息化的普及日趋深化，有效促进区域、城乡的公共服务资源优化配置。例如，乡村综合信息服务体系的构建，能够进一步提升信息惠农服务水平，推进农村生产生活数字化应用，助力广大农民群众共享数字经济发展成果[②]。又如，网络远程教育、网络技能培训、网络创新创业等项目，显著提高了欠发达地区学生的教育水平，提升了农户的工作能力和专业化水平，拓展了返乡青年的就业空间，提升了“网络扶智”效果，激活了乡村振兴的内生动力。

---

① 甘丹丽，江易华. 数字经济赋能中国式农业农村现代化的逻辑与路径[EB/OL].（2023-11-28）[2024-01-22]. https://topics.gmw.cn/2023-11/28/content_36994469.htm.

② 王琳. 实现共同富裕的助推器：以数字经济助力农业增效农民增收［N］. 人民日报，2022-07-07（9）.

第三节　文旅融合　延伸农业产业链

广东省积极促进文旅融合发展，强调科学规划，制定了一系列的规划方案，先后出台了《广东省民宿管理暂行办法》《广东省加快推进文化和旅游融合发展三年行动计划（2020—2022年）》《关于促进农村消费提质升级的若干政策措施》《广东省乡村休闲产业“十四五”规划》和《广东省“十四五”旅游业发展规划实施方案》等重要政策文件，明确了发展方向和目标任务，为休闲农业和乡村旅游提供政策支持，完善了基础设施和配套服务建设，提升了旅游接待能力和服务水平，助力农村一二三产业融合发展。从2024年开始，乡村旅游成为广东文旅的重要发力点，广东全省文化和旅游工作会议提出，要“稳步推动乡村旅游高质量发展”。文旅融合正成为助力“百千万工程”的一股力量，助力集体经济发展提质增速。

一、善用乡村资源推动三产融合发展

文旅融合可以更有效地开发和利用乡村地区丰富的自然和文化资源，盘活村集体闲置的门店、住房等固定资产，以及未承包到户的土地、山林和水库等资源。将这些资源纳入文旅融合的发展大局，有助于实现“包袱”变资源、资源变资产、村民变股民、山区变景区，从而激发乡村旅游产业的活力，构建生态宜居、文化厚植、产业多元的乡村图景。

旅游一业兴，市场百业旺。文旅融合可以与传统农业种养业态形成良性互动、联动发展。在种植、养殖、加工等特色主导产业的基础上，延伸出集生产、加工、营销、品牌推广、体验、服务于一体的农业全产业链，孵化出多种三产融合业态，通过打造具有浓郁地方特色的区域公共品牌，提升乡村产业品牌价值，为乡村带来更多的就业机会，发展壮大集体经济，形成多点支撑、多业共生、多元融合的产业格局。

二、推动乡村环境的改善与整治

以主题文旅发展为目标，对乡村人居环境进行综合优化与提升，可以更有针对性地挖掘和提炼乡村的风格特色。当下，广东各地区通过协调规划空间布局、建筑风貌和公共设施，策划公共文化活动，科学制定各项工程、计划的费用预算，充分调动村民参与的积极性、主动性，真正让乡村环境美起来，旅游体验好起来，农民群众富起来。

【典型案例】

莲江村：铸“美丽庭院”品牌，谱乡村振兴新篇

莲江村是珠海市最北部的小乡村，坐落在斗门区莲洲镇，全村面积虽仅2.7平方千米，却有着可追溯到清康熙十一年的悠久历史。由于地处珠海市水源保护区范围内，莲江村工业发展受限，村集体和村民的收入来源长期依赖传统农业，生活水平有待提升。自“百千万工程”启动以来，该村因地制宜发展特色产业、特色文旅，深入实施乡村建设行动，扎实推进宜居宜业和美乡村建设，被选为珠海市“美丽庭院”示范村试点。以此为契机，莲江村大力整治人居环境，引进专业力量成立村企合作公司，探索了“村、企、农”三位一体的共建合作模式，成功打造了集古树田园风光与特色乡村旅游项目于一体的新业态，有效盘活了村中的闲置资源，培育了庭院经济、集市经济等创新商业模式。

截至2023年，莲江村已有50户家庭建成了“美丽庭院”，盘活了20多处闲置农房和土地，培育了20家“一家一品”特色店铺，并开设了42家“农夫集市”，带动了70多名村民就业，实现了经济效益和社会效益的双赢。凭借其干净整洁的村居环境、青砖灰瓦的岭南传统民居，以及独具魅力的自然生态风光，莲江村成为大湾区居民休闲旅游的重要目的地，被评为“广东乡村研学旅行特色村”和“中国美丽休闲乡村”。

参考文献：

1.林郁鸿．“一家一品”新业态 村民致富奔“钱”程［N］．南方日报，2022-03-24（ZC03）．

2.林志文．村容村貌“外在美”涵养文明乡风“内在美”［N］．中国妇女报，2021-03-25（4）．

3.方轶．珠海市斗门区莲洲镇莲江村：“美丽庭院”升级 网红村“吸睛”更“吸金”［N］．新快报，2023-11-24（T12）．

三、促进乡村文化的传播和交流

广东众多乡村拥有独特的自然风光、宜人的生态环境以及深厚的历史底蕴，为文旅融合发展奠定了坚实的资源基础。乡村旅游产业的精心开发，有助于提升村居环境，凝聚人心，汇集人气，带动非遗项目、传统美食、民俗活动“走出去”。这既可以让闭塞的农村走上致富路，也可以让更多游客深入体验当地风俗和理解当地的乡村文化，从而增强乡村的文化软实力、提升文化影响力和提高社会认同度。

【典型案例】

瓜岭模式：村企联合推动文旅融合发展

瓜岭村位于广州增城区新塘镇东北部，始建于明朝，至今已有500多年的历史，是广东省著名侨乡，村里岭南传统建筑与西式洋楼交错分布，水上碉楼高高耸立，拥有20处市级、区级文保古建筑以及成片古树名木资源。自2019年起，广州吾乡美地乡村旅游文化发展有限公司（简称“吾乡公司”）全面参与瓜岭古村规划建设，与瓜岭村委紧密合作共建，历经四年艰辛努力，尤其是在“百千万工程”大潮推动下，终于走出了村企携手推动文旅融合发展的“瓜岭模式”。

在项目前期阶段，瓜岭村委统一流转村内闲置厂房、村民物业，整合资源后与吾乡公司以“租金＋分红”形式开展合作。项目建设阶段，主要由吾乡公司采用修旧如旧的微改造方式，积极开展文物保护、传统建筑活化利用工作。项目运营阶段，村企联合推动文旅融合发展，通过共同创建3A级景区、打造乡村文创园区、举办系列乡村文化品牌活动，致力打造岭南古村名片，让“诗与远方”在瓜岭触手可及。吾乡公司深度挖掘村内深厚文化底蕴，策划以侨乡文化为主线，辅之以非遗技艺、岭南水乡文化的多彩主题，开展非遗技艺传承体验、瓜岭乡风家风守护、青少年研学实践教育、侨乡水乡文化旅游等活动，全方位打造游在瓜岭、食在瓜岭、住在瓜岭、品味瓜岭的文旅融合新典范。每月定期开展的瓜岭非遗传承体验活动，已累计开展80余场，活动主题覆盖剪纸、扎染、醒狮、龙舟、花灯、灰塑、茶艺、紫砂杯、凉粉、华侨、古建、饼印等，吸引5000余人次参与体验。目前，瓜岭村已经完成文旅产业投资1.5亿元，建成有3万平方米规模的文旅融合活动场景，包括乡村文化产业园区、精品民宿休闲片区以及文创集聚片区，村集体每年增收200余万元。在吾乡产业项目打造带动下，瓜岭村已有瓜岭侨乡文化旅游、兆丰阁旅游文化、易术空间、章镇文化传播、遇见音乐等40余家文化教育类企业进驻，已引进非物质文化遗产代表性项目27项。

瓜岭村现已创建成为国家3A级旅游景区，相继获得“中国华侨国际文化交流基地”“全国乡村治理示范村”“广东省文化和旅游特色村”、“百千万工程”典型村等荣誉，申报建成吾乡瓜岭市级非遗工作站、广州市中小学生研学实践教育基地，并且成功申报龙舟景（瓜岭龙船景）、饼印制作技艺共2项区级非遗代表性项目。

在新型集体经济创新发展过程中，广东正不断夯实乡村旅游业发展基础，推动乡村旅游发展。广东省通过精心打造乡村旅游精品线路、将优质旅游资源串珠成链、积极引导乡村民宿高质量开发建设、加大乡村旅游标识系统等基础设施投入、完善高水平管理服务，切实将“青山”转化为“金山”。

| 第六章 |

全面帮扶　业态创新

广东省委、省政府高度重视驻镇帮镇扶村工作机制建设，先后印发《广东省乡村振兴驻镇帮镇扶村工作方案》《关于做好乡村振兴驻镇帮镇扶村组团结对帮扶工作的通知》等文件，在推动镇村高质量发展上聚焦用力，强化政策制定、示范带动、督查督导等方面的措施，激活调动各类帮扶资源，扎实推动各地巩固拓展脱贫攻坚成果同全面推进乡村振兴有效衔接。在广东省委、省政府的统一部署下，各地和各帮扶单位深入贯彻落实工作方案，通过统筹谋划推进帮扶项目，积极解决群众的急难愁盼问题，并全力推进各项工作落实。驻镇帮镇扶村工作已成为汇聚各方力量推进实施“百千万工程”的重要抓手，也是全面推进乡村振兴的重要平台。这一机制的建设，不仅有助于巩固拓展脱贫攻坚成果，更能推动乡村的全面振兴，促进南粤百县千镇万村的高质量发展。这是一项富有成效的举措，充分体现了广东省委、省政府在乡村振兴上的决心和智慧[①]。

① 吴砾星，赵炜．广东持续推进乡村振兴驻镇帮镇扶村工作机制［N］．农民日报，2023-09-18（001）．

第一节 国资下乡 联农带农

广东始终坚持把发展富民兴村产业作为全面推进乡村振兴的基础性工作，作为促进农民农村共同富裕的重点任务，按照全产业链发展的思路，统筹推进农业产业体系、生产体系和经营体系建设，推动乡村基础产业发展向高效生态农业加快转型，实现农业的可持续发展和乡村经济的繁荣发展。

一、推动农业全产业链发展

国有企业凭借其深厚的内外部资源储备和强大的资源整合能力，在城市建设中不断积累宝贵的经验与实力，显现出其作为平台型企业的独特优势。它们能够精确地将资金、技术、人才等资源引导至乡村，为乡村振兴注入新的活力。国资国企积极投身于“百千万工程”，不仅是履行社会责任的体现，同时也是提升企业形象、增强品牌知名度、拓宽市场和发展空间的良机，能够更好地把握时代的发展机遇。

在国有企业的引领下，村企之间的精准对接已经成为乡村振兴的一道亮丽风景线。近年来，国资国企在推进园区建设、推动现代农业发展、优化城乡公共服务以及助力乡村振兴等多个方面均取得了显著成绩，成功地将企业的优势与乡村的需求相结合，有效推动了村企要素的顺畅流动，为村级集体经济的高质量发展注入了新的动力。

二、健全现代农业产业体系

健全现代农业产业体系不仅是推动农业农村现代化的基石，更是乡村振兴战略实施的核心。长期以来，广大乡村地区的第一产业发展方式较为粗放，基础薄弱，这也严重制约了第二、三产业的发展。即便当地拥有丰富的资源，也难以有效地转化为经济增长点和富民途径。因此，如何攻克这一难题，激活乡村产业的内生动力，成为实现乡村振兴的关键所在。作为国民经济的中流砥柱，国资国企在全面推进农业农村现代化保障和改善民生的进程中充分展现了“国字号”担当。在健全现代农业产业体系的过程中，国资国企充分发挥其“链主”的优势，从抓基础、强龙头、补链条、兴业态、树品牌出发，在扶持产业帮扶项目上找准对接口，帮助乡村稳固主业、拓展副业，发力精深加工，延长产业链条，培育特色品牌，激发产业活力，壮大以特色主导产业为核心的乡村产业体系，以科技赋能、模式赋能、资源赋能加快实现乡村产业的融合发展，持续赋能乡村振兴。

【典型案例】

石湖洲村：“乡村CEO”激发农村集体经济新活力

乡村振兴，关键在人。佛山农村集体经济体量大，资产总额超过1300亿元，每年收入280多亿元。然而，由于普遍缺乏先进经营理念和人才，农村集体资产经营模式相对单一、粗放，产业层次低、闲置资产多、增收放缓等问题日益凸显。为推动“百千万工程”落地见效，推进新型农村集体经济高质量发展，佛山市探索从市、区国有企业中选派懂农村、善经营、会管理的专业人才担任村（社区）职业经理人，提升农村集体资产运营管理能力，推动产业发展、集体增收、农民富裕，促进城乡区域协调发展。“乡村CEO”根据各村的业务类型和产业发展需求进行精准匹配。例如，对于物业较多的村（社区），重点选派在土地整理和物业招商运营方面经验丰富的经理人；对于农文旅产业基础好的地方，则选派专注于乡村旅游的经理人；而对于那些集体经济实力雄厚、资金充裕的村落，则引进金融投资方向的专业人才。

石湖洲村位于佛山市三水区云东海街道，刘芳丽和岑斌是该村的“乡村CEO”。为把现代化企业的管理模式带到乡村，推动集约村组两级资源、更新改造低效老旧物业，推动村居向多元化发展集体经济迈进、培育发展强村公司，两位“乡村CEO”积极谋划盘活村内文旅资源，推动将邓培故居与云东海湿地公园等文旅景点联动发展；通过引入高端种植技术，生产高品质、无农残的农产品，吸引高端商超入驻和渠道搭建；打造研学基地，增加乡村财气、人气。

为乡村选派职业经理人，推动人往基层走、劲往基层使，通过党建引领、组织保障，为乡村发展提供人才支撑，助力“百千万工程”走深走实。这是佛山推动创建城乡区域协调发展示范市的关键一招。“乡村CEO”运用自己丰富的经营管理经验，结合各村的资源禀赋和产业特色，探索集体经济多元化发展的新路径，有效促进农民增收，推动农村新业态新产业发展，为农村集体经济发展带来了新的发展机遇。

参考文献：

1.广东省英德市以“四能”为动力　推动“四茶”高质量发展[EB/OL].（2023-03-06）[2024-03-24]. http://www.moa.gov.cn/xw/ bmdt/202303/t20230306_6422257.htm.

2.广东佛山：从国企选派“乡村CEO” 激发农村集体经济新活力[EB/OL].（2024-04-10）[2024-04-13]. http://www.rmlt.com.cn/2024/0410/699980.shtml?from=singlemessage.

3.郑泽聪. 村里来了CEO［N］. 今日三水，2024-04-01（D02）.

三、推进农业向绿色生态转型

生态宜居、乡风文明、治理有效，是绘就广东乡村全面振兴图景的底色。在一些地方，国资国企积极融合当地的风土文化、自然美景以及民俗特色，通过构建并实施产业收益回馈生态环境治理的有效机制，推广了生态农业、循环农业、有机农业等环保型农业模式，推动区域生态环境和发展质量的持续提升。同时，国资国企还大力发展乡村旅游，显著改善农村人居环境，深入推进农村能源结构的优化，积极推动乡村数字化进程，从而丰富了村集体的产业结构，形成了“农业强、农村美、农民富”的美丽乡村新标杆，农村面貌焕然一新，群众日子越过越好。

【典型案例】

凤和村：与国资联动激发村集体经济发展活力

凤和村是广州市白云区人和镇的一个村庄，坐落于白云机场旁。20世纪90年代，凤和村是典型的贫困村，由于粮食价格连年走低，农民种地持续亏损而大量村民涌入城市，有超过1/3的房屋空置，空心化严重。

从2019年开始，中国建设银行广东省分行、中国建设银行广州分行、人和镇政府、凤和村和广东恒健投资控股有限公司加强政银企合作，总投资近10亿元，通过环境改造、产业导入、文化植入等方式，激活农村老旧房屋、闲置土地、低效用地，唤起了当地的“沉睡资产”，打造了涵盖空港配套服务、非遗活化、创意旅游、特色农业、商业配套在内的五大产业生态，建成全国首个空港文旅小镇——“广州翼·空港文旅小镇”，让凤和村在保留古村落乡土味道的同时，散发出现代小镇的时尚气息，青壮年劳动力陆续回流，短时间内村社、社员收益比往年提升了5倍以上。

依托良好的空港资源和交通便利性，凤和村进一步培育和引进了一批创新创业企业，推动这些企业与传统经营业态、空港经济的融合发展，逐渐形成了以空港经济为核心的商务、商业圈。2020年凤和村荣获“广州市旅游文化特色村”称号，2021年凤和村荣获“广东省文化和旅游特色村”称号，2023年凤和村荣获“广州市美丽乡村”等称号。

凤和村的变化，既是国资下乡帮扶激活村集体经济、实现美丽乡村升级改造的鲜活样本，也是全国临空经济发展的良好示范案例。

参考文献：

1.彭启有．国资下乡，美丽乡村建设添新动能［N］．羊城晚报，2019-11-

28（A05）.

2.林晓丽. 幸福感爆棚！白云机场旁“空心村”变“网红村”[EB/OL].（2020-11-13）[2024-03-19]. https://new.qq.com/rain/a/20201113A066G200.

3.杨黛清. 人和镇凤和村荣获“广州市美丽乡村”称号，来看看TA的变化[EB/OL].（2023-10-13）[2024-03-19]. https://guangzhoubaiyun.gz-cmc.com/pages/2023/10/13/69f14cfc1f4f4c69a026ff5cf84a1c7b.html.

4.翁榕涛. 探索资本“下乡”新路径：广东多层次资本市场为乡村振兴注入发展动能[EB/OL].（2022-09-23）[2024-03-19]. https://baijiahao.baidu. com/s?id=1744738622068701385&wfr=spider&for=pc.

第二节　技能培训　精准帮扶

为全面巩固拓展脱贫攻坚成果，守住不发生规模性返贫底线，促进脱贫地区人口人均可支配收入增长、产业经济持续发展，广东省先后印发《高质量实施“粤菜师傅”“广东技工”“南粤家政”三项工程全面推进乡村振兴行动方案》《广东省百万农民技能培训实施方案》等文件，聚焦“粤菜师傅”“广东技工”“南粤家政”和“农村电商”“乡村工匠”组织开展技能培训工作，依托“粤农通”“广东远程职业培训平台”“腾讯课堂”等平台创新培训模式，推进技能等级评价，建立健全农村技能人才培训、使用、评定、激励机制，出台精勤农民培育工作方案。此外，广东省还实施了农业农村专业人才职称评价改革，统筹推进农业技术人才、农业工程技术人才和乡村工匠的职称评审工作。这些举措旨在强化人才对现代农业发展和乡村振兴战略的支撑作用，打造一支新时代的精勤农民队伍，从而实现精准帮扶的目标，确保脱贫不返贫，实现乡村经济的持续繁荣与发展。

一、支持粤东粤西粤北地区巩固拓展脱贫攻坚成果

在脱贫攻坚期间，广东省的相对贫困人口和贫困村主要集中在粤东粤

西粤北地区。为改变这一现状，2016—2020年，广东省筹集总计696.45亿元资金，专门用于支持粤东粤西粤北地区实施各项扶贫政策，包括产业扶贫、就业扶贫、教育扶贫以及加强贫困村的基础设施建设。这些措施精准帮助了粤东粤西粤北地区161.5万相对贫困人口和2277个省定贫困村高质量地脱贫，全面实现了贫困户的“两不愁三保障”。

按照广东省委、省政府工作部署，2021—2025年，省财政、珠三角帮扶市以及被帮扶市将共同筹集901亿元资金，其中省财政承担540.6亿元。资金将按照6：3：1的比例由省财政、珠三角帮扶市和被帮扶市共同分担，主要用于粤东粤西粤北地区12市以及肇庆市的901个乡镇开展驻镇帮镇扶村工作，重点投入在四个方面：一是进一步提升脱贫攻坚的成果水平，确保脱贫的稳定性和持续性；二是加强镇村公共基础设施的建设，改善居民的生活条件；三是提高镇域公共服务能力，为居民提供更优质、更便捷的服务；四是推动乡村产业的发展，增强乡村经济的活力和可持续性[①]。

二、支持产业转移有序促进区域协调发展

城乡区域发展不平衡是广东高质量发展的最大短板，广东一直将破解区域发展不平衡问题放在重要位置。2002年，在《关于加快山区发展的决定》中，广东提出引导和促进珠江三角洲产业向山区转移；2005年，《关于我省山区及东西两翼与珠江三角洲联手推进产业转移的意见（试行）》确定了产业转移以设立产业转移园区的形式推进；2008年，《关于推进产业转移和劳动力转移的决定》出台，广东产业转移进程加速，产业和劳动力“双转移”战略也成为当时的一项重大布局，“腾笼换鸟”由此而来；2023年，《关于推动产业有序转移促进区域协调发展的若干措施》对新一轮省内对口帮扶协作进行部署，推出“1＋14＋15”政策体系，从高质量发

① 广东省农业农村厅关于省政协十二届五次会议第20220597号提案答复的函[EB/OL].（2022-08-11）[2024-03-22]. https://dara.gd.gov.cn/gkmlpt/content/3/3990/mmpost_3990305.html#1604.

展角度明确产业转移的工作思路为“政府推动、企业主体、市场运作、合作共赢”，具体创新措施包括抓主平台、建双向“飞地”等。

粤东粤西粤北地区是再造一个新广东的重要条件和潜力所在。如今，粤东粤西粤北地区承接产业转移的内部条件和外部环境都有了显著改变，基础设施、产业环境和营商环境的持续改善为乡村振兴注入了新的活力。在区域发展新格局的谋划上，“一核一带一区”战略创新性地提出了以功能区为引领的发展思路，旨在缩小粤东粤西粤北地区与珠三角地区的差距；在产业转移方面，“百千万工程”致力将珠三角地区的产业有序转移到粤东粤西粤北地区，通过引导这些欠发达地区对接产业转移，培育符合地方特色的优势产业项目，以加快补齐高质量发展的短板。此外，一年一度的珠三角地区与粤东粤西粤北地区经贸合作招商会则进一步推动了区域协调发展的政策落地生效，使粤东粤西粤北地区在承接产业转移和推进经贸合作方面具备了更强的竞争优势。据统计，2023年举办的招商会共达成合作项目256个，投资总额2375.16亿元。随着促进区域协调发展各项政策举措的持续发力，欠发达地区和广东乡村必将迎来新的发展机遇。

第三节　项目孵化　强镇富村

2023年，中央一号文件提出，要“实施乡村振兴人才支持计划”。2024年，中央一号文件进一步明确了实施乡村振兴人才支持计划的重要性，强调必须加大力度培养乡村本土人才，并积极鼓励城市的各类专业技术人才走进乡村、服务乡村。近年来，广东省在全国范围内率先推出了乡村工匠专业人才职称评价体系，有效地促进了“土专家”和“田秀才”等本土优秀人才的涌现，通过扩大和提升“三支一扶”项目的规模和标准，成功引导众多高校毕业生、青年创客和各类专业人才以组建创业团队、孵化产业项目的形式投身乡村建设，为乡村振兴注入源源不断的新生力量。

一、支持创新创业团队孵化特色项目

2020年，为发挥高等学校在人才培养、科学研究、社会服务、文化传承创新和国际交流合作等方面的重要作用，推动高等学校服务支撑乡村振兴战略，广东省教育厅印发了《广东省高等学校服务乡村振兴科技创新行动实施方案（2020—2022年）》，推动全省高校进一步加强涉农创新创业教育，打造“互联网+”大学生创新创业大赛孵化平台，鼓励大学生到乡村创业，孵化一批适合乡村振兴的创业项目，持续优化涉农科技创新体系，深入推进科教结合和产教融合，大幅提升创新能力。广东省人力资源和社会保障厅也积极行动，鼓励各地认定一批主要面向返乡创业人员的创业孵化基地，为返乡创业人员提供场地保障、创业培训（实训）与指导、项目展示对接等服务，每个基地给予10万元奖补资金，截至2021年底，全省各级人社部门已建设认定返乡创业孵化基地65家。

2023年初，共青团广东省委紧扣省委“百千万工程”部署要求，对广东大中专学生“三下乡”社会实践活动提档升级，创新实施广东青年大学生“百千万工程”突击队行动，遴选产生100个优秀品牌项目、607个优秀团队和600名优秀个人①。2023年底，共青团广东省委、腾讯公司和中国农业大学共同发起广东“百千万工程”青年兴乡培育计划，面向有志返乡的广东在校大学生、青年新型经营主体代表和近年来团省委组织开展的各类乡村振兴服务项目优秀青年代表，通过“政府+企业+高校”三方联合培育模式，为返乡下乡、振兴乡村的青年提供系统化、创新性支持。

二、培养高素质农民赋能“强镇富村”

广东每年深入贯彻落实中央经济工作会议、中央农村工作会议、中央一号文件精神，把培育高素质农民作为乡村振兴人才支撑的重要途径。

① 余炎炎．广东青年大学生“百千万工程”突击队行动总结表彰会在华南农业大学举行［J］．黄金时代（上半月），2024（02）．

为加快培育高素质农民，广东省农业农村厅牵头加快完善高素质农民全面发展的政策体系，每年发布《广东省高素质农民培育项目实施方案》，大力实施高素质精勤农民培育工程，突出“精”“勤”理念，加大投入、整合资源、创新方式，依托职业院校等各类培训主体，培育高素质农民，重点培育农业经理人、合作社管理人员、家庭农场主、创业致富带头人、专业技能和专业服务型高素质精勤职业农民，打造了一批有文化、懂技术、善经营、会管理的高素质农民队伍，进一步提高了乡村人口综合素质和生产经营能力，促进了现代农业高质量发展，实现了乡村全面振兴的宏伟目标。2020年，以粤东粤西粤北和相对贫困地区为重点，在全省18个市94个县（市、区）开展了高素质农民培育项目，共培育高素质农民17658人，其中农业经理人3000人；2021年，培育新型农业经营主体带头人15320人，其中农业经理人1500人；2022年，培育高素质农民18000人，其中农业经理人1500人、产业发展带头人400人。这些高素质农民活跃于全省农业生产经营一线，成为特色现代农业发展的主力军，有效助推乡村产业经济发展，有力地带动了各地农业产业转型升级。

【典型案例】

八一村：“项目带动”致富快　“强镇富村”集体兴

八一村位于韶关市始兴县沈所镇西北面，全村总面积5.4平方千米，下辖5个村小组，总人口710人。该村有着深厚的革命历史文化传统，村内有省委机关旧址红围、省委地下交通站革命历史陈列馆、外营保卫战革命遗址馆等红色革命教育教学点，被评为韶关市级红色村。

八一村的红色文化资源优势较为突出，在省乡村振兴驻沈所镇帮扶工作队进驻之初，已有不少党政机关、企事业单位、中小学校前来开展研学活动，但因缺乏运营，活动的举办只给镇村增加了电费成本与保洁负担，并未转化为村集体、村民的收入。为了激活集体经济，工作队指导八一村经济联合社成立了“强镇富村”公司——始兴县外营乡村旅游开发有限公司，探索农村职业经理人工作模式。在公司的专业化运营下，八一村不断做深做实研学活动，完善研学硬件设备，聘请专业讲师讲授课程；根据“红色文化 + 自然课堂”研学主题完善研学课程体系，开展更多具有特色的研学路线；加强研学活动与本地优秀传统文化的结合，积极开展编织外营草席、石磨磨豆腐等民俗体验活动，组织举办书画创作、红色文化摄影创作大赛等文体活动，提供风土人情沉浸式体验活动，截至2023年11月，累计接待党员群众8万余人。与此同时，除了聚焦红色研学的开展、旅游资源的开发、三农产品的资源整合外，公司还重视与农业、手工艺等产业的结合，积累了乡村旅游开发、农产品销售等业务经验。截至2023年末，消费营业额16.3万余元，总经营收入35万余元，利润8.7万余元，有力地促进了农村集体经济提质增效和农民增收。为进一步壮大村级集体经济，八一村还积极引进相关企业，大力开展多轮消费帮扶活动，主推丝苗米、宰相粉、南方姜等产品销往省内外，并组织农户参加农产品展销会，让更多优质农产品走出乡村，带动了农副产品加工、经销转型升级，有力地促进了村民农户增收致富。

八一村以工作队帮扶、以党组织引领、以村民积极参与、以“强镇富村”公司为抓手、以乡村红色研学项目为载体的发展实践，有效盘活了村中的资源资产，实现了村集体、村民的持续创收增收。

参考文献：

1.韶关市始兴县沈所镇八一村：党建聚力促发展，乡村振兴焕新颜[EB/OL].（2023-11-21）[2024-4-10]. http://dara.gd.gov.cn/ztzx/ xczxgzt/xcyw/gdzx/content/post_4377489.html.

典型案例下

规范有序推进农村集体经济迈向共富新时代

▶▶▶

乡村治理是乡村振兴的重要内容，其中包含了集体经济的治理，因而也是集体经济发展壮大的重要条件。广东在坚持党建引领、推进民主决策、促进有序分配的过程中不断强化程序公开、规范发展和共建共享，乡村治理体系和治理能力现代化建设日趋完善。广东深入学习贯彻习近平总书记考察广东时的重要讲话精神，扎实推进“百千万工程”，努力开创集体经济更繁荣、经济治理更规范、村民生活更幸福的共富新时代。

◀◀◀

第七章

党建引领　规范治理

近年来，广东始终坚持把党的领导贯穿乡村振兴的各方面、全过程，以实施“百千万工程”为抓手，持续推进“头雁”建设、提升经营管理队伍能力、健全管理体制，全面提升新型农村集体经济治理效能。在党建引领的前提下，不断推进自治、法治、德治工作融入农村集体经济治理领域，让群众“获得感”成色更足。各地多措并举、联动发力，有效破解了限制村集体经济发展壮大的瓶颈。通过“村党支部+村集体经济+农户土地入股+劳务+N”经营模式，吸引本地和外地客商投资创业，探索集体“三资”入股分红路径，增强了村党组织发展壮大村集体经济的能力；通过深入挖掘村企合作空间，对盘活集体闲置场地、建设用地、农用机械等存量资源进行综合开发，建成各类加工作坊、美食广场、科普基地、农机服务社等，推进家庭经营、集体经营、合作经营、企业经营规范发展，持续拓宽村集体经济发展路径。

第一节　加强头雁建设　集体经济活起来

2018年10月，习近平总书记在清远英德市连江口镇连樟村视察时指出，要加强基层党组织带头人队伍建设，注重培养选拔有干劲、会干事、作风正派、办事公道的人担任支部书记，团结带领乡亲们脱贫致富奔小康。广东以“党建＋治理”为核心，落实新一轮基层党建三年行动计划，实施村（社区）党组织书记县级党委组织部门备案管理和“村推镇选县考察”培养选拔制度，开展“头雁”工程和南粤党员先锋工程，提升农村基层党员干部队伍素质。在高质量完成新一轮村“两委”换届工作后，广东乡村党组织书记三个职务“一肩挑”比例达到99.5%，大专及以上学历提高了29个百分点，“两委”干部平均年龄降低3.3岁，涉换届信访下降51%，村级党组织的组织力得到了显著提高，新型农村集体经济的发展也有了领头人，有了主心骨。

一、规范党组织建设，培育专业化队伍

规范党组织建设并培育专业化队伍，是推动党的事业不断发展的重要保障。实施“百千万工程”，需要选好配好村级领导班子。然而，此前工业化、城市化引发的农村人才外流问题，成为摆在各级党委、政府面前的一道难题。如何选出合适的领头人，对于建设一支懂农业、爱农村、爱农民的“头雁”队伍，壮大新型农村集体经济，解决城乡二元结构问题，有着关键性影响。

2018年5月，广东省委办公厅出台《广东省加强党的基层组织建设三年行动计划（2018—2020年）》，强调要选优配强基层党组织第一书记，建立基层党组织书记年度轮训制度，制定实施专项招录优秀村党组织书记纳入乡镇（街道）事业编制、进入公务员队伍和乡镇（街道）领导班

子的办法。2021年5月，广东完成26244个村（社区）“两委”换届后，基层干部队伍的素质显著提升，村（社区）党组织书记大专以上学历占62.8%，比上届提高25.2%；年龄结构进一步优化，平均年龄44.4岁，比上届下降2.8岁；村（社区）党组织书记学历、年龄实现“一升一降”。这一计划把党员与干部、人才一并纳入“后继有人”范畴，尤其注重选好用好“头雁”，打造忠诚干净、具有担当的高素质专业化干部队伍，为实施“百千万工程”、各级党委狠抓农村基层党组织规范化建设打下了良好基础，增强提升了基层党组织的组织力、战斗力、引领力，为集体经济的发展壮大提供了人才保障。

【典型案例】

连樟村：党建引领乡村蝶变焕新颜

连樟村，曾经隐匿于粤北深山之中，因交通不便，经济落后，被列为省定贫困村。2018年10月23日，习近平总书记亲临连樟村，留下了“乡亲们一天不脱贫，我就一天放不下心来”的深情话语，在总书记的激励下，连樟村着力打造党建引领的乡村振兴样板，发生了翻天覆地的变化。

连樟村的变化首先离不开一位名叫陆飞红的退伍军人。退役后，他毅然决然地回到家乡，勇担“脱贫攻坚头雁”的重任，出任党总支部书记，带领村民们共同迈向富裕的道路。陆飞红注重加强基层党组织队伍建设，组织村“两委”班子深入调研，建立起连樟村村情、党情、干情、民情“四情”台账，推行党建指导员“五必到”制度、“4＋1＋N”主题党日活动和党员评星定级积分纪实管理等创新举措，提升党组织的组织力和战斗力，使外出务工党员回村参加组织生活积极性大幅提升，党员活动参加率从2018年初的50%跃升至近90%。2018年，陆飞红荣获清远市“乡村振兴农村实用人才”称号，2019年被授予英德市“十佳头雁”称号，2020年荣获英德市“脱贫攻坚头雁”称号。

随着党支部战斗堡垒和主心骨作用的逐步建立，党员和群众的关系走得越来越近。连樟村创立了“党总支部＋党支部＋党小组”三级党建网格，实施“三包三联”联系服务群众工作机制，全覆盖常态化走访联系群众；推行党员设岗定责制度，精准建立“民生微实事”清单，及时收集解决群众急难愁盼问题；创新党群议事制度，以“固定＋流动”方式在党群议事厅、田间地头、大榕树下组织党员群众共商产业发展大计，并邀请县镇村组四级部门召开联席会议，落实“四议两公开”机制谋划产业发展规划、解决产业发展难题。

在村党总支部的带领下，连樟村紧跟乡村振兴的步伐，依托有限资源，勇于创新，成功实践“公司＋基地＋专业合作社＋脱贫户”的发展模式，推动了现代农业科技示范园、玩具加工厂、仙草公园等20余个产业项目的落地，致力扩大和提升红茶、麻竹笋、丝苗米等特色产业的规模与品质，全力打造具有地域特色的“连樟1号”品牌，从而有效提升了村民的收入水平，村集体经济也实现了质的飞跃。2016年，村民的年人均可支配收入不到1.1万元，而到了2023年，这一数字已经翻了近一倍，达到了2万余元，村集体经济收入也成功突破了200万元的大关。在过去，连樟村的年轻人为了生计，往往选择离开家乡，前往外地寻求更多的机会。然而，随着连樟村经济的发展和创业环境的改善，越来越多的年轻人开始选择回乡创业。他们带着新知识、新技能和新理念，为家乡的发展注入了新的活力。

连樟村的故事，是广东贯彻习近平新时代中国特色社会主义思想、推动城乡区域协调发展的生动写照。如今的连樟村，已成为省文明村、十大美丽乡村、乡村治理示范村的典范。党员干部与群众心连心，共商发展大计，群众也愿意跟随党组织的步伐。村集体经济的壮大，使得连樟村能够更好地为村民办实事、办好事。一张张“民生微实事”清单，记录了连樟村解决的上百件小事，让村民感受到了满满的幸福和满足，党群关系更加紧密，共同书写着连樟村的美好未来。

参考文献：

1.李克济. 把外在推力转化为内生动力［N］. 人民日报，2020-02-07（01）.

2.邓文燕，黄振生. 全国先进基层党组织、中共英德市连江口镇连樟村总支部委员会：打造党建引领乡村振兴样板［N］. 南方日报，2021-07-09（A06）.

3.许露露. 在新的战场，一仗接着一仗打：访广东省英德市连江口镇连樟村党总支书记、村委会主任陆飞红［N］. 乡村干部报，2023-12-08（01）.

二、开展“头雁”工程，统筹“选育管用储”

抓好农村基层党组织建设，是发挥基层党组织战斗堡垒作用最重要的一环。从2018年起，广东省委实施南粤党员先锋工程，高度重视基层党组织“头雁”队伍建设，通过“选育管用储”全链条推进农村党组织带头人队伍整体优化提升，加强基层党组织书记管理监督和激励保障，推动组织、人才和文化振兴。

“选”就是要拓宽视野，选贤任能。坚持把政治标准放在首位，注重专业知识，就近选取人才，从乡村的致富能手、本地大学生、退役军人和返村创业人员等优秀群体中选拔。通过公开选拔、竞争上岗等方式，选拔出政治素质高、业务能力强、群众基础好的优秀人才担任农村党组织书记。同时，建立后备人才库，重点培养和储备年轻干部，确保农村党组织带头人队伍后继有人。

“育”就是要让“头雁”得到培养，因材施教，提升能力。针对不同层次、不同需求的农村党组织带头人，制定个性化的培训计划，通过集中培训、现场教学、网络学习等方式，提升他们的政治素质、业务能力和群众工作能力。同时，加强实践锻炼，让他们在实践中积累经验、增长才干。

“管”就是要从严管理，强化监督，把“头雁”权力关进笼子。建立健全农村党组织带头人管理制度，明确职责分工，加强日常管理和考核。通过定期述职、民主评议等方式，对党组织带头人的工作进行监督和评价。同时，加强廉政教育，强化纪律约束，确保农村党组织带头人廉洁奉公、勤政为民。

“用”就是要树立鲜明导向，让“头雁”敢闯敢干，人尽其才，发挥优势。根据农村党组织带头人的特长和优势，合理安排工作岗位，充分发挥他们的作用。对于表现优秀的党组织带头人，要给予表彰和奖励，激发他们的工作热情。同时，加强激励保障，提高他们的待遇和地位，让他们在农村工作中更有干劲和动力。

“储”就是要打造长效机制，大力储备人才，让“领头雁”如活水涌现，持续发展。建立农村党组织带头人人才储备机制，将优秀年轻干部、大学生村官等纳入储备库，进行动态管理。通过定期考核、选拔调整等方式，确保储备库中有足够数量的优秀人才。同时，加强人才交流和培养，推动农村党组织带头人队伍持续发展。

广东省重点关注红色村、省定贫困村、软弱涣散村、集体经济薄弱村的发展情况，拓宽乡村建设人才来源，选拔有情怀、有能力、有文化、有口碑的村致富带头人、退伍军人、返乡大学生和退休干部中的优秀党员等担任村党组织书记，发挥“头雁”作用；大力实施“党员人才回乡计划”，重点解决农村人才外流问题，建立党组织书记后备队伍。通过一系列措施，农村党组织“头雁”质量大幅提升，体现了广东近年来抓实抓紧基层党建工作的显著成效，为“百千万工程”的有力实施提供了政治保障。

【典型案例】

吉田村：选任“兵支书” 担当乡村振兴“领头雁”

钟志强，是佛山市高明区更合镇吉田村党总支部书记、村委会主任及经联社社长。1998年至2008年，他应征入伍走入军营，历经十年军旅生涯，期间，他加入了中国共产党，自学获得大专学历，多次荣获优秀士兵和优秀士官表彰。退伍后，他先在外贸易经商，后进入一家外企工作。2014年，已经退役6年的钟志强受59岁的时任吉田村党总支部书记麦启扬的邀请返回家乡接任书记一职，希望能发挥他的能力和眼界，带领乡亲脱贫致富。

吉田村山多田少，有劳动能力的中青年都在外务工，不少田地无人耕种，更为困难的是，村里没有机耕路，机械无法下田，灌渠年久失修，有800多亩土地被撂荒。与此同时，属于村集体的山林、鱼塘和土地被村民私占，乱搭乱建。钟志强发挥了在军队锤炼出的力量与担当，以坚韧不拔的精神和不畏困苦的意志带领村“两委”和村民攻坚克难，向高质量发展迈进。首先，钟志强着力破解了农村党员管理松散的问题，着力加强党员队伍建设，强化党员教育管理，全面优化升级了下辖6条村的党群服务中心。然后，他带领全村开展集体资产清产核资，整理盘活了5380亩村土地资源，积极推动村集体股份制改革，充分利用政策红利启动吉田旧村拆旧复垦项目，引进企业发展现代产业，打造农业园区，成立合作社，建起粉葛、蔬菜和水产3个基地，以及1000亩优质水稻农场。截至2020年，吉田村集体总收入达到3200万元，相比2019年增长了163%，并且呈现逐年递增态势。2021年2月，与中科智慧农业创新研究院合作建设了“无人水稻农场”，亩产比传统耕作增产100多公斤，减少成本300元。在吉田村逐渐“富起来”后，钟志强巧妙整合当地丰富的自然生态农业资源和独特的双河道景观，保护和活化闲置农地，精心保育古建筑文物，将吉田村打造成融合生态示范、文化创意、禅农文旅特色于一体的特色小镇。此外，钟志强还甘当服务群众的“知心人”，带领村“两委”班子和全体党员深入群众，调解纠纷，自2018年以来，成功解决大小纷争40余起，协同政府妥善处置5起重大矛盾，实现了无重大上访事件、无重大刑事案件、零非正常上访、零司法案件和零吸毒的良好社会治安环境，真正做到了乡村和谐，百姓安居乐业。

在钟志强的领导下，吉田村开辟了一条科技致富的道路。作为“兵支书”，他积极发挥了退役军人的示范引领作用，在高明区退役军人返乡欢迎会上分享成功经验，激励更多退役军人投身乡村振兴与基层治理事业。吉田村无人农场已成为退役军人就业创业的示范基地，自2022年起，被列入高明区退役军人适应性培训的参观点之一，钟志强亲自解说，带动了一批退役军人就业创业。如今，在广袤的南粤乡村大地，以钟志强为代表的党组织书记组成的“金牌领头雁”队伍，已然成为推动农村全面脱贫与乡村振兴战略有效衔接的关键力量，为广东省确保按期完成“百千万工程”宏伟目标奠定了坚实的基础。

参考文献：

1.王雁翔. 新农人的领头雁：广东省佛山市高明区吉田村党总支书记、退役军人钟志强的乡村振兴路［N］. 解放军报，2022-04-23（07）.

2.麦家慧. 高明吉田村：展现农村新面貌 建设宜居绿美乡村 | 高质量发展在一线[EB/OL].（2024-02-28）[2024-03-24]. https://www.163.com/dy/article/IS2MQH1E0514A1CA.html.

3.退役军人钟志强的乡村振兴路：新农人的领头雁[EB/OL].（2022-04-24）[2024-04-20]. https://www.mva.gov.cn/xinwen/mtbd/202204/t20220424_59869.html.

三、注重改革系统性，保持创新连续性

广东坚持党建引领与自治、法治、德治相融合，把党的领导作为农村集体经济治理的“灵魂”贯穿工作各方面全过程，树立正确的发展导向，持续提高新型农村集体经济发展水平，让群众“获得感”成色更足。

广东各地乡村结合第二轮土地承包，推动土地流转，促进农村改革系统集成引领，反复实验、反复验证、推陈出新，全面探索新型农村集体经济发展模式。一方面，将“百千万工程”与促进乡村土地流转相结合，探索农村宅基地“三权分置”和退出、全要素优化配置、“集体经济＋合作社”运行模式创新、农村金融等多项重要改革；另一方面，以乡村治理体系和治理能力现代化建设为基础，以党建引领为核心，提高新型农村集体

经济管理水平，以共建共享为原则，推动人居环境整治、要素资源整合与产业兴旺、生态宜居、乡风文明、治理有效、生活富裕目标的实现。

各地在集体经济治理的探索实践中，建立了驻点直联制度、专项考核制度、人才孵化制度、矛盾纠纷化解机制等，积极运用“清单制”“数字化”等治理新载体、新抓手，通过使集体经济治理规范化、数字化，有章可循、有法可依，推动乡村治理“三治”融合。2022年以来，广东各地探索制定村级小微权力清单，明确村民委员会、村民小组、村务监督委员会和村级各类组织的职能、议事决策规范、成员职责，为提高新型农村集体经济发展水平提供了新规范。

第二节　提升组织能力　产业发展强起来

广东坚持抓实基层党建，成功开展两轮基层党建三年行动计划；深入实施南粤党员先锋工程，鼓励引导党员带头创办或领办农民合作社、家庭农场；注重新党员发展工作，重视在青年农民、返村创业、在村大学生等群体中发展党员，壮大村集体组织力量；依托党校为县区党政正职举办专题培训班，乡村党组织书记进行集中轮训，规范培训农村党员。“织密三级党建网格”的广东经验被列入中央农办、农业农村部全国首批20个乡村治理典型案例。广东以党建引领为核心，党建已成为完善广东乡村治理组织体系，建设岭南和美乡村，壮大农村集体经济的基石。

一、高标准打造县镇村干部队伍

高标准打造县镇村干部队伍是推动地方经济高质量发展的关键因素，是实现国家治理体系和治理能力现代化的重要环节。在广东县级干部选配中，熟悉党的建设和“三农”工作是重要考量因素，全省县级党政班子成员中有乡镇党政正职经历的人数比例超过40%。乡镇党政班子进一步专业化和年轻化，35岁以下的干部在乡镇党政班子的占比达三分之一。广东还积极充实基层公务员队伍，给予地方政府改革自主权，明确粤东粤西粤北地区乡镇机关可根据需求设置乡村振兴和基层治理所需专业的职位，但不能超过15%。对奋战在一线的基层人员给予必要的激励，包括评奖评优和工作补贴等内容。此外，广东省积极创新驻镇帮镇扶村工作机制，完善省内帮扶协作机制，驻镇帮扶工作队和驻村第一书记等优秀代表具备必要的基层工作经验和专业背景，有力推动乡村振兴，深入镇村抓党建、抓发展、抓治理、抓服务。

【典型案例】

下埔村：党建引领先行先试　绘就乡村振兴图景

下埔村位于广东省韶关市新丰县西北隅，距县城约50千米，其境内包括18个自然村落，总面积近20平方千米。这里曾是一个水田千亩、山林广阔但经济发展滞后的粤北山区贫困村，一度戴着“穷、脏、乱、差”的帽子。近年来，下埔村坚定秉持“党建引领，人民至上”的原则，勇于探索，锐意进取，在乡村治理现代化道路上步步向前，获得了“全国乡村治理示范村”的荣誉。

2014年，面对党组织凝聚力不足、工作懈怠以及村内事业停滞不前的严峻现实，下埔村毅然启动了一场自我革新。在村党组织换届之际，果断调整了班子结构，选拔了一批德才兼备的“领头雁”，并对村“两委”成员进行个性化分工，充分挖掘每一名干部的潜能。同时，建立起完善的激励和管理制度，推行“以岗定人、以岗定责”，确保每位村干部都有明确职责和奋斗目标。村党支部定期召开座谈会，团结全村42名党员、18位队长和33位村民代表，激发大家的积极性，共同擘画和实现下埔村的发展蓝图。在此基础上，村党支部严格把控党员人口，积极接纳年轻、有理想、有文化的新生力量，为党组织注入新鲜血液，从而铸就了一个强大的战斗堡垒，为下埔村的长远发展提供了坚实的组织保障。村党支部坚决贯彻自力更生精神，带领广大党员群众克服资金短缺困难，顶烈日冒酷暑，踏遍周边乡镇捡拾石材，利用村民们捐赠的竹材，发动全员义务劳动，共同建造了集党建文化广场、巾帼驿站、初心园等多功能于一体的公共设施，并精心打造了旱禾坑党员红色教育基地。

遵循“党建＋多元产业发展”的战略方针，下埔村逐步形成了“党员大户引领示范，贫困农户全面参与”的特色农业发展模式。村党支部积极引导和支持党员致富能手充分利用丰富的林地资源，大力发展牛大力、奇异果、百香果、黑山羊等特色农产品种植养殖业，并通过创办规模化种养基地和农民专业合作社，为贫困人口创造了家门口就业、增收的机会。牛大力种植基地助力贫困户平均年增收万余元；1000多亩奇异果种植园每年举办开园采摘活动，产品上市即销售一空；七彩南瓜、三红蜜柚、百香果、山姜、花生、凉粉草等多种经济作物的种植也让村民们的钱袋子越来越鼓。辛勤耕耘换来了丰硕成果，下埔村的集体收入从2013年的2.2万元跃升至2020年的14万元，村民人均年收入也从2600元增长至1.4万元，实现了显著的增长和质的飞跃。

今日之下埔村，以其美丽新农村的形象，吸引了无数关注的目光。据统计，2018—2020年，共有3400批次、超过20万人来到下埔村考察取经。这场乡村振兴实践，极大地增强了村党支部的核心凝聚力，激发了全体村民投身家园建设的热情，形成了共建共享的强大合力，为村集体经济的持续壮大积累了宝贵的精神财富。

参考文献：

1.新丰县沙田镇下埔村：党建引领打造全国乡村治理示范村[EB/OL].（2020-06-01）[2024-03-24]. https://static.nfapp.southcn.com/content/202006/01/c3593925.html.

2.唐音. 韶关新丰这个“网红村”成“全国样板”，凭什么？[EB/OL].（2020-01-13）[2024-03-24]. https://static.nfapp.southcn.com/content/202001/13/c2983093.html?colID=0.

3.新丰网红村的诞生：从1.5元起家，她带出身价1400万的“天团”[EB/OL].（2020-01-18）[2024-03-24]. https://www.sohu.com/a/367753237_700852.

二、推动党组织扛起乡村振兴政治责任

推动党组织扛起乡村振兴政治责任，是确保乡村振兴战略顺利实施、取得实效的关键所在。作为乡村振兴的坚强领导核心，农村基层党组织要担负起落实乡村振兴各项政策的重任，发挥总揽全局、协调各方的领导作用，确保乡村振兴工作沿着正确的方向前进。广东科学制定市县镇村党组织书记抓乡村振兴责任清单，注重干部的考核考察，在工作调研中了解干部工作实效，通过党建促进乡村振兴高质量开展。广东已全覆盖建成1.9万个村党群服务中心并全面落实基层党组织经费和办公经费保障，为基层党组织提供更为稳定的办公环境，让基层党员干部能够全身心服务群众和建设乡村，保障党组织服务群众专项经费和提高村“两委”干部补贴标准。为了压实各级党组织推进乡村振兴的政治责任，广东重点抓好三方面工作。

一是全面加强党对乡村振兴工作的领导。落实乡村振兴责任制实施办法，强化五级书记抓乡村振兴责任，健全领导干部深入基层定点联系涉农县（市、区）制度。完善党委农村工作领导小组（实施乡村振兴战略领导小组）议事协调制度，建立健全乡村振兴日常工作推进机制①。二是健全乡村振兴情况报告制度。严格落实《中国共产党重大事项请示报告条例》，各地及时将贯彻落实中共中央、国务院关于实施乡村振兴战略的进展情况及存在问题和意见建议，向省委和省政府报告，重大问题可专项报告。三是统筹开展乡村振兴实绩考核。健全五级书记抓乡村振兴考核机制，每年将巩固拓展脱贫攻坚成果、乡村振兴驻镇帮镇扶村工作成效、农田质量提升和粮食安全纳入乡村振兴考核②。

---

① 参见《乡村振兴责任制实施办法》。

② 参见《关于做好2023年全面推进乡村振兴重点工作的意见》。

【典型案例】

莲麻村：践行“两山理念” 党建铸魂引领乡村振兴

广东省广州市从化区吕田镇莲麻村生动诠释了“绿水青山就是金山银山”的发展理念，通过深入贯彻和实施乡村振兴战略，逐步实现了从偏远落后村到全国文明村的华丽转变。村党支部以党建为核心，强基固本提升基层服务水平，把握机遇建设产业小镇，切实推动乡村振兴，为整体发展注入强大动力。2021年，莲麻村党支部荣获“全国先进基层党组织”称号。

莲麻村利用丰富的红色资源，在全国率先设立“党章学堂”及穗北红色教育基地，将党的创新理论播撒至田间地头。党支部以灵活多样的方式开展学习教育，包括“轻骑兵”送教下乡、田间地头面对面交流，以及搭建“莲麻大舞台”等多元化的服务平台，邀请当地致富模范、农技能手、德孝乡贤现场分享实践经验，将理论与实际相结合，让党的创新理论深入人心。

一方面，莲麻村大力推进“强基固本”工程，强化自身战斗力，为乡村振兴提供坚实的组织保障。通过一系列如“一访二学三问四带五评”主题党日活动及农村党员素质提升计划，不断完善党建考核体系和村民满意度评价机制，确保党支部工作全面升级、全面过硬。同时，引入“令行禁止、有呼必应”的基层社会治理模式，创新应用“仁里集”共建共治共享云平台，不仅实现了乡村公共服务的立体化、智能化，还成功入选全国农村公共服务典型案例。近三年来，“仁里集”平台高效回应村民需求，有力提升了乡村治理效能。

另一方面，莲麻村精准把握特色小镇建设机遇，以党建工作引领产业转型升级与乡村振兴深度融合。面对曾经的单一经济结构、低收入困境以及复杂的社会治安问题，村党支部主动出击，自2015年起启动“莲麻特色小镇”建设项目，构建了“党旗引领＋头雁示范＋党员带头＋全民参与”

的发展模式。党员们发挥先锋模范的作用，成立农村人居环境整治先锋队和巾帼服务队，常态化开展各类环境整治及美丽乡村建设活动，打造出慢行绿道、生态景观等一系列亮点工程，使莲麻村成为田园风光浓郁的新农村典范，并荣获“全国环境整治示范村”称号。党员率先尝试发展民宿产业，成功开办了28家特色民宿，同时推动了“一村一品”策略，扶持山茶、头酒等地方特色产业，直接带动300余名村民本地就业，吸引约30%外出劳动力回流创业，有效激活了乡村经济潜力，实现了绿色生态资源向经济效益的转化。

莲麻村党支部通过不断创新和深化党建工作，成功引领全村走上了一条特色鲜明、生态优美、产业兴旺、治理有效的乡村振兴之路，为新时代中国农村发展提供了鲜活样本。

参考文献：

1.［广东党建］广州从化莲麻村：党建引领发展　迈步乡村振兴[EB/OL].（2021-08-23）[2024-03-24]. http://www.conghua.gov.cn/xxxjpxsdzgtsshzysx/jylyxxgk/content/mpost_7730857.html.

2.朱伟良. 传承红色基因　乡村振兴先“振心”[EB/OL].（2021-07-23）[2024-03-24]. https://baijiahao.baidu.com/s?id=1706047792059502918&wfr=spider&for=pc.

三、加快建设高质量乡村振兴人才队伍

乡村振兴，关键在人。人才既是活力源泉，也是创新引擎。习近平总书记在参加第十三届全国人民代表大会第一次会议山东代表团审议时指出：让愿意留在乡村、建设家乡的人留得安心，让愿意上山下乡、回报乡村的人更有信心，激励各类人才在农村广阔天地大施所能、大展才华、大显身手，打造一支强大的乡村振兴人才队伍[①]。广东省全面贯彻落实中央

① 姚大伟. 习近平李克强王沪宁赵乐际韩正分别参加全国人大会议一些代表团审议［N］. 人民日报，2018-03-09（01）.

实施乡村振兴战略的部署要求，把人才振兴作为推进乡村振兴的关键，相继出台加强乡村振兴人才支撑重点工作及任务分工方案、鼓励并引导人才更多流向粤东粤西粤北地区和基层一线的实施意见等政策，从乡村人才规划、队伍建设、平台建设、机制创新、智力帮扶、金融支持、宣传引导、环境营造等方面创新政策举措，推动落地见效，努力打造一支规模大、素质优、结构精的乡村振兴人才队伍。

（一）建立和完善农村人才培养的长效机制

当前，乡村人才工作面临着新的挑战和机遇，因此，需要不断创新机制，优化人才结构，以更好地适应乡村发展的需求。广东省积极探索乡村人才工作新机制，构建农村人才工作新格局。一是构建高位推动的党管农村人才工作体制。广东省委、省政府坚持农业农村优先发展，把实施乡村振兴战略列入“1 + 1 + 9”工作部署，成立书记、省长挂帅的省委实施乡村振兴战略领导小组，明确各级书记为实施乡村振兴战略第一责任人，同时全面强化党对乡村人才工作的领导，整合多部门资源合力推动乡村人才振兴。二是构建专人专责带动乡村人才振兴的落实机制。在确保完成机构改革任务的基础上，重新对“三农”工作队伍进行整合强化，抽调精干力量，组建农村人居环境整治、脱贫攻坚、农村改革、现代农业产业园、乡村产业、科技创新等工作专班，配合组织、人社部门推动相关领域人才培育振兴工作落实。三是构建以工作实绩为核心的乡村人才评价激励机制。启动编制乡村振兴人才发展中长期规划，明确乡村人才队伍发展目标、主要任务和具体措施，引导各类人才向农村和基层一线流动。四是完善鼓励乡村人才创新创业的资金扶持机制。支持配合人社部门鼓励人才返乡创业，提高一次性创业资助标准，将乡村经营驿道客栈、民宿、农家乐的创业者纳入创业带动就业补贴、一次性创业资助和租金补贴等扶持政策范围；整合建立面向返乡创业人员的创业孵化基地，对经认定的基地给予每个10万元资助。支持配合地方金融部门强化农业信贷担保体系建设，创新推出多元化信贷产品，优化信贷产品担保方式，满足新型农业经营主体的不同融资需要。

（二）夯实乡村振兴基层人才基础

党的二十大报告指出，“加快建设农业强国，扎实推动乡村产业、人才、文化、生态、组织振兴”。新时代呼唤一支政治过硬、本领高强、作风过硬的乡村人才队伍，广东充分激发乡村现有人才活力，不断创新培养模式，增强农村人才培养的针对性和实效性。一是加强新型职业农民培训。建设100个省级综合类新型职业农民培育基地，165个省级新型职业农民实训类、创业孵化类和田间学校培训基地，积极推进农技宝、云上智农、中国农技推广等手机应用，推进农民的在线教育培训工作。二是大力培育乡村技能人才。实施“广东技工”“粤菜师傅”“南粤家政”三大工程，促进城乡劳动者技能就业、脱贫致富。三是壮大乡村专业技术人才队伍。重点关注粤东粤西粤北地区的乡村专业技术人才队伍建设和素质提升，协调培训资源并运用数字技术对帮扶地区进行乡村医疗、教育、企业管理等领域的远程培训。四是搭建新业态农业人才体系。在国内首次举办“短视频 + 网红”农产品营销（粤港澳大湾区）研讨会，成立了广东农业“短视频 + 网红”联盟，探索5G时代下现代农业互联网新模式。开展“12221”农产品市场体系建设行动，让更多农民能够使用手机这一“新农具”，学会将农业生产“旧农活”和直播“新农活”相互动，让每位农民都有机会成为“网红新农人”，拓宽农户增收路径，提高农户收入。五是全面提升“头雁”工程质量。对村党组织书记进行全员轮训，支持地方政府企业与院校合作，“订单式”培养村党组织书记等后备人才。结合现代农业产业园建设等重大涉农项目，培训“三农”工作干部。

【典型案例】

紫南村："乡村CEO"助力农村集体经济发展

佛山市禅城区紫南村围绕破解"谁来兴村"的核心命题，通过市场机制引入职业经理人，专人专岗推动乡村产业健康发展，积极探索并成功实践了新型农村集体经济发展的新模式。紫南村凭借对本地资源禀赋和市场需求的敏锐洞察，历经多轮产业转型升级，成功打造出了紫南商贸城和国家4A级旅游景区——紫南文化旅游区。2022年，村集体收入同比增长11.25%，总收入高达1.6亿元，每位村集体成员平均可享受1.16万元的分红。

针对乡村振兴中人才缺乏的现状，紫南村围绕政治素养、业务能力、年龄学历等多个维度设定职业经理人选聘的标准和要求，通过佛山市旅游协会等行业权威机构的专业推荐和公开透明自主招聘相结合的方式，于2021年至2022年间成功引入两位行业精英，分别担任紫南商贸城公司总经理和文旅公司副总经理。同时，清晰划分了职业经理人与村委会之间的权责关系：职业经理人拥有资产经营权，全权负责公司的日常运营与管理；村委会侧重于对公司重大投资方向和资产投入内容的监督把控。

针对乡村难以留住人才的实际，紫南村积极构建事业共创、风险共担、利益共享的多元化激励机制，将职业经理人的薪酬待遇与其经营业绩紧密挂钩，运用科学合理的考核指标激发其工作热情与潜能，从而显著提升企业的运营效率。在吸引和留住优秀人才的同时，注重提升他们在乡村旅游、乡村休闲农业等领域内的专业素养。此外，紫南村还制定了详尽的职业经理人负面行为清单和严格的奖惩措施，确保人才既能积极履责又能规范行事。

为摆脱乡村振兴中单一产业无法做大做强的困境，紫南村转换管理方式，赋能传统产业转型升级。引入职业经理人后，紫南村对商贸城等集体资产进行了科学布局和高效运作，推动了商贸城、农工贸市场、员工村等设施的智慧化、数字化改革，通过制定优惠政策促进入驻商家集群发展、共享繁荣，成功招揽了爱心大药房、胜嘉顺德私房菜等知名品牌加盟，形成了具有竞争力的紫南商业共生圈。

在职业经理人的专业指导下，紫南村全力以赴优化村中景区，丰富旅游业态，成功创建了国家4A级旅游景区。一方面，文旅公司积极拓展旅行社合作渠道和企业团体活动市场，从而使紫南文化旅游区年接待游客突破150万人次；另一方面，充分利用职业经理人的专业才能，精心策划和运营诸如紫南船说水上游、紫南欢乐谷、秋日集市等新颖旅游项目，同时统筹策划各类庆典活动，深度融合“旅游＋农业”“旅游＋文博”“旅游＋教育”“旅游＋体育”“旅游＋工业”等多种业态，催生出多元化的旅游新产品和服务，新增旅游收入超过3000万元，以文旅融合发展之路，全方位助力乡村振兴。

参考文献：

1.罗湛贤. 禅城探索新型农村集体经济管理新模式：“乡村CEO”带动产业振兴［N］. 南方日报，2024-01-23（FC02）.

2.佛山市新闻传媒中心. 村里来了CEO！禅城引入职业经理人激活乡村高质量发展新动能｜百千万工程禅城在行动[EB/OL].（2023-12-20）[2024-03-24]. https://www.sohu.com/a/745522894_120741708.

（三）加强乡村创新创业平台建设

为打造农村创新创业人才高地，广东省出台多项政策，不断增强返乡人才与乡村产业的契合度，围绕“产业链”构建“人才链”，通过“人才链”提升“产业链”，既从宏观层面提升乡村产业核心竞争力，又在实施层面精准施策、筑巢引凤，为返乡人才提供广阔发展平台。

广东省人力资源和社会保障厅、广东省发展和改革委员会、广东省工业和信息化厅等多个部门先后策划举办了广东省农村创业大赛、广东“众创杯”乡村振兴赛、广东“众创杯”创业创新大赛农村电商赛等多个创新创业平台，以赛、展、会、创四轮驱动，充分激发返乡入乡在乡人员创业热情，树立农村创业先进典型，选拔推荐优秀农村创业项目和人才，总结宣传农村创业实践成效，着力推动广东农村创业的广度、高度、深度，为创业项目对接上中下游资源，促进创新合作，结识行业伙伴，探索市场新动向，共谋产业新发展。

2022年7月，广东农业农村创业学院挂牌成立，进一步增强了广东乡村创新创业的服务能力。该学院以乡村为创新创业阵地，以培育新时代农村创新创业人才为核心，主要任务是打造创业教学、创业孵化、创业投资、创业融合四位一体的培育平台，服务对象主要为年龄在40岁以下、大专学历以上、企业注册三年以上、企业年度营业收入在1000万以上的在农业农村领域创业的企业董事长、总裁、总经理等主要经营者，致力培养农业农村创业领军人才。

【典型案例】

五华县辖区各村：“产业村长”忙　农户喜增收

梅州市五华县是一个农业大县，面对县域内农村产业基础薄弱、村集体经济实力不足以及农民收入增速缓慢等问题，创造性地推行了“产业村长”制度，以激活乡村人才潜力，驱动乡村振兴高质量发展。

在具体做法上，一是出台了《关于在全县推行“产业村长”实施意见（试行）》，成立“产业村长”工作领导小组及绩效评估专家团队，构建起指挥有序、上下联动、协同推进的工作框架。通过召开公开选聘大会，依据懂经济、善市场、精经营、熟农村的选聘原则，结合各村的产业基础条件和发展规划，科学选拔合适的“产业村长”。二是从乡村振兴驻镇帮镇扶村专项资金中划拨800多万元，对“产业村长”的工作成效进行评估和奖励，建立健全激励机制，通过电视台、政府网站等媒体平台，深入宣传和报道“产业村长”在联农带农、壮大村集体经济和发展产业方面的成功经验和典型案例。三是将“产业村长”的培训工作纳入致富带头人和产业指导员培训规划，县镇两级组织农业技术人员与“产业村长”对接协助他们解决在农业种养技术、农产品销售、产业发展用地等方面遇到的困难，助力其发展壮大，带动产业兴旺、农民致富。

在不懈努力下，县辖各村产生了一批优秀“产业村长”代表。如安流镇红山村的张春梅成立五华县红根然养殖专业合作社，依托“公司＋科研院所＋基地＋合作社＋养殖户”模式，在红山村组建了三黄鸡生态养殖加工产业园，在曾经的贫困村中探索出“山上果药茶、山坡猪牛鸡、山下鱼鸭鹅”的生态种养“红山模式”，带动周边150户村民走耕山致富路，年销售额达800多万元，实现人均年收入3万多元，让村民的钱袋子鼓起来；棉洋镇新光村的刘助城拓宽发展思路，加强与知名茶企对接，发展“订单农业”，提升茶叶加工技艺，力促棉洋·天池茶叶综合提升示范基地投产，做强做大茶叶全产业链条，茶叶种植面积约6000亩，总产值近2000万元；转水镇五星村的曾汉林在当地发展延丰农业蔬菜种植基地，种植蔬菜300余亩，品类多达35种，每年可生产有机果蔬600万斤，为村集体增收3万元，同时还吸纳了30多名村民家门口务工，每人每年可增加3.5万元左右的收入。

通过深化对“产业村长”制度的试点与探索，五华县逐步探索出了一条以人才驱动产业，进而振兴乡村的独特发展道路。截至2023年12月，全县聘请了237人次“产业村长”，累计带动3000多农户就业，有力推动了茶叶、柚子、水稻等本地特色产业的发展，显著增加了农民经济收入。

参考文献：

1.梅州唯一！五华县探索“产业村长”模式成为全省典型[EB/OL].（2023-12-14）[2024-03-24]. https://static.nfapp.southcn.com/content/202312/14/c8401791.html.

2.请来的“村长”如何念好产业经？这个五华模式被评为全省典型[EB/OL].（2023-12-20）[2024-03-24]. https://static.nfapp.southcn.com/content/202312/20/c8421609.html.

第三节　党建引领示范　规章制度立起来

近年来，广东作为改革开放先行地，以提升乡村治理体系和治理能力现代化水平为主攻方向，以健全党组织领导的自治、法治、德治相融合的乡村治理体系为主要目的，以保障和改善农村民生、促进农村和谐稳定为根本目标，持续在乡村治理的重要领域和关键环节积极创新、大胆实践，着力夯实乡村振兴基层基础，探索出一条具有鲜明现代化乡村治理特色的“广东路径”，为全国的乡村治理提供了一个可供参考的广东样本。广东乡村治理坚持党建引领“三治”联动融合，通过建章立制、依法治村让基层运行更加规范有序，阳光透明，让人民群众有更多的获得感、幸福感、安全感。

一、强化现代化治理，打造善治乡村

现代化治理，是实现乡村治理体系和治理能力现代化的关键所在。广东以“党建+治理”为核心，强化农村党组织领导核心地位。实施新一轮基层党建三年行动计划，实行村（社区）党组织书记县级党委组织部门备案管理和“村推镇选县考察”培养选拔制度，实施“头雁”工程和南粤党员先锋工程，全面提升基层党员干部队伍素质，着力打造基层党建最前哨。广东以“三治融合”促统筹，加快构建共建共治共享乡村治理格局。制定了村级组织履行职责事项清单，明确了村级组织协助政府工作的事项清单，探索建立了村级组织协助政府工作事项“准入制”；开展“阳光村务”示范、城乡社区协商示范点创建工作，党组织领导下的民主议事协商机制进一步建立健全；完善了村民（代表）会议制度，推进“村民议事厅”建设，开展村规民约和居民公约选编活动，全省村规民约修订完善率达100%，村民自治方式愈加完善。

广东以“群众满意”作为乡村治理的宗旨，推进城乡公共服务均等化，全力提升农民获得感、幸福感、安全感。大力深化农村集体产权制度改革，将集体经济组织管理和村民自治机制有机衔接，切实保障全体社员的参与、表达、决策、监督权利，以实现群众的有效参与和民主决策。积极探索示范创建、“积分制”“清单制”“数字化”等治理新载体、新抓手，推动乡村治理“三治”融合；首创“一村一辅警、一村一法律顾问”模式；明确村民委员会、村民小组、村务监督委员会和村级各类组织的职能、议事决策规范、成员职责，农村法治建设愈加巩固。

【典型案例】

山下村：赓续红色基因提升基层治理水平

山下村是广东省革命老区村，隶属惠州市龙门县平陵街道，坐拥丰富的红色文化遗产和优质的自然生态资源，其中包括白芒坑革命旧址在内的28处革命遗址、旧址和300多件珍贵革命文物，绿化总面积达2万亩，生态环境优越，人居环境优美。近年来，山下村着眼于农民富裕富足的目标，充分利用红四师休整地学习教育基地的优势，与晨光村龙岩寺、大围农耕文化街区、祖塘农业种植基地以及翁坑生态资源串珠成链、整合打包，构建一体化的“红＋绿”乡村振兴三产融合示范带，全面整合与盘活乡村资源资产，以“村庄联动、创办村企、项目带动、集体参与”的策略，推动村级集体经济持续稳健增长，促进农文旅深度融合发展，打造国家级红色美丽乡村。

这一切与山下村基层治理所取得的丰硕成果密不可分。一是注重领导班子和干部队伍建设，该村历次换届选举工作均实现平稳过渡，四任党组织书记均由前一任书记培养并带动成长，新旧班子间形成团结协作，村中重要的事务几任班子都集中研究，具有共谋发展的优良传统，党总支的组织力、战斗力强。二是注重村规民约在乡村治理中的重要作用，村党总支在充分酝酿并充分征求村民意见建议的基础上，编制《山下村村规民约》，把红色基因总体规划作为其中的重要内容，引导村民积极将山下村打造为红色村居，努力打造为龙门基层党建示范点，建设宜居宜旅红色生态村。为营造出浓厚的尊师重教氛围，山下村将奖学助学的标准、范围在村规民约中明确下来，并通过将大学录取通知书在宗祠公示、召开表彰大会等形式，进行表彰，形成示范效应，带动村民勤学、好学、善学，推动形成良好的村风民风。三是成立了乡贤理事会，鼓励外出乡贤和村中创业农民结成对子，促进资源整合、政策共享和创业互帮，助力家乡建设，使村民走上富裕之路。

参考文献：

1.林文通，梁维春. 龙门山下村入选全省发展新型农村集体经济典型案例[EB/OL].（2023-12-14）[2024-03-24]. https://static.nfapp.southcn.com/content/202312/14/c8402238.html.

2.［老区新貌］平陵街道山下村：激活“红色基因”，着力打造国家3A级旅游景区[EB/OL].（2022-07-23）[2024-03-24]. http://www.longmen.gov.cn/lmxrmzfmhwz/zwgk/zwdt/content/post_4711959.html.

3.龙门山下村：基层治理的上下模式[EB/OL].（2020-07-28）[2024-03-24]. https://static.nfapp.southcn.com/content/202007/28/c3823339.html.

二、以“创新抓手”为引擎，助推治理现代化

以“创新抓手”为引擎，是适应新时代发展要求、提升乡村治理现代化水平的重要举措。广东以党建引领为核心，以城乡融合为导向，既注重聚集乡村内部治理要素的自我改善，又注重推动资源优化配置，“织密三级党建网格”的经验做法被列入中央农办、农业农村部全国首批20个乡村治理典型案例，形成了以城乡融合为特征的多元化乡村治理模式和高效率的乡村治理组织体系。

（一）以改革系统集成为引领，推进乡村治理全面深化

广东在乡村治理体系建设过程中同步探索了农村宅基地“三权分置”与退出机制、全要素优化配置、“集体经济+合作社”运行模式创新以及农村金融等多项重要改革，全方位深入推进乡村发展。同时，在改革过程中高度关注乡村治理，以乡村治理体系能力建设为契机，综合推进党建引领、人居环境整治、要素资源整合，推动乡村治理有效与产业兴旺、生态宜居、乡风文明、生活富裕目标的共同实现。

（二）以社会体系为基本参照，提升社会力量参与乡村治理的实际效果

为广泛动员社会力量参与乡村振兴，广东省民政厅以“整合资源、分类实施、示范带动、整体推进”为思路，研究制定了《“百社联百村——助力百千万工程”专项行动实施方案（2023—2027年）》，引导社会组织及所属会员企业充分发挥资本、技术、人才和市场优势，助力县镇村高质量发展，推动实现乡村产业兴旺发达、生态人居环境明显改善、农村公共文化乡风文明焕发新气象、基层治理效能进一步提升、民生福祉显著提高，在促进城乡区域协调发展中作出社会组织应有的贡献。“百社联百村——助力百千万工程”专项行动实施后，许多社会组织将自身优势与乡村资源、生态、文化等优势紧密结合起来，着力打造广东乡村发展的特色样本，积极为全省探索可复制、可推广路径。例如，阳江市阳东区动员引导一批社会组织及所属会员企业充分发挥资本、技术、人才和市场优势，深入阳东各镇村结对联系，进一步盘活乡村土地、资源等生产要素，截至2024年4月，114家社会组织累计组织实施项目81个，涉及金额2.3亿多元。

（三）以“数字赋能”牵引功能扩展，推动乡村“智治”能力现代化

广东结合网格化治理，将零散数据进行专题整合，开展风险预估、动态监控、区域预警等智能分析，让大数据平台发挥最大效用。同时，结合近年农村改革形成的集体资产管理、财务管理和股权管理三大管理交易平台，建设“集体经济大数据系统”，实现数据管理标准化、资产监管精准化、疑点分析智能化、信访管理一体化、信息查询便捷化，有效提高资产管理交易阳光化、财务管理透明化、股权管理交易规范化水平。

【典型案例】

平岚村：土地、制度、市场“三驾马车”驱动农村集体经济腾飞

阳江市阳东区在发展新型农村集体经济的过程中，巧妙运用土地、制度、市场这三大关键要素，成功唤醒了沉睡的土地资源，规范了村集体经济运营机制，并主动对接市场，激活了产业生命力，实现了村集体经济的自我“造血”机能。

雅韶镇平岚村作为阳东区2021年发展新型农村集体经济的试点村，有着得天独厚的咸淡水交汇地理优势，适合发展南美白对虾、尖山蟹等特色水产品养殖。尽管拥有禀赋优势，但村民们并未从中获得显著的经济收益，原因在于村集体经济管理混乱、土地房屋租赁制度缺失，造成集体收入长期低迷。过去的平岚村，农田荒废、土地零碎，老旧房屋遍布，村集体2700多平方米旧厂房因建筑陈旧，在2018年以前只能收取微薄租金；连片鱼塘虽然具备养殖优势，但由于权属分散，无法实现大规模租赁经营，村民们在与承租者的谈判中处于劣势地位。

2021年，阳东区以新型农村集体经济省级专项改革试点工作的深入开展为契机，积极解决了以往村集体经济中存在的种种不合理、不合法问题，并在全区31个试点村逐步建立起一套完整的经济增量奖励机制以及党

组织领导、经济法人治理、经济经营运行、经济收益分配和经济监督管理五大机制。平岚村的鱼塘承包问题是集体经济发展过程中一个突出的矛盾点。长达30年的租期中，村集体鱼塘租金未做调整，不仅违背了经济社会发展的基本规律，而且也引发了诸多村民矛盾。在党组织的领导下，平岚村通过整合分散的鱼塘所有权，对户主进行产权登记，明确了权属关系和农民集体收益分配规则，并通过交易中心公开竞价发包，实现鱼塘由养殖大户统一管理，将“小塘”变为“大塘”。鱼塘经过阳江市公共资源交易中心重新出租，一举摆脱了低廉租金的困境。2022年，村内792亩鱼塘的租金涨了三倍，一年租金多了近60万元。此外，平岚村还筹措了村集体资金、上级帮扶资金和社会资金共197万元，将原有的2700多平方米旧仓库拆除，改建为钢结构仓库和临街商铺，这一举措每年可为村集体增收约25万元。

如今，在土地出租过程中，平岚村严格遵守制度与法律规定，设置了租金的弹性增长区间，确保租金按照市场规律合理增长，使村民和村集体获得合理的收入增长。所有涉及村集体的重大决策均需经过村党委会、村“两委”干部大会、村民代表大会和村党员大会四大会议的充分讨论与决定，确保决策公开透明，村民们充分知情，共同参与到村集体建设与发展中，形成共建共享的良性循环。

参考文献：

1.［乡村行·看振兴］平岚村：盘活资源资产　壮大村集体经济[EB/OL].（2023-12-13）[2024-03-24]. http://www.yangdong.gov.cn/xwzx/ydyw/content/post_752522.html.

2.杨辉南. 阳东发展新型农村集体经济：盘活土地　建章立制　融入市场[EB/OL].（2022-04-27）[2024-03-24]. https://news.yjrb.com.cn/articles/yaowen/20220427/323720.html.

三、加强示范引领，打造乡村治理“广东经验”

广东各地自然地理环境、经济发展情况、历史文化及风俗习惯等都存在很大的差异，给乡村治理带来较大困难。乡村治理强调全面性、协调性和差异性，通过精心打造示范点，可以为其他地区提供借鉴，从而鼓励各地根据自身的实际情况，因地制宜地探索和创新乡村治理模式，为全国其他地区提供有益的借鉴和参考。

以典型示范引领带动，是贯穿工作始终的主要方法和举措，是广东乡村治理模式探索中的重要手段。广东各地在乡村治理新模式上不断创新，形成了多种可复制、可推广的乡村治理经验，打造出乡村治理的“广东经验”。惠州市“一村一法律顾问”、佛山市南海区“织密三级党建网格”、佛山市三水区“村级重要事权清单”等做法先后被评为全国乡村治理典型案例，并被推广至全国。

第八章

决策民主　程序公开

广东实施“百千万工程”以来，不断完善党组织领导以自治、法治、德治相融合的乡村治理模式探索乡村民主建设的方法，提升投资决策的科学化水平，建立群众自治机制，激发村民自治活力，扎实推动乡村治理见实效、乡村振兴上台阶。

壮大集体经济，提高决策民主水平尤为重要。广东在探索农村治理民主化科学化过程中，始终坚持党建引领，通过制度设计明确“四个必须”，即村民代表会议的议题必须由村党组织提出，村民代表会议必须由村党组织书记召集主持，村民代表会议决定的事项必须由村党组织来监督落实，村民代表会议的参加人员必须增加非村民代表的党组织委员和村监会成员，进一步强化村党组织的核心领导作用。围绕建立“民主商议、一事一议”机制，不断织密织牢乡村基层党组织体系，以此构建共建共治共享的乡村治理共同体，使村集体经济发展大计能够在村党组织的领导下，由村民群众当家作主，科学决策，推动新型农村集体经济上台阶。

第一节　投资决策科学　效益有保障

农村集体投资的科学决策对于确保效益至关重要，需要在充分考虑各种因素的基础上，作出合理、明智的投资选择，以确保投资项目的可持续发展和经济效益的最大化。近年来，广东相继出台《中共广东省委实施〈中国共产党农村工作条例〉办法》《关于稳步推进农村集体产权制度改革的实施意见》《关于坚持和加强农村基层党组织领导扶持壮大集体经济的意见》《关于加快推进农村承包土地经营权流转的意见》《广东省全面推进拆旧复垦促进美丽乡村建设工作方案（试行）》《广东省垦造水田工作方案》等政策性意见，为完善乡村民主建设和推动投资决策的科学化，加快推进农村集体产权制度改革，多形式盘活农村集体资源资产，多路径壮大农村新型集体经济，多渠道促进广大农民增收提供政策支撑。

一、完善农村集体经济运行机制

完善农村集体经济运行机制是推动农业农村现代化、实现乡村振兴的关键一环。各地陆续健全村党组织领导机制、发挥集体经济组织功能作用、完善农村产权流转管理服务体系、实施消除空壳村提升薄弱村行动和推进农村集体经济转型升级，健全法人治理机制和理事会、监事会等机构，完善成员（代表）大会，制定并公开章程制度，确保成员知情权、参与权、表达权、监督权落到实处。

（一）加强党对集体经济的全面领导

坚持和加强农村基层党组织领导、发展壮大村级集体经济，是完善农村基本经营制度、引领农民群众走共同富裕之路、推动新时代乡村全面振兴、推动全面从严治党向基层延伸、提升农村基层党组织的组织力的重要保障。许多农村基层党组织积极发挥政治功能、组织优势，贯彻落实《中国共产党农村基层组织工作条例》《关于坚持和加强农村基层党组织领导扶持壮大集体经济的意见》等相关精神，不断探索把党员、群众凝聚起来的实践方式方法，提升领导发展集体经济的能力，综合利用各类资源资产资金，因地制宜发展壮大村级集体经济，建立健全符合市场经济发展要求的运行机制，确保集体资产保值增值，确保农民受益，增强村级自我保障和服务群众能力。

（二）深化农村“政经分离”改革

“政经分离”政策作为一项创新的改革措施，在农村集体经济的繁荣发展和乡村振兴战略的推进中发挥了重要作用。基层的社会管理职能和经济管理职能的有效分离，有力地推动了新型农村治理结构的构建，为村集体经济的发展注入了新动力。“政经分离”不仅为集体经济组织提供了更加明确的经济职能定位，而且鼓励组织成员专注于集体经济的发展。这一改革促使经济支出向产业经济发展倾斜，推动集体经济组织沿着专业化、市场化的道路迈进，不断拓展新的经济增长点，从而增强其盈利能力。此外，该改革还支持有条件的乡村积极推进自治事务与经济事务的有效分离，进一步完善集体经济的运行机制。在珠三角等较发达地区，通过深化“村改居”管理体制改革，有效解决了“村改制”公司承担的社会事务负担问题，实现了对“村改居”社区公共事务的全面有序接管，显著提升了公共服务的均等化水平。

（三）建立“村改制”公司内部管理体制

构建“村改制”公司的内部管理体制是一项既复杂又至关重要的工作，关联到治理结构、管理制度和运营机制等多个关键领域。为了适应社会主义市场经济体制的新要求，珠三角等经济发达地区的农村集体经济组织根据《中华人民共和国公司法》的规定，积极投资设立有限责任公司或集团公司，即“村改制”公司，以此模式来管理和运营农村集体资产。

“村改制”公司采纳了权责分明、管理科学、激励与约束相结合的内部管理体制，旨在对经济联社和全体股东负责。公司的具体管理制度和运营机制等则由公司章程来详细规定。为了进一步完善法人治理结构，公司设立了股东代表大会、董事会、监事会“三会”机构，各机构职责明确，实行分权制衡，确保协调高效运转。在推进“百千万工程”的过程中，广东省积极借鉴浙江省“强村公司”的宝贵经验，通过成立联合发展公司激活原本“沉睡”的资源。“强村公司”是各镇、村为了推动集体经济的发展，依据“产权清晰、收益归村”的原则组建的现代企业。与传统的经济合作社相比，作为特别法人的“强村公司”在经营范围和渠道上有着更为明显的优势，无论是在市场的深度还是广度上都能够更好地对接市场需求。“强村公司”模式在多地的推广实施，促进了集体资产资源的有效整合，取得了显著的成效，为农村集体经济的持续健康发展注入了新的活力。

二、加强集体经济决策监督

集体经济决策监督是确保集体经济健康、稳定发展的基础。党的十八大以来，村级集体经济发展虽然取得了一定的成绩，但部分地区的村级集体经济组织还不够健全、应有作用难以发挥，农村集体资产管理还有待加强。推动监督下沉，落实基层监督，做好集体资金、资产和资源的管理，是完善党和国家监督体系、确保新型农村集体经济稳健发展的重要基础。

黄埔区农村集体创建的“三资云”平台是一个以信息技术助推监管创新的典型代表。该平台借助大数据、云计算等前沿技术，开创了农村集体“三资”监管的“云模式”，构建起了一个全面而高效的农村集体“三资”服务监管体系。2013年，黄埔区在全省率先建成了农村产权流转交易平台，又于2019年形成农村产权流转交易电子竞价模式并实现了全链条云服务。2021年，黄埔区建成了“1＋3＋N”农村集体“三资云”平台，以一个核心的“三资云”平台为基础，围绕资产交易、财务管理、“三资”监管三大关键领域，设计了“1 + 3 + N”的结构模式。在这个模式中，“1”代表的是核心平台，而“3”指的是三大主要功能板块，至于“N”则是根据实际需要而设立的多个子功能板块。这样的设计使得农村“三资”管理能够实现全流程的线上监管，形成了一个闭环系统，从而确保监管的连续性和有效性。2013—2021年，黄埔区通过平台交易的农村集体资产项目共5712宗，交易总额约290亿元，通过这种创新的“云模式”，黄埔区的“三资云”平台不仅提高了农村集体资产管理的透明度和效率，还为新型农村集体经济的发展提供了有力的技术支撑和服务保障。“十三五”期间，黄埔区农村集体经济资产总量、收入总额和成员分红总额实现“五连增”，分别从2016年的224.71亿元、18.39亿元和19.07亿元增加至2020年的384.59亿元、39.46亿元和33.98亿元，“三资云”平台推动了农村集体经济的健康发展。

（一）严格按照权力清单民主决策

根据《关于在乡村治理中推广运用清单制有关工作的通知》精神，广东坚持党建引领、依法依规、问题导向、因地制宜的原则，积极应用“清单制”模式推进乡村治理体系建设，将管理、服务、权力等条目式、清单式地罗列出来，探索编制村级组织自治事项清单、协助政府工作清单、村级小微权力清单、承担事项清单、公共服务清单等做法，厘清党委政府、村级组织、社会组织、群众以及各方面的权利、义务和责任，分清职责和边界，防范小微权力滥用，维护农民权益，规范村级管理服务事项运转流程，密切基层党群干群关系，形成了一批典型案例。例如，汕头市印发《关于推进村级组织权力职责规范化运行的通知》，全面梳理村级小微权力事项建立“五小清单”，制定清单流程图，构建上级职能部门、村务监督委员会、村（居）民有机统一的三级监督网络，把“小微权力”晒在“阳光”下，着力净化基层政治生态，密切党群干群关系，构建了共建、共治、共享的社会治理格局。这一实践经验作为“第三批全国乡村治理典型案例”获得推广运用。

（二）强调会议纪律，订立行为规范

在村民自治的过程中，推行“四议两公开”（即村党组织提议、班子会议商议、党员大会审议、村民代表会议决议、表决结果公开、实施情况公开）成为加强村级集体资产、资源、资金管理的“先手棋”。针对“四议两公开”实施过程中存在的“有会无法开、有会不想开、不知道如何议、会场分伙分派、群众没得议”等现象，各村集体持续探索实践，拿出破解村民自治难题的“真办法”，取得了一定实效。

例如，广州市增城区将“四议两公开”中的原则性、概括性的规定具体化，创造性地把一套彼此配套、有序运转的制度、规则、程序具象化到一个议事场所中，形成“村民议事厅”，同时推行农村党组织领导的“民主商议、一事一议”的乡村治理变革，实践形成党组织领导下的议事制度规范、村民有序参与、信息公开及时、权力监督有效的村民自治新模式。在召开村民代表会议时，对与会人员的权利、违反会场纪律的处罚要求、发言方式规范三个方面的内容作出具体的要求。通过订立组织行为规范，织密织牢农村基层组织体系，突显村党组织的领导核心作用。

（三）确保乡村公权力在阳光下运行

确保乡村公权力在阳光下运行是推进乡村治理体系和治理能力现代化的重要举措，也是维护农民群众切身利益、促进乡村社会和谐稳定的必然要求。在涉及村集体和群众切身利益的重大事项中，广东要求严格落实“四议两公开”工作机制，坚决杜绝“一言堂”。同时，进一步完善村级权力监督约束机制，加大对村级组织的巡视巡察力度，加强同级监督和上级监督，充分发挥村务监督委员会监督村民自治组织和集体经济组织的作用，确保村级事务和集体经济发展在监督下处理、村干部权力在阳光下运行。此外，广东全面落实了村级重要事权清单管理，从制度源头上杜绝滋生腐败、滥用权力的情况。在“三个一肩挑”党组织书记中，广东要求落实任期目标责任制，结合抓基层党建述职评议考核和民主评议党员等工作，每年年底向上级党组织和村党组织党员（代表）大会、村民（代表）大会述职，接受上级党组织和本村党员、群众的评议。

【典型案例】

下围村：推行民主议事制度　群策群力破题探路

广州市增城区石滩镇下围村是一座有着700多年历史的村落，拥有着良好的区位优势。辖区面积虽仅有4平方千米，却有着9个合作社，3500名常住人口，近1300名外来人口，基层治理难度不小。十多年前，该村被贴上了“问题村”的标签，一次又一次错失发展良机。

为了突破在治理层面的局限，2014年，在区、镇党委和政府的支持下，下围村着手搭建“民主商议、一事一议”的村民自治模式，构建了一个包容性强、代表性广的村民代表会议体系，制定了一套详尽规范的议事规则，并精心打造了一个功能明确、布局合理的村民议事厅，逐步摸索出了一条通过和平对话解决问题、推动村庄发展的民主法治途径。具体而言，每5至15户家庭共同推选出一位村民代表，共计69名代表，组成具有决策权的议事会，肩负着代表全体村民参与村内各项事务的重任。议事厅作为村民共商大事的核心场所，是一间300多平方米的宽敞的阶梯式会议室。它被巧妙地划分为六大功能区：主持席、代表席、列席席、旁听席、监督席和发言席。每个区域都旨在确保会议的高效和有序。特别设立的发言席，让每位参会者在佩戴对应会议牌并找到相应座位后，都能有序地发表自己的观点。会议室前方放置了两台大屏幕电视，它们不仅用于展示幻灯片，还能实时直播会场的发言、讨论和表决情况，使得民主过程更加透明。而在会议室的正对面，后方墙上醒目地展示着《石滩镇下围村村民代表议事制度》，详尽列出了议事清单，涵盖了村庄经济、发展规划、建设规划、村民自治章程、村规民约的修订，以及集体经济项目的立项、承包方案、大额资金使用、集体资产处置等关键议题。此外，还包括集体土地、房屋等资产的承包和租赁，宅基地的安排与使用，征地补偿费的分配与使用以及其他涉及村集体和村民利益的重大事项。这些制度和设施共同构成了下围村民主自治的坚实基石，确保了村民在村庄发展中的主体地位。

随着“民主商议、一事一议”新模式的实施，村级财务管理变得更加透明，所有财务事项都被置于议事平台之上，接受村民的监督和讨论。这种开放的沟通方式促进了干部与群众之间的相互信任，共同担当的合作关系也逐步确立，为村庄的和谐发展奠定了坚实的基础。凭借这一创新实践，下围村先后荣获“广州市文明示范村”“全国民主法治示范村”等殊荣，成为推动基层民主建设的典范。

下围村土地资源丰富，但由于土地不集中未能形成产业链，制约了农业经济发展。为解决这一问题，经村“两委”研究，并在村民代表会议表决通过，下围村将村里千亩农田集中起来，建设集观光种植于一体的现代农业科技园，打造全省重点项目“阳光玫瑰”葡萄作为当地特色农产品品牌，农田的平均收入从900元/亩增长到2300元/亩。2021年4月，下围村村民代表大会讨论通过决议，盘活村中三间闲置厂房资源，每年可为全村增加近千万元的集体收入。这一过程中，下围村向全村每户村民派发的“下围村集体土地固定资产名录”起到了重要作用，名录小册子于2016年起开始下发，及时更新，使得村民对村集体的“家底”做到心中有数，能够更好地监督村委会的招商引资行为，更重要的是，它在凝聚集体力量方面起到了关键作用。

钱袋子鼓了，福利也好了。2021年，下围村通过村民议事制度持续推进60周岁以上村民的生活福利金制度，将补助标准由每人每月200元上调至250元。近年来，民主议事制度的成效愈发彰显。2014年以来，下围村人均年收入增加了1.5万多元，2021年全村总分红比上年平均增收54.25%。村民议事厅的建立标志着下围村在推进民主议事制度革新方面迈出了新步伐，使村集体资源的开发利用得到了更为充分和科学的商议决策，壮大了当地的集体经济，推动了当地的乡村治理。

参考文献：

1.孟健. 广州增城下围村："民主示范村"的蝶变与探索[EB/OL].（2022-04-19）[2024-03-24]. https://new.qq.com/rain/a/20220419A072PE00.

2.广州市增城区下围村村民自治新模式"蝶变"历程[EB/OL].（2022-04-12）[2024-03-24]. http://www.mzyfz.com/html/1099/2022-04-12/content-1560515.html.

三、加大多元投入，增强自我积累

广东不断加强多元投入促进农村集体经济的蓬勃发展，增强农村集体经济的自我积累功能。一是强化财政金融政策支持，通过协调推进完善财政引导、税收优惠、金融支持等多元化投入共同扶持发展机制，共同扶持农村集体经济的发展。二是整合协调涉农财政资金，推动公共服务向乡村延伸、社会事业向乡村覆盖，健全城乡一体的基本公共服务体系和以财政投入为主的、稳定的乡村组织运转经费保障机制。三是协调推动落实税收减免、金融信贷、发展用地等方面的政策，鼓励金融机构紧紧围绕服务农村振兴战略加大涉农金融产品服务和合作服务力度，扩大专业化金融的有效供给。四是支持农村集体经济增强自我积累功能，健全完善有利于集体经济发展壮大、促进农民持续增收的利益分配制度。五是深入研究并制定相应的配套政策制度，确保农村集体经营性建设用地在市场中能与国有建设用地享有同等地位，实现权益、价格与责任的统一，充分激发乡村土地潜力，助力促进土地资源的优化配置与高效利用。六是鼓励集体经济基础较弱或正处于发展初期的乡村将集体经济收益再投资于扩大再生产，提升乡村的自我发展与持续增长能力。

这些举措，增强了农村集体经济的活力，为乡村振兴战略的实施提供了坚实的经济基础和保障。

【典型案例】

林村：系统整合要素资源　推进集体资产增效

东莞市塘厦镇林村有着将近600年的历史。近年来，林村以集体产业为支撑，整合各项要素资源，促使集体资产效益不断提升，形成了丰富的“林村实践”。2022年村组总资产27.3亿元，全市排名第5；纯收入2.8亿元，全市排名第9。

从2021年起，林村积极探索开展资本运营发展模式，通过村集体投资成立置业投资有限公司，统筹整合低效土地、物业资源，参与城市开发、产业基建、物业投资和公共设施等建设，为集体经济发展注入新动能。通过整合村组两级自有资金累计11亿元开展“工改工”自建项目，计划引入3家本地上市后备企业、高新企业，物业建筑总面积增加28.55万平方米，容积率逐步从0.52提高到3.5，年产值达12亿元。

为盘活村组闲置资金，拓宽村组理财渠道，林村专门组织投资理财交流会，增进成员对投资理财专业知识、政策措施等内容的理解，使其增强投资信心。在充分评估风险、有效控制风险的前提下，村集体组织通过民主决策程序参与股权投资、购买金融产品、投资优质项目。林村在2022年购买短期理财产品金额达6.12亿元，东莞信托产品3.98亿元，其中包括投资1亿元于滨海湾项目，进一步增强了集体经济发展能力，实现了村组集体资金的增值保值。林村还通过有资质的第三方建立物业租赁指导价格模型，进一步完善集体物业交易定价与健全集体资产分类租赁指导价，并结合地理区域、构建年限、厂房层高等因素，综合比对，拟定物业实际租赁价格。2022年，林村社区集体资产交易共成交98宗，涉及总金额8051万元，其中成交年标的金额较原合同年标的金额增加1623万元，溢价率为

25.25%。41个停车场共2700个停车位创收220万元，综合汽车交易市场每年为集体创造上千万元的租金收入。

如今，林村已经成为农村集体经济高质量发展的典型代表和东莞农村集体经济发展的亮丽名片，正在积极承接香港、深圳的产业转移，助推经济高质量发展，推动美丽乡村建设为全省乃至全国提供农村集体经济发展新经验、新模式。

参考文献：

1.何锡民. 集体经济展新颜｜塘厦林村：规划先行壮大集体经济 铺就幸福小康路[EB/OL].（2021-07-09）[2024-03-24]. https://webzdg.sun0769.com/web/news/content/202393?share=1.

2.谭志红. 广东东莞塘厦镇林村社区：文化火了，村民的精气神足了[EB/OL].（2020-07-15）[2024-03-24]. https://baijiahao.baidu.com/s?id=1672255034378918848&wfr=spider&for=pc.

3.东莞这条村太“牛”了，年收入2亿，连赣深高铁也在这建站点！[EB/OL].（2021-04-14）[2024-03-24]. https://idg.timedg.com/p/21187766.html.

第二节 资产配置合规 产权有保障

广东省正稳健地推动农村集体产权制度的革新，致力培育和发展新型的农村集体经济形态，以此有效提升农民的财产性收入水平，为实现农民农村共同富裕目标提供坚实支撑，并助力城乡区域之间的均衡与协调发展。一方面，着力强化农村集体经济组织治理机制的立法研究，制定《广东省农村集体经济组织管理规定》，对农村集体经济组织治理机制、决策程序、成员身份确认、成员资格丧失以及集体经济组织股权设置与管理等方面作出明确规定，为乡村基层改革和集体经济发展提供法律支撑。另一方面，研究制定乡村党组织书记担任村级集体经济组织负责人的操作指引，明确兼任条件、程序、任期等，并研究细化加强乡村党组织对组级或自然村一级集体经济组织领导的有效举措。

部分地区积极探索，先行先试，深入推进农村集体产权制度改革，逐步建立了一个归属清晰、权责明确、流转顺畅、保护严格的农村集体产权体系，显著提高了农民的财产性收入，为农村经济发展和农民增收注入了新动力。同时，通过大力推进农村集体经营性资产股份合作制改革，推动建立市县镇党委书记亲自挂帅抓农村集体产权制度改革的领导体制，形成一级抓一级、层层抓落实的工作格局，梯次推进农村集体产权制度改革试点，各地乡村有序开展集体成员身份确认、集体资产折股量化等工作，依法赋予农民对集体资产的股份权能，增强农村集体经济发展活力。

一、盘活农村集体资产

盘活农村集体资产，是推动农村经济发展的关键一步，对于促进农村经济发展、增加农民收入、提升农村整体面貌具有重要意义。广东深入贯彻落实中央关于坚持和加强农村基层党组织领导、发展壮大农村集体经济，坚持省级统筹、市级主推、县级主导、乡镇主抓、行政村具体实施，纵深推进扶持村级集体经济试点，充分发挥农村基层党组织的政治功能、组织优势，积极借鉴并推广“三变”改革的经验，将资源转化为资产、资金转化为股金、农民转化为股东的成功经验。一是鼓励并支持各地在农村集体土地资源的集约利用、房屋设施的市场化经营、闲置资金的资本化运作以及历史文化和生态资源的活化与利用等方面进行创新探索。二是通过投资经营、物业租赁、资源开发等多种形式促进集体经济发展，全力推进农村集体经济转型升级，提高农民财产性收入。三是把握“旧城镇、旧厂房、旧村庄”改造机遇，重点抓好旧村庄的升级改造，盘活农村集体各类闲置资产，以村级工业园升级改造为载体，提升集体资产收益率，增强集体经济新活力。发挥城中村和传统农村地区各自的区位优势、产业优势、资源优势，分类推进农村集体经济转型升级。

【典型案例】

亨垌村：创办“土地信用中心” 盘活集体资产增产增收

阳江市阳东区亨垌村属于偏远山区，距离阳东城区30千米，距离那龙镇区14千米。近年来，亨垌村开展“土地信用中心”创办试点，积极探索“存贷耕地”新模式，推动耕地资源进行集中整合管理，解决土地细碎化和土地流转问题。

在坚持公有制性质不改变、耕地红线不突破、农民利益不受损的基础上，亨垌村因地制宜制定“土地信用中心”实施方案，探索土地流转新路径。“土地信用中心”首先吸引农户将土地承包经营权转入“土地信用中心”以获得分红，然后将细碎化土地再次整合后以贷款的形式提供给有意愿从事农业生产的农户，种植农户按照“土地信用中心”的要求进行种植，确保耕地实行规模化、集约化经营，“土地信用中心”则通过流转土地收取费用，并将部分收益作为分红返还给农户，同时用于自身的发展。除农户土地外，亨垌村还通过“土地信用中心”模式探索村集体闲置土地的有效流转，以增加村集体收入。

在“存贷耕地”新模式运营过程中，由村经济联合社成立耕地合作部负责“土地信用中心”土地流转的主要职能，不断完善贷用机制。中心负责耕地存入、贷用等业务办理，以确保整个系统的高效运转，同时充分利用整合后土地连片的优势，积极主动以地招商，以地谋发展。亨垌村积极利用省“三资”交易平台将村民零散耕地整合后进行挂网发包，既维护了村民的合法权益，也提高了村民的收入。

亨垌村根据农户不同需求，借鉴已有借贷方案，创新设置了“活期”和“长期”两种耕地存入方式。对于活期存入方式，农户随时可以提取耕地进行生产，而取出土地的具体生产细节则由“土地信用中心”与农户商议，主要是满足个别农户耕种用地需求；对于长期存入方式，农户与“土地信用中心”签订长期存入耕地合同，合同期内不可取出耕地，“土地信用中心”按照耕地存入合同支付农户分红，主要是满足引进农业大户的种植用地需求。村集体干部积极进村入户向村民讲解“土地信用中心”发展新模式和运作方式，促进农村闲置土地的有效流转和优化配置。截至2023年底，“土地信用中心”已存入的耕地达2200亩，占亨垌村耕地总面积的69.8%。

依托“土地信用中心”模式，亨垌村根据乡村振兴和产业发展需求，对农业种植进行规划设计，发展以粮食、蔬菜为主的农业产业，其中2000亩用于种植水稻和蔬菜轮作，600亩用于种植番薯、玉米、南瓜等当地特色农产品，并预留500亩耕地作为灵活调整区。同时，鼓励与引导村民与当地龙头企业合作，保障农企合作行为，推动产销无缝衔接，增加村民收入。2023年，亨垌村成功引入农业蔬菜生产龙头企业推广“稻稻菜”种植，首期为企业提供耕地1000亩，每年可为村集体经济增加收入81万元，提供就业机会超200个，实现村集体、企业、农户三方共赢。

参考文献：

1.阳江市阳东区亨垌村：探索创办“土地信用中心”促进村集体和村民增收[EB/OL].（2023-12-13）[2024-03-24]. https://static.nfapp.southcn.com/content/202312/12/c8395313.html.

2.[百千万工程]这条村有点“活”：土地可以存 还有分红 其做法入选广东20个发展新型农村集体经济典型案例[EB/OL].（2024-01-30）[2024-03-24]. http://www.yangdong.gov.cn/xwzx/ydyw/content/post_762919.html.

二、深化农村集体产权制度改革

广东是我国开展农村集体产权制度改革的探路者、实践者。其中，东莞、中山以及广州天河区、佛山顺德区等地探索了不少可复制、可推广的经验，为进一步深化改革打下较为坚实的基础。农村集体产权制度改革标志着对农村经营体系的又一次深化完善，是一次根本性的、具有深远影响的制度变革。自2018年起，广东省委、省政府便颁布了《关于稳步推进农村集体产权制度改革的实施意见》，引领改革的步伐。此项改革覆盖了广东省内24.4万个各类农村集体经济组织，涉及的集体账面资产（不包括资源性资产）高达5000多亿元（不含深圳），占全国总量的六分之一，平均每个村庄拥有超过2100万元的资产，旨在以保障农民权益为根本出发点和落脚点，以管好用好农村集体资产为重点，稳步推进农村集体经营性资产产权制度改革、健全完善农村集体经济运行体制机制。

农村集体产权制度不仅是确认、保护和流转农村集体产权的组织架构和规范体系，更是推动农村生产力发展、巩固社会主义公有制基础、完善农村基本经营体系的关键举措，它对于提升农民收入、增强农村集体经济实力具有深远意义。广东通过深化农村集体产权制度改革，加快推进清产核资，让资源变资产，发展壮大村集体经济，激发乡村振兴活力，正逐步建立起产权归属清晰、权责明确、流转顺畅、保护严格的中国特色社会主义农村集体产权制度广东实践。这样的制度安排有助于维护农民作为集体经济组织成员的合法权益，为全面实施乡村振兴战略提供坚实的支撑。一是深入推进农村集体资产股份有偿退出、抵押、担保等股份权能改革，推进“房地一体”的农村集体建设用地和宅基地确权登记发证。二是加快推进以土地为中心的股份合作制改革，支持村集体发展农业规模经营，推动旧村庄改造工程，全面铺开“资源变资产、资金变股金、农民变股东”的改革模式，加速促进农村集体土地资源的集约化利用、房屋设施的市场化管理和闲置资金的资本化运作。三是通过多样化的策略和措施，加快建立省、市、县、镇、村互联互通的农村产权流转管理服务平台，探索将财政资金和社会帮扶资金投入形成的资产，量化一定比例作为村集体持有股份，不断健全消除空壳村、提升薄弱村的长效机制，不断增强集体经济的实力和活力。

【典型案例】

上陈村：推行“股票田”改革，探索集体经济发展新路

上陈村位于汕尾市陆丰市城东街道，当地积极响应汕尾市“以田易股”和折股量化新模式，解决农村土地细碎化、质量低问题，以缓解劳动力外流导致的农村土地撂荒抛荒困境，动员农户将承包地委托村集体进行统一流转管理，在连片土地上推动农业生产的机械化和集约化以实现农业生产的规模化发展。依靠土地治理的成果，村里引进了华鑫盛生态农业有限公司修复水利设施、清除杂草、平衡土壤酸碱度、翻新平整土地，专业团队的介入使1700多亩撂荒地重新得到有效的利用，其中每年每亩耕地可以创收300元。上陈村还积极在规模土地上探索农业生产新模式，引进优质企业建设小棚虾养殖示范基地以发展特色水产养殖业，引进项目一期占地面积达900多亩，租金90万元，其中农户分红总额约63万元。上陈村通过“以田易股”实现土地高效流转，促进了农业规模化经营，提高了生产效率和农户收入，基层政府、农业企业、村集体和农户有效互动，为乡村振兴提供合力，走出了乡村振兴新路子。

上陈村是汕尾市推行“股票田”改革的典型代表，通过这种模式，全市实现了土地承包经营权资本化，推动土地商品化和市场化，建立村集体、村民与企业共担风险、共享收益新机制，调动农业企业积极性，盘活农村闲置资源，富裕农村集体经济，增加农民收入，走出一条放活土地经营权的有效途径。截至2023年底，汕尾市已完成6852亩“股票田”改革，全市农村承包地流转率不断提升，已经达到全市的65.81%；集体经济不断壮大，其中集体经营性收入在10万元以上的村集体占比98.61%；通过“股票田”改革，每年可创收约380万元。

参考文献：

1.汕尾市：“股票田”改革激活集体经济发展动力[EB/OL].（2023-12-13）

[2024-03-24]. https://static.nfapp.southcn.com/content/202312/12/c8395401.html.

2.陆丰市推动“股票田”改革 盘活“沉睡”农田 村集体和村民双增收[EB/OL].（2022-02-28）[2024-03-24]. https://baijiahao.baidu.com/s?id=1725997624685054072.

3.陈欣欣. 乡村振兴看陆丰⑥ | 陆丰城东街道：“沉睡资产”变“增收活水”[EB/OL].（2023-05-23）[2024-03-24]. https://baijiahao.baidu.com/s?id=1766697589084070234&wfr=spider&for=pc.

三、加快构建乡村土地流转新机制

土地作为农业发展的基本生产资料，不仅构成了农民最根本的生活保障，也是当前推动乡村振兴战略的关键环节。要实现乡村的全面振兴，关键在于产业的繁荣发展，而土地流转则是规模化经营的关键与基础。在广东的许多地区，农民承包土地分散且细碎，加之近年来经济社会的发展促使大量农业劳动力涌向城镇，导致农村劳动力结构发生变化，留守老人成为主要的耕种力量，耕地撂荒现象时有发生。因此，推动农村承包土地经营权的流转显得尤为重要和迫切。

广东省委、省政府致力推动土地流转的规范化与有序化，强化以土地为核心的合作与联合，深化土地股份合作制的改革。2019年，广东省政府办公厅发布《关于加快推进农村承包土地经营权流转的意见》，支持农村集体经济组织整合集体土地资源或托管农户承包地，开展多元化的经营服务活动。同时，通过加强考核与问责，确保将集体经济的壮大作为市县镇党委书记抓基层党建的重要内容。广东省鼓励并支持各地区根据实际情况，细化并落实相关措施，对在发展壮大集体经济方面作出显著贡献的乡村“两委”干部给予适当的奖励。此外，进一步完善改革容错纠错机制，以最大程度地激发基层的改革创新活力。为了加快建立健全农村产权流转管理服务体系，广东于2019年底实现了市、县、镇三级农村产权流转管理服务平台的全面覆盖，并在有条件的行政村设立服务站点，确保服务的无死角覆盖，农户通过该服务平台进行流转承包土地经营权公开交易。广东还创新了土地股份合作的实现方式，允许农户依法将其承包土地经营权直接作为对公司和农民合作社的投资，或出资设立农民合作社及土地股份合作组织，甚至可以通过农民合作社以土地经营权出资设立公司。

【典型案例】

金塘村：激活农村“沉睡”资源　凝聚乡村振兴合力

茂名市茂南区金塘村立足资源禀赋和区位优势，通过盘活农村资源凝聚各方合力，补齐农业农村发展短板，引进南越文旅公司、协仁农业公司等强村企业，因地制宜创设油城墟·簸箕巷特色商业街区、毛豆种植产业园、电子微型加工厂等一批富村项目，形成三产高效融合新局面。

在治理土地细碎化，盘活农村闲置资源方面，金塘村坚持积少成多，连片经营，通过“土地租用＋土地置换＋土地入股”等形式，成功盘活闲置宅基地225亩和零散耕地400亩。一是由村集体统一管理与经营，并统一建设使用，推动土地集中和有效流转。二是创新土地置换模式，通过村民宅基地置换，促进农村建设用地的连片治理。三是探索土地折股量化，通过宅基地折股量化，村民入股分红，共同开发建设。

在积极发挥市场作用，努力吸引资本进村方面，金塘村引入包括协仁农业公司在内的优质企业发展现代种植业，推动毛豆种植规模化与现代化。2023年，金塘村毛豆种植面积达350亩，产生土地租金42万元和村民劳务收入52.5万元，实现了村集体、企业和村民三方共赢。同时，通过盘活闲置宅基地，为企业建设好标准厂房，并以优惠价格和优质服务成功引进汇邦电子科技公司等建设电子微型加工厂，厂房租赁创收10余万元，工厂入驻提供了120多个就业机会，为村中留守妇女等群体创造了就业机会，每年增加群众务工收入约3万元/人。金塘村还立足地方特色打造特色商业街区，通过引进南越文旅公司打造占地面积1.38万平方米、总建筑面积约

4700平方米的“簸箕巷”，催生农业农村新业态。

在发挥乡贤力量，共建和美乡村方面，金塘村积极打好“乡情”牌，用好乡贤力量，通过“粤治美”数字平台联结人民群众，让村民特别是外出务工群体及时了解家乡发展动态，增强群众的认同感和归属感，推动村民更加积极参与村中事务、投身家乡建设。借助乡贤的力量，金塘村硬化拓宽1条230米的机耕路和2条170米的人行道以连接县道，完善了乡村基础设施。

参考文献：

1.李赫. 茂名市茂南区金塘村：“盘地引企聚力”推动村集体及农户收入连年翻番[EB/OL].（2023-12-13）[2024-03-24]. https://static.nfapp.southcn.com/content/202312/12/c8395367.html.

2.乡村振兴在行动｜茂名：盘活农村闲置土地　发展村集体经济[EB/OL].（2024-01-09）[2024-03-24]. http://gd.news.cn/20240109/612a4d9e6b6d42af9cec9131f2556d29/c.html.

第三节　数字赋能管理　服务有保障

通过引入数字技术，乡村治理得以更加精准、高效和透明，从而能够有效应对各种挑战，为乡村社会的有序运作和持续发展提供了有力保障，推动乡村社会的全面进步。广东不断在网络建设、组织队伍、人才支撑等方面加大投入，深耕5G技术和科技创新融合发展，以数字赋能“百千万工程”，助力推动全省区域协调发展。

2022年，广东省委网信办联同省发展改革委、省工业和信息化厅、省农业农村厅等10部门共同发布了《广东省贯彻落实〈数字乡村发展行动计划（2022—2025年）〉实施方案》，包括推进基础设施数字化升级、推动智慧农业创新发展、培育壮大乡村新业态等8个方面，部署20项重点工作，加快以信息化推进农业农村现代化，提升数字化生产力，构建乡村数字治理新体系，推进数字乡村发展。根据《广东省数字乡村发展统筹协调机制方案》，省委网信办、省农业农村厅、省发展改革委、省工业和信息化厅等36个部门成立广东数字乡村发展统筹协调机制，加强数字乡村发展统筹协调、整体推进和督促落实。省委网信办牵头编制了《广东省数字乡村发展试点评估报告》，全面总结试点工作成效，系统梳理典型做法，深入查找问题短板，指导试点地区更好推进工作，为带动广东全域数字化提升提供参考。

一、落实数字发展行动计划

为贯彻落实数字乡村发展战略纲要，广东大力实施数字农业农村发展行动计划，加快数字技术推广应用，提升农业数字化生产力，着力发挥信息化在推进乡村治理体系和治理能力现代化中作为新型基础设施建设的支撑作用。

（一）加快“互联网+”农产品出村进城工程建设

广东省农业农村厅联合省发展改革委、省财政厅、省商务厅，持续推进“互联网＋”农产品出村进城工程建设，抓好广州增城区、阳江阳西县、梅州梅县区三个国家级试点县（区）建设，遴选22个省级试点县（区），积极探索“互联网＋”农产品出村进城的有效途径和举措，开展试点县（区）实施效果跟踪评估工作，结合广东农产品“12221”市场体系建设成果，发挥“互联网＋”优势、信息进村入户工程成效，举办多场农产品产销对接活动。

（二）强化农村数字化引领示范作用

作为数字经济大省，广东持续推进数字技术与农村农业深度融合，聚力数字乡村建设。各地充分发挥自身优势，采取了一系列创新举措，涌现出了一批数字乡村建设的首创经验和优秀案例。其中，清远携手广东电信、华为公司在连樟村联合打造了全国首个5G覆盖的“云上”乡村，使当地的数字经济得到蓬勃发展；梅州市在陂蓬村率先启动“智慧司法云”试点，将法律公共服务网络延伸到最基层，达到“小事不出村”的治理效果。这些经验与案例，为持续推进全省数字乡村建设发挥了标杆示范作用，推动形成乡村全面振兴的强大合力。

（三）全面优化农村电商环境

广东省已初步建立了一个涵盖县、镇、村三级的农村电商公共服务网络，为农民及企业提供了全方位的支持，包括创业指导、品牌建设、网店管理、物流配送和直播技能培训等服务。这一体系有效打通了农村地区工业品下乡和农产品进城的双向流通渠道，促进了商品和信息的高效流通。截至2023年6月，全省共有33个国家级和42个省级电商进农村综合示范县，共建成县级电商公共服务中心53个，镇村级电商服务站点8300多个，初步构建起覆盖县、镇、村三级的农村电商公共服务体系，为农民和企业提供创业孵化、品牌设计、网店运营、仓储配送、直播培训等综合服务。省商务厅不断强化产销对接长效机制，在农产品上市期，鼓励各地市组织开展各类线上线下产销对接活动，依托大型电商平台和本土电商企业，建立长期、紧密、稳定的产销关系，畅通农村地区的“工业品下行”和“农产品上行”渠道。

二、深化省域治理“一网统管”建设

广东不断深化农业农村资源管理大数据应用，构建广东美丽乡村数据动态化、场景可视化、应用智能化的数字乡村管理模式。

在推进涉农数据汇聚和共享方面，建设完善了“生产、供销、信用”三类为农服务平台，有效提升了“三农”领域数字化应用水平和服务质量。截至2022年6月，广东省数据资源“一网共享”平台已汇聚农业农村领域96个数据类、3.46亿条数据，有力支撑广东省农业农村大数据应用服务平台、广东省乡村振兴综合服务信息平台、广东省农村宅基地管理信息系统、广东省农田建设管理信息系统、广东省统一申办受理平台等业务系统用数需求，推动了公共型农业社会化服务数字化转型。

在建设“数字乡村”政务信息化项目方面，广东省于2019年至2023年6月完成63个“数字乡村”政务信息化项目立项，投资规模约为2.02亿元，涉及农田土地数字化管理、农业渔业数字化发展、农村水利水电数字化检测、农产品线上流通、美丽乡村、防止返贫监测等多项业务，为乡村振兴提供了数字化平台支撑。

在推进农业农村“一网统管”方面，广东不断完善数字政府标准规范体系，农业农村大数据应用服务平台基座承载广东全省农业农村数据全方位的大数据服务能力，建成农业自然资源、农产品质量安全、动物溯源等10大专题，共输出369个专题分析指标，利用流向图、热力图等数据展示方式，实现了农业农村数据可视化分析展示和数据业务场景的全链条管控；大数据门户首页实现了“一张图”展示数据总览、数据采集、数据治理情况；种业专题、统计年鉴、农业自然资源、动物溯源4个专题上线至“粤政易”移动端和“粤治慧”移动端，支持政务人员通过“粤政易”便捷查看浏览，随时掌握专题数据情况；基于经营主体的知识图谱利用农业经营主体类型、产品供应量、生产供应时间、经营收入、贷款金额、补贴金额等基本信息、生产信息和信用评价，构建了广东省农业经营主体的数据画像。

三、推进农业农村大数据应用服务工作

数字乡村是数字中国建设的重要内容。2015年，农业部发布了《关于推进农业农村大数据发展的实施意见》，旨在深化大数据在农业生产、经营、管理与服务等各个方面的创新应用，确保实现农业现代化取得显著进展的目标得到有效支持。大数据作为一种新兴的信息技术与服务业态，正

迅速崛起成为挖掘新知识、创造新价值、提升新能力的关键力量，是国家战略性基础资源，是推动经济转型升级的新引擎、重塑国家竞争优势的新机遇以及提升政府治理能力的新途径。农业和农村是大数据应用的关键领域，随着信息化与农业现代化的不断深入，农业农村大数据正与农业产业进行全面而深度的融合，逐步演变为农业生产的精准定位工具、农业市场的导向明灯以及农业管理的高效指挥系统。大数据能够有效提高农业生产效率、优化农业产业结构、增强农业竞争力和提升农业可持续发展能力，为农业和农村的全面振兴注入新的活力。

为推进数字乡村建设，统筹全省“一片云”建设，完善基层政务云基础和网络安全保障，广东省在全国率先建立首席数据官制度，通过市县政府试点，有力强化了市县、镇村的基层数据资源共享开放和信息化建设统筹协调，省域治理“一网统管”构建了覆盖省市县镇村五级横向到边、纵向贯通、全闭环的数字化治理模式。广州、深圳、佛山、汕尾、中山、江门、茂名、潮州8个地级以上市以及部分区县作为市、县两级基础平台试点，在省统一平台支撑下有效推进基层特色应用专题建设。

随着乡村治理数字化的不断推进，全省各地结合实际探索出越来越多的“广东经验”。佛山市南海区搭建城乡融合大数据治理平台，完善“大数据＋网格化＋社会组织”治理模式，打造具有全国先进水平的乡村治理综合信息模块；禅城区建立了“数字云图”和“一门通”村务共治平台，从“人、事、财、物、组织”五个维度出发，打造了“乡村大脑”系统。梅州市蕉岭县在全县范围内建立健全“乡村钉＋积分制”，汕尾市推广“善美村居”民情地图，云浮市开发“智慧治理云图”平台，惠州全市推广互联网＋法律顾问等惠农服务等创新举措，示范引领全省乡村治理效能提升。通过这些探索创新，逐渐形成适合广东省的“广东经验”。

2021年，广东省发布了《广东省数字政府改革建设“十四五”规划》，特别将“推动数字农业农村发展”作为重要议题进行系统布局。该规划旨在深化农业农村资源管理的大数据应用，提高农业农村大数据的服务效能。同时，广东省致力构建一个全省范围内的数字乡村管理模式，这一模式将实现美丽乡村数据的动态更新、场景的可视化呈现以及应用的智能化操作，打造具有岭南特色的精致农村，进一步推进农业农村的现代化进程。此外，广东还致力进一步优化“粤省事”“粤商通”以及广东政务服务网与各大电商平台之间的连接通道，确保农产品销售渠道的畅通无阻。推动建立广东省供销公共型农业社会化服务平台，通过创建供销合作社与农户紧密联合的核心数据库，有效提升对农业、农村和农民的综合服务能力。

第九章

分配有序　共建共享

农业农村现代化的主体是广大农民，广东大力促进农民现代化。在发展新型农村集体经济的过程中，坚持民生为本、民主决策的原则，关注农民的实际需求，把改善民生、增进福祉作为出发点和落脚点，满足村民在教育、医疗、文化、社保等方面的基本需求，提高村民生活水平和幸福感，建设宜居宜业和美乡村，推动城乡区域协调发展向共同富裕迈进，力争在推进中国式现代化建设中处于领先地位。

第一节　民生为本　服务保障

广东省委、省政府高度重视改善农村人居环境、推进城乡基础设施一体化建设。2023年6月，省委办公厅、省政府办公厅印发的《广东省乡村建设行动实施方案》明确，到2025年，全省乡村建设取得显著成效，农村人居环境显著改善，县域内城乡基础设施一体化和基本公共服务均等化水平显著提升，农村精神文明建设显著加强，着力建设具有中国气派、岭南风格、广东特色的宜居宜业和美乡村，珠三角行政村全部达到美丽宜居标准，沿海经济带和北部生态发展区80%以上行政村达到美丽宜居标准。

一、全面改善农村基础设施

党的十八大以来，农村生产生活条件明显改善，广东以前所未有的政治高度、工作强度、投入力度推进乡村建设，取得明显成效。全省农村卫生厕所普及率达96%；90%以上自然村达到干净整洁村标准；全省建成规范化村级公园的行政村占比达100%；全省基本实现100人以上自然村通硬化路。

（一）扎实推进农村基础设施建设

广东积极发挥财政政策导向和资金杠杆作用，协调各方资源，加快推进农村“水、路、网”提档升级，持续完善农业农村基础设施。一是实施农村集中供水全覆盖行动和农村供水“三同五化”[①]改造提升工作。截至2022年6月，全省新建改造4600余宗农村供水工程，农村供水工程规模化率提升至73.5%，全省农村自来水普及率达99%以上。二是加快“四好农村路”建设，扎实推进村内道路建设，制定《广东省农村村内道路硬化工程建设指南》，确保自然村内路面全面硬底化任务得到完成。加快建设乡村通信网络，截至2022年6月，全省纳入规划的20户以上自然村光网建设项目实现全覆盖。三是推动农业农村信息化和农村电网改造。农村百兆用户达92.13%；全省4G网络行政村和自然村实现100%全覆盖；粤东粤西粤北地区累计建设5G基站42240座。四是推进农村物流服务网点建设。鼓励工商企业参与其中，建设集养护、客运、货运、邮政、快递、电商等多种服务功能为一体的农村综合服务站，基本建成覆盖农村县、乡、村三级的物流节点。五是建设健康村镇，推进10000个村卫生站的公建规范化建设。六是推进农村生活垃圾分类处理。按照《广东省农村生活垃圾分类处理指引》的要求，健全完善村收集、镇转运、县处理的生活垃圾收运处理体系，实现

① “三同五化”指同标准、同质量、同服务，规模化发展、标准化建设、一体化管理、专业化运作、智慧化服务。

垃圾减量、资源回收和无害化处理。七是省财政拨款落实基本农田保护经济补偿，支持高标准农田建设以及保护耕地地力。

（二）加快建设生态宜居美丽乡村

为了加快美丽乡村建设，广东把全面推进农房管控和乡村风貌改善作为核心任务。全省构建并完善了“1 + N”的农房管控和乡村风貌提升政策框架，积极推动对现有农房进行微调。同时，着力打造特色精品村，开发出引人入胜的乡村旅游线路，广州从化区、珠海斗门区、汕尾陆河县等16个生态宜居美丽乡村示范县（区）实现全面的生态和景观优化，成功打造了如肇庆封开等多条省际绿色廊道，启动了佛山“百里芳华”、茂名“精彩100里”、汕尾“蚝情万丈”等一系列美丽乡村示范带建设。

【典型案例】

社光村：乡村人居环境蝶变　建设美丽宜居家园

潮州湘桥社光村，位于韩江北溪河畔和笔架山南麓。近年来先后荣获全国乡村治理示范村、全国示范性老年友好型社区、广东省文明村镇、广东省文化和旅游特色村、广东省家庭文明建设示范点等多个荣誉称号。

改善农村人居环境，打造美丽休闲乡村，良好的村容村貌是重要前提。社光村以打造“美丽社光”“幸福社光”为目标，不断改善人居环境。一是，开展卫生文明户评选活动。村委与村民签订承诺书，出台星级卫生文明户评比奖励制度，引导村民把自家的房前屋后“扫干净、种漂亮、摆整齐”，使创卫成为村民的自觉行动，为村环境卫生“添星加分”。二是，开展专项整治行动，大力推进“三清三拆三整治”、“两违”整治、“打通生命通道，呵护美丽潮州”等专项整治行动，全面落实“河长制”，开展“万人巡河”活动，对韩江、北溪饮用水源保护区范围内的违章建筑进行全面拆除和清淤。三是，推进大气污染治理，严禁露天焚烧现象，减少空气污染；督促各瓷泥企业做好“五个全落实”，有效解决瓷泥污染问题。村委会与经联社还积极联合了企业与乡贤，改造提升了美食街和综合市场，实现村道由窄到宽，由“通”到“好”。

社光村集体经济除了对上述各项任务有所投入外，还组织村里的老人在文阁宗祠组建了一支“月半月圆共建中国梦”弦乐队，每月拨付500元作为经费，逢农历十五月圆之时演出，不仅使年长者“老有所乐”，也大大丰富了村民的文化生活。如今，社光村已基本实现了“开窗见景、开门见景、移步见景、步步见景”，成为“古城后花园”。

参考文献：

1.潮州唯一！湘桥社光村经验入选“全国村典型案例”[EB/OL].（2023-07-13）[2024-03-25]. https://mp.weixin.qq.com/s/Gr6YF2LUjs3UpXBgPssoKw.

2.创建文明城市 | 社光村:文明乡风惠民生　乡村振兴添活力[EB/OL].（2022-2-17）[2024-03-25]. https://mp.weixin.qq.com/s/YWU6EKa3ch62SG67QGy7AA.

二、加快公共服务向农村基层延伸

保障人人享有基本公共服务是政府的职责所在。自“十三五”以来，国家持续推动基本公共服务资源向基层、农村、边远地区和困难群众倾斜，城乡之间制度性的差异明显减小，基本公共服务逐步覆盖全部城镇常住人口。目前，城乡区域的基本公共服务差距不断缩小。“十四五”规划纲要提出，到2025年基本公共服务均等化水平得到明显提高，到2035年公共服务基本实现均等化。

广东公共服务建设成效显著，公共服务向农村基层延伸。截至2022年6月，“粤省事”平台集成全省2389项便民服务，实名用户超过1.62亿，如残疾人证、出生证的领取等事项，全部实现“零跑动”掌上办理；“粤智助”政府服务自助机共投入40348台，覆盖全省19721个行政村，提供打印证明、网上挂号预约、城乡居民养老金资格认证等211项基层高频服务事项，实现群众办事“小事不出村、大事不出镇”，日均业务量已达13万笔；各地推动电子证照、电子印章、电子签名、网上缴费、容缺受理、告知承诺等事项“应用尽用”，实现让数据多跑路、群众少跑腿。政务服务适老化改造取得积极进展，传统服务方式与智能化服务创新并行，开通了在线服务平台无障碍导览通道、推行了刷脸认证全覆盖，并提供了高频服务代申办功能，有效缩小了“数字鸿沟”。

此外，乡村通过视频、网页、小程序等形式，向村民传递村级议事协商、民主决策、村务公开等信息。如汕尾市运用“善美村居”小程序来打造线上议事平台，开展“阳光村务工作”。社会组织积极参与推动乡村治理数字化建设，承接与业务范围相符的政府购买服务以及公共服务项目，发挥社会组织的牵头与桥梁纽带的作用，推动了新型农村集体经济沿着“互联网＋电商经济”的方向快速发展。

【典型案例】

上升村：着力服务民生所需　水乡焕发原生态魅力

上升村是江门鹤山市古劳镇下辖的一个行政村，面积3.2平方千米，拥有600多年历史，原生态水乡风貌保存良好，享有“东方威尼斯”美誉，是广东省著名的古村落，中国凉茶文化的重要发源地之一，也是“凉茶始祖王老吉故里”。

近年来，上升村着力开展新农村建设，一年落实一件实事，累计投入资金500多万元，建成5条村道，总长达6000多米，建设防汛大道和防汛大楼，改善村民生产和防汛运输条件，保障了村民的生产生活，民生事业成就显著。针对上升村辖区内河道纵横，鱼塘星罗棋布，但村内鱼塘普遍存在水量少、换水慢、水质差等问题，上升村在上级大力支持和多方帮扶下对鱼塘进行了改造提升，可养殖桂花鱼、笋壳鱼等优质品种，实现鱼塘亩产和发包金额翻番，促进了水产养殖业的发展。

上升村委与经济联社还充分利用古村的水乡特色和侨文化资源，发展文旅产业，先后投入1380万元推进人居环境整治工程，整治河涌，建设各自然村的农村生活污水处理设施，河涌水质得到明显改善。同时，修建小公园、体育娱乐设施、停车场等基础设施，提高了服务广大游客和归乡侨眷的能力和水平。如今，上升村相继入选“广东美丽乡村精品线路”“第二批省文化和旅游特色村”，焕发了原生态古村的新魅力。

参考文献：

1.鹤山市古劳镇上升村：古村曲径，南国水乡美如画[EB/OL].（2022-2-20）[2024-03-25]. https://www.jiangmen.gov.cn/home/zwyw/content/post_2536167.html.

2.古劳镇上升村：大力盘活“侨”元素　水乡侨村竞生辉[EB/OL].（2022-2-10）[2024-03-24]. http://www.heshan.gov.cn/jmhsglz/gkmlpt/content/2/2530/post_2530005.html#2711.

3.“党建＋美丽乡村建设”引领“乡村蝶变”！古劳镇上升　村是如何做到的？[EB/OL].（2022-2-25）[2024-03-24]. https://m.163.com/local/article/H12E59C904179MN1.html.

三、着力提升农村医疗保障水平

广东高度重视包括农村居民在内的各类贫困人群的医疗保障工作，着力推进应保尽保，提高保障水平，优化管理服务能力。为支持构建县、乡、村三级联动医疗卫生服务体系，加快补齐基层医疗卫生短板，提升财力相对较弱地区县级公立医院的医疗水平，广东省财政加大了财政扶持，积极支持三甲医院以“组团”方式进行紧密型援助，利用高级别的三级甲等公立医院进行集体援助，以此推动高质量的医疗服务资源向基层流动。政府财政补贴贫困人员参加城乡居民医保，完善了多层次的医疗救助，农村集体经济则为村民的医疗保障增添了一道新的“防线”。

（一）不断优化医疗保障制度

《广东省乡村医疗卫生基本公共服务提升行动实施方案》从九个方面提升乡村医疗卫生服务能力，进一步完善乡村医疗卫生服务体系，为乡村振兴打下扎实的健康基础。《广东省乡村建设行动实施方案》提出，实施农村基本公共服务提升行动，其中包括改革完善乡村医疗卫生体系，具体要求推进基层医疗卫生服务能力提质增效，推动紧密型县域医共体高质量发展；提升村卫生室标准化建设和健康管理水平，完善村级医疗疾控网底建设；落实乡村医生待遇。《关于做好部分救助对象医疗救助工作衔接的通知》明确了低收入救助对象、因病致贫家庭重病患者以及地方人民政府规定且未在医疗保障部门备案的其他特殊困难人员的家庭经济状况认定衔接工作，逐年提高低保对象、特困供养人员、建档立卡贫困人员等医疗救助比例和救助标准，政策范围内住院医疗救助比例提高到80%。

（二）建立大病精准扶贫体系

2023年，广东省制定了《广东省医疗救助办法》，聚焦减轻困难群众重特大疾病医疗费用负担，优化分类资助参保政策，合理调整救助标准，稳步提升救助水平。全省全面落实起付线降低并统一至居民人均可支配收入的50%，政策范围内支付比例提高到60%。在巩固大病保险保障水平基础上，对特困人员、孤儿、事实无人抚养儿童、低保对象、农村易返贫致贫人口实施倾斜支付，通过采取降低大病保险起付标准、提高支付比例、不设年度最高支付限额等方式，提高其大病保险待遇，切实提高困难群众受益水平，着力避免“因病致贫、因病更贫”。低保对象和农村易返贫致贫人口起付标准下降不低于70%，支付比例达到70%以上；特困人员、孤儿、事实无人抚养儿童起付标准下降不低于80%，支付比例达到80%以上。

（三）构建多层次医疗救助体系

从2020年开始，广东省医疗保障局聚焦脱贫攻坚战中因病致贫返贫的问题，构建了多层次医疗救助体系，加强动态监测和精准参保，确保贫困人口全部纳入医疗救助范围，实现贫困人口应保尽保、应救尽救；逐步将罕见病患者、相对贫困人口等特殊困难人群纳入医疗救助保障范围；完善医疗救助基金管理与基本医保基金管理的衔接，巩固医疗救助市级统筹成果；构建基本医保、大病保险、医疗救助一体化医疗保障信息平台，持续优化基本医疗保险、大病保险及医疗救助“一站式”同步结算服务。

【典型案例】

星云村：改善民生“马不停蹄”　推动村民就医报销

星云村位于广州番禺区市桥街北部，临近市桥地铁站，是典型的城中村。该村总面积0.53平方公里，户籍人口2636人。在村党支部书记杜秋莲的带领下，村集体经济不断发展壮大，先后建设了云桥头日杂用品批发市场、白沙堡批发市场、世昌宾馆、珠坑村科技大楼、港信城、云星广场等物业，对汀沙步行街进行改造升级，云星村党群服务中心、议事厅广州市示范点坐落于此，使星云村成了番禺特色名村，村集体经济收入从1992年的220万元增长到2022年的10976万元，增长了近50倍。

伴随着村集体经济的发展，该村在保障和改善民生方面不断努力，先后推进了宗祠重修、道路改造、公厕改造等项目，着力解决村内公共设备老化、巷道破损的问题，进行空置地盘硬底化、街巷道路改造、自来水改造、治安岗亭升级改造和停车场建设工程，令村内人居环境得到极大改善。星云村创新管理模式，探索实行村围合管理，建设24小时值班的综治中心，重点推进村口、门口、档口、巷口、路口“五口”高清视频监控系统的升级，建成封闭式车辆管理系统，在全村主要进出口布建车辆道闸和人脸识别监控，实现“入村有监控图像、出村有记录痕迹”。

特别值得肯定的是，星云村还积极推进村民住院二次报销的医疗制度，村民住院，除享受番禺区城乡居民医疗保险报销外，未报部分村还可再二次报销，报销金额可达到发票总额的98%，基本实现村民住院不用自己掏钱包。村里还为村内年满60周岁老人每月发放300元养老金，确保村民老有所养，不断塑造敬老、爱老、护老的良好风气。全村奔赴在建设美丽乡村的路上，不仅腰包鼓起来，幸福感也随之提升。

参考文献：

1.广州这个村村民就医报销达98%以上，多亏这位女村支书[EB/OL].（2019-08-03）[2024-03-25]. https://www.163.com/dy/article/ELLSRK8E05149N9E.html.

2.区妇联将市桥街云星村打造成“广州市巾帼头雁村”[EB/OL].（2022-09-09）[2024-03-24]. https://www.panyu.gov.cn/gkmlpt/content/8/8558/post_8558551.html#7524.

第二节　发展为要　持续增长

随着劳动力成本上升和资源环境约束加剧，农产品市场竞争日益激烈，传统农业生产模式难以为继。只有通过持续的发展和创新，才能适应新的市场需求和生产条件，提高农业生产效率和质量水平。为了满足人民群众对美好生活的追求，推动高质量发展，实现共同富裕的目标，广东启动了“粤菜师傅”“广东技工”“南粤家政”三项重大民生工程的质量提升计划，同时还构建了一套完善的金融支持“百千万工程”的政策和措施体系，旨在引导金融资源更多地向县级、乡镇和村级地区流动，使金融服务更加深入基层，增强可持续发展动能。

一、推进乡村人才队伍提质增量

（一）持续实施“粤菜师傅”“广东技工”“南粤家政”三项工程

广东始终坚持以农民为重点对象，以“粤菜师傅”“广东技工”“南粤家政”工程为重要抓手，大力促进广大城乡劳动者技能就业、脱贫致富。一是通过不断推进“粤菜师傅”项目的基础性工作，包括教材编写、课程设置和师资队伍建设，促进粤菜产业的融合发展；二是加快制定技工教育高质量发展的相关政策，致力培养具有文化素养的技术工人；三是着重建设以道德为核心的“南粤家政”诚信体系，强化员工制家政企业的示范作用。这三项工程充分发挥了提升农民技能、推动农民创业就业的重要作用，助推广东乡村振兴工作走在全国前列。

1.推动“粤菜师傅”工程高质量发展

2018年4月，广东提出实施粤菜师傅工程。截至2020年，全省共有177所技工院校、职业院校开设了粤菜厨艺类专业，建成省级重点和特色专业3个，在校生达6.5万人；建成“粤菜师傅”国家级大师工作室5个、省级“粤菜师傅”培训基地和省级“粤菜师傅”大师工作室各100个。广东省人力资源和社会保障厅发布了潮式、客家、广府风味菜烹饪和点心制作等“粤菜师傅”专项考核标准10个，编制了10本培训教材，推动地市开发特色模块试题项目40个。同时，推动组建“粤菜师傅”产业联盟，新建设50个“粤菜师傅”省级培训基地和大师工作室。2020年1—6月，共开展1.7万人次“粤菜师傅”培训，直接带动5.4万人就业创业，已有184所技工和职业院校设立了与粤菜相关的专业，其中包含3个被列为省级重点和特色的专业，这些专业的学生总数已达6.8万人。

2.大力实施“广东技工”工程

围绕产业转型升级发展需求，省委、省政府部署开展“广东技工”工程。2019年12月，《“广东技工”工程实施方案》出台，全省各地不断完善技能人才培养、使用、评价、激励体系，培育一大批技能精湛的“南粤工匠”，打造出一支数量充足、技艺精湛、富于创新的技能人才队伍。广东省人力资源和社会保障厅先后出台“广东技工”工程实施方案、深入推进“三项工程”保就业促发展实施方案等文件，形成科学规范、系统完备的一揽子政策体系。全省技工院校布局得到优化，举办了多届全省职业技能大赛，各类企业职工线上适岗培训数百万人，过万名企业员工参加了职业技能等级认定。

3.深入推进“南粤家政”工程

为破解家政难题，广东于2019年8月启动了“南粤家政”工程，提出了22项具体举措，全面推动家政服务业提质扩容，满足居民家庭日益增长的美好生活需要。在老区、苏区、民族地区，广东加大资金保障力度，健全家政扶贫对接机制，推进珠三角地区与粤东粤西粤北及对口帮扶地区开展家政劳务合作和技工教育扶贫，开发完成13个首批“南粤家政”培训课程标准和10本培训教材。“南粤家政”每年培训十万余人次，带动就业超过18万人，全省涌现出“河源月嫂村”“德庆家嫂”和云浮“湾区月嫂”等家政品牌。

（二）大力实施“乡村工匠”工程

乡村工匠主要指县域内从事传统工艺和乡村手工业，能够扎根农村，传承发展传统技艺，转化应用传统技艺，促进乡村产业发展和农民就业，推动乡村振兴发展的技能人才。2022年12月，国家乡村振兴局、教育部、住房和城乡建设部等八部门联合印发《关于推进乡村工匠培育工作的指导意见》，要求各地在“十四五”期间，认定若干技艺精湛的工匠，遴选千名乡村工匠名师、百名乡村工匠大师，培育一支服务乡村振兴的乡村工匠队伍。2023年8月，国家七部门联合发布《乡村工匠“双百双千”培育工程实施方案》，进一步提出，要认定一批乡村工匠名师、大师，设立一批名师工作室和大师传习所，从而培育乡村高技能人才队伍，扶持乡村工匠领办创办特色企业，打造乡村工匠品牌。

广东在培育“乡村工匠”方面积累了诸多经验。2021年2月，广东省人社厅联合省农业农村厅发布并实施《广东省农业农村专业人才职称评价改革实施方案》，其中，乡村工匠专业人才职称评价为全国首创开展。2021年10月，广东省制定了民间美术等10个专业类别的乡村工匠专业人才职称评价标准条件并公布。2022年2月，广东省首批初级、中级乡村工匠工程师获评名单出炉。乡村工匠获得职称，是对农民职业尊严的认可，让农民拥有既体面又有前途的职业。截至2023年，广东已经评审出4470名乡村各类工匠，他们成为促进农业农村产业发展的重要力量，带动乡村特色产业发展和农民就业增收。

（三）推动农民返乡创业

一直以来，留住人才是困扰山区和基层的难题。在“百千万工程”东风吹拂下，广东多措并举，大力推动农民返乡创业。一是广东不断加强“三支一扶”计划，为高校毕业生搭建起基层成长成才“大舞台”。持续不断地招募高校毕业生到基层就业创业，以政策导向助力乡村振兴发展和基层一线就业。二是实施广东“百千万工程”青年兴乡培育计划、南粤青年乡村创业计划，探索建立“共青团＋企业＋高校”的联合培养模式，计划培养3万名创客返乡兴乡。并且，鼓励各地认定一批主要面向返乡创业人员的创业孵化基地，为返乡下乡创业人员提供场地保障、创业培训（实训）与指导、项目展示对接等服务，全省建设认定41家返乡创业孵化基地。三是连续多年举办广东“众创杯”创业创新大赛，专设大众创业创富赛和农村电商赛等，把返乡创业、精准扶贫作为重点鼓励方向，提供入驻创业孵化基地、创业担保贷款等“12＋N”扶持政策。四是各地陆续出台了吸引返乡人才的一些创新做法，如清远市实施大学生“雁归计划”，吸引了近7000名青年人才返乡投身乡村建设。

二、加大金融支持力度，助力农业农村经济全面发展

为了充分发挥金融资源的保障作用，确保金融支持“百千万工程”能够深入县镇村层面，广东省致力构建完善的金融支持“百千万工程”政策体系，进一步引导金融资源、服务和人才流向县镇村，解决城乡发展不均衡的问题，为高质量发展贡献力量。2023年11月，广东省人民政府办公厅印发了《关于金融支持“百县千镇万村高质量发展工程”促进城乡区域协调发展的实施方案》。该方案的目标是围绕“百千万工程”，推动金融服务体制机制不断完善，使金融资源配置更趋均衡，金融服务质效持续提升。2023年，广东涉农贷款金额超过2.1万亿元，农业保险的覆盖率稳定在1.2%以上，省内主要的优势特色农产品保险已实现全面覆盖。预计到2025年，广东涉农贷款将超过2.5万亿元，农业保险的深度将会稳中有升，农业保险的服务能力也会有显著提升。此外，县域贷款总额预计会超过1.4万亿元，县域存贷比将达到75%。届时，将有累计超过600家企业在广东股权交易中心“广东乡村振兴板”挂牌。

（一）增强金融服务乡村振兴能力

广东积极推动政策性银行和商业银行发挥主体作用，赋能乡村振兴。一是在全国率先探索农合机构经营“广东模式”，稳步推进汕头、云浮、郁南等7家农信联社改制，不断完善涉农银行体系，强化了农业信贷担保体系建设。同时，贯彻落实《关于大力推动农业保险高质量发展的实施意见》，推动涉农保险扩面提质，大力发展涉农地方金融，增加涉农贷款供给，新设新供销、粤垦、海圆、中和农信等4家在全省范围内经营的农业特色小贷公司，截至2020年6月，全省累计涉农担保额达到50.58亿元，服务“三农”经营主体4697户次，在保项目2764笔，在保金额29.56亿元，实现资本金放大2.6倍。二是鼓励银行机构开展温室大棚、养殖圈舍、大型农机等抵押贷款业务，推进农村集体经营性建设用地使用权、集体林权等抵押融资以及承包地经营权、集体资产股权等担保融资；成立了全国首家省级

金融支农联盟，汇聚银行、保险、基金、担保等金融力量，打造“政银保担基企”全方位金融支农大格局。三是广东省委、省政府设立全国首支省级农业供给侧结构性改革基金，部署安排省级财政100亿元，重点支持一批生猪、种业、农产品加工等经营性股权投资项目，为扩大广大新型农村集体经济提供了新的合作机遇。

（二）加强涉农金融产品和服务创新

2020年1月，广东在全国率先构建“数字政府 + 金融科技”广东模式，广东省政务服务数据管理局等部门依托“数字政府”的政务数据资源，建设了广东省中小企业融资平台。经过四年的运营发展，“中小融”平台已成为广东省优化营商环境的重要金融基础设施，更是广东省数字政府改革建设成果在金融场景的创新应用。截至2024年2月，“中小融”平台已累计入驻金融机构1265家，发布金融产品1824款，累计推动融资17.85万笔，实现融资金额3455.7亿元。

与此同时，广东相继推出一批具有岭南特色的“三农”金融产品及服务，生猪活体、土地经营权、养殖圈舍、大型养殖机械四类创新型抵押贷款实现全覆盖，农行、建行推出了“生猪贷”；邮储银行推动“生猪活体抵押贷款”落地，支持农村集体经营性建设用地使用权、集体林权等进行抵押融资，以及利用承包土地经营权、集体资产股权等进行担保融资。

【典型案例】

龙塘村：探索信用合作　助推集体经济发展

龙塘村位于清远市佛冈县石角镇，耕地面积4100亩，出产的砂糖橘以品种纯、产量高、品质优良而闻名，远销国内外。

2013年，龙塘村经济联合社设立信用合作部，是全国首家在经济联合社框架内设立的农民信用合作组织，通过连接政群关系、前后端口、多方需求，形成“三个一”互助性资金合作机制，盘活农村闲散资金，破解乡村产业融资和贷款难问题，助推产业发展。信用合作部采用独特的风险把控方式，以社会评价审核制和信贷担保制代替抵押制、银行流水查询等硬性要求，充分利用熟人社会的社会关系开展社会评价，对申请人的偿还能力进行评估，在弥补信息不对称问题，有效把控金融风险的同时，降低了申请门槛，有利于闲散资金从互助金（活定期存款）转化为投放金，增强了资本要素的流动性，提高了农村资本配置效率。

合作部的互助金和投放金利率分别为银行存款和贷款利率的两倍多，投放金申请原则是先入股、后服务。成立之时，发起股有15户，股金210万元，其中村委会的股金为30万元。多年来，合作部累计吸收股金357.8万元，互助金（活定期存款）1374.2万元，发放投放金8472.11万元，733笔投放金中不良贷款仅2笔，累计为村集体增收38.5万元。2023年，全村集体经营性收入超170万元。

种养讲究时节和气候，对资金使用的及时性和灵活性要求较高，合作部的投放金申请门槛低、手续简单、资金申请发放周期短，能够及时满足农户“短、小、频、急”的用款需求。他们申请的投放金除少数用于支付医药费、家中孩子的学费外，多用于发展种养，作为启动资金、扩大生产的资金或临时周转支付化肥、农机等生产资料的资金。截至2023年，合作部累计借出约163万元以支持农业专业合作社、种植大户、家庭农场等新型市场主体发展，支持农村特色产业发展。

农村经济的发展离不开金融支持，龙塘信用合作部成为龙塘村及其周边地区的重要融资平台，是村集体经济增收的重要途径。

参考文献：

1.佛冈龙塘村探索信用互助合作，盘活闲散资金促发展｜村集体增收计③[EB/OL].（2024-01-08）[2024-03-25]. https://www.nfncb.cn/yaowen/39105.html.

2.广东省委深改委评选发布20个发展新型农村集体经济典型案例（二）[EB/OL].（2023-12-14）[2024-03-25]. https://www.gd.gov.cn/gdywdt/gdyw/content/post_4300763.html.

第三节　共同富裕　和美乡村

“中国式农业农村现代化”是一个长期而艰巨的任务，需要政府、企业和社会各方的共同参与支持，这样才能使农民的钱袋子持续“鼓起来”，生态环境好起来，和美乡村建起来。根据乡村振兴和建设农业强省的目标要求，广东实施“百千万工程”，推进“三产”融合，打造文旅品牌，推动“美丽乡村”转化为“美丽经济”，聚焦完善农村公共文化服务体系，促进镇村融合，培育乡风文明新气象。

一、加速农业现代化进程，促进城乡和谐共进

广东全面推进乡村振兴工作，推动城乡区域的协调发展，聚焦关键领域，努力攻克难题，为高质量发展培植新优势，确保中国式现代化的广东实践迈出坚实步伐。

（一）确保粮食与核心农产品的稳定供应

广东始终将粮食安全置于首要位置，并持续增强对粮食生产的支持力度。通过严格落实粮食安全党政同责制度，利用科技创新与数字化策略，努力稳定并提升粮食产量；坚决守护耕地红线，启动“南粤良田”工程；践行大食物观，开发海洋资源，构建多元化的食物供应体系；推动现代化海洋牧场建设，打造一批领先的现代化海洋牧场示范区；坚守底线思维，完善多元供应体系，优化粮食与农产品的流通网络，提升保供能力。2023年，广东粮食作物播种面积3344.26万亩；粮食产量1285.19万吨，其中，夏粮产量70.64万吨、早稻产量529.70万吨，分别增长3.0%、1.8%。重要农产品供给保障有力，蔬菜及食用菌产量增长2.5%，园林水果产量增长5.6%，茶叶产量增长11.2%，中草药产量增长6.1%，猪肉产量增长6.5%，

禽肉产量增长2.7%，禽蛋产量增长5.7%，保持了近十年来的较高水平。

（二）构建具有广东特色的现代乡村产业体系

广东致力在“土、特、产”方面做文章，构建具有岭南优势与特色的现代乡村产业体系。一是各地围绕整个产业链条进行补充与强化，整合一二三产业资源，实现农业的多功能开发与乡村的多元价值挖掘。二是抓住食品加工的关键环节，推动农产品向高品质制成品的转化，努力打造预制菜产业的强县、强镇与原材料供应村。三是大力提升产业能级，注重龙头企业、产业园区、品牌塑造与服务配套的完善，深入实施“粤菜师傅”“广东技工”“南粤家政”等工程，通过职业教育与技能培训，帮助小农户快速融入产业链，有效推进农民增收致富。

（三）科技与改革双驱动，助力农业现代化发展

广东注重协同推进科技创新与制度创新，以促进农业产量和质量的双重提升。在农业科技方面，致力实现自立自强，既加强技术攻关，又注重成果转化；在农村改革方面，完善了农村土地制度，加强了新型农业经营体系的改革，培育了多层次市场主体。同时，广东坚持环境、设施、乡风文明的同步提升，持续改善农村人居环境，完善乡村治理体系，吸引并留住了一批新农人，打造宜居宜业的美丽乡村，有效助力农业现代化发展。

【典型案例】

奇榜村：商贸市场兴　共富奇榜村

奇榜村位于江门市新会区，毗邻蓬江区、江海区，区位优越、交通便利。近年来，奇榜村积极探索壮大村集体经济的新路径、新模式，建成江会水果批发市场、奇榜五金机电商贸城、奇榜竹木市场、奇榜花木盆景市场、奇兴路商业街、堪坑工业区、地苑工业区等，实现了乡村共同富裕，

被誉为“江门市首个农民别墅村”，成功入选广东省“百千万工程”首批典型村，先后获评省、市“五好村党组织”“社会主义新农村建设示范村”以及“农村经济发展先进村”等荣誉称号。

作为毗邻会城近郊村，奇榜村充分利用地理优势，抓住江门整治堤西水果批发市场的有利契机，建成了300亩的综合水果批发市场。截至2023年，水果批发市场的年交易量超过80万吨，物流交易额超20亿元，吸引300多家批发商进驻经营，先后被农业农村部批准为“农业农村部定点市场”“全国十大果品批发市场”“广东省重点农业龙头企业”“‘国家双百市场’培育对象”。同时，奇榜村以水果批发市场为中心，打造新会乃至江门地区的重要商贸物流集散地，配套的物流运输业也蓬勃发展，逐渐形成了以水果物流产业为龙头，多元化创新集体经济的发展形式。2022年，村集体收入5500万元，福利支出合计4129万元。全村实行村级养老制度，对55周岁以上的女性村民、60周岁以上的男性村民，每人每月准时发放退休金1000元，全村户籍老人津贴从2000年的12万元增加到2022年的1450万元。

随着村集体经济不断壮大，奇榜村着手改变农村的“脏乱差”环境，对村庄建设用地进行重新规划，建设村民别墅公寓项目，分期分批对旧村进行整体搬迁，重点美化了新村的村容村貌，完成同心湖公园、新村入口广场，投入300万元资金用于建设老人活动中心、球场等工程。新村环境整洁干净卫生，路面平整宽阔，公共设施配套齐全，大大提升了村民的生活质量，进一步提升了村民的幸福感、获得感。

从携手小康到走向共同富裕，奇榜村以振兴本村、带动村民增收致富为目标，通过创新发展激活了村集体经济，走出了高质量发展之路。

参考文献：

1.崔文波. 江门奇榜村：现代化经营盘活资产，打造明星“土豪村”[EB/OL].（2023-12-12）[2024-03-25]. https://www.nfncb.cn/yaowen/38767.html.

2.温文悦. 新会区会城街道奇榜村：发展集体经济　建设活力宜居新村[EB/OL].（2022-10-12）[2024-03-25]. http://www.jmtv.cn/web/jmnews/20221012/1665563644376.shtml.

二、加强三产融合，打造乡村文旅品牌

广东积极推进乡村三产融合，打造文化旅游品牌，建设乡村文化人才队伍，大力推动“美丽乡村”转化为“美丽经济”。广东省农业农村厅大力实施乡村振兴“千企帮千镇、万企兴万村”行动，引导企事业单位、社会各界和新乡贤与村庄结对帮扶，鼓励企业结合自身优势参与文化设施与乡村文化活动建设，推动乡村文化振兴。截至2022年3月底，全省累计发动13460家企业参与乡村振兴“千企帮千镇、万企兴万村”行动，结对帮扶13024个村庄，开展对接帮扶项目8518个，投入帮扶资金124亿元，其中不少投资用于乡村文旅类项目。各地结合自身文化艺术资源的优势，积极打造和宣传旅游品牌，全力补齐公共服务和基础设施短板，提升人居环境，为引导社会资本下乡提供良好条件，同时，积极贯彻落实文化和旅游部、教育部、自然资源部、农业农村部、国家乡村振兴局、国家开发银行印发的《关于推动文化产业赋能乡村振兴的意见》精神，加强文化引领，激发优秀传统乡土文化活力，促进一二三产业融合发展和乡村经济社会发展。

（一）推进“农文旅”融合

近年来，广东依托乡村振兴示范带、农业产业强镇、特色优势产业集群等项目，拓展农业功能，发掘农耕文化，延伸价值链，推进休闲农业，“以农为基”健康发展。通过挖掘和关注农业公园、田园综合体、特色小镇及其他休闲农业园区的特色农业文化，打造露营基地、写生基地、农耕文化游学基地等载体，实现了农文旅融合发展，促进乡村休闲产业大发展。例如，清远市实施“5 + 10 + N”乡村旅游工程，立足生态发展区定位，依托美丽乡村建设成果，盘活乡村土地、农房等资源，大力发展

乡村民宿，举办全省乡村民宿发展现场推进会、清远市乡村旅游（民宿）招商推介会、清远市青年乡村旅游（民宿）行等活动，全面释放“美丽经济”。

广东省农业农村厅指导成立了广东省休闲农业与乡村旅游产业联盟，推动行业规范发展，组织举办休闲农业云端集训，吸引全省休闲农业从业主体在线学习园区规划设计、短视频网红打造等行业复苏转型必备技能。自2019年以来，广东省共有59人入选文化和旅游部“乡村文化和旅游能人”，在做好文化遗产保护与传承基础上，积极探索“文旅＋”模式，为乡村振兴赋能，让“粤美乡村越来越美”。

【典型案例】

南社村：文旅融合打造美丽经济强大引擎

南社村位于东莞市茶山镇，始建于南宋，有800多年历史，是东莞乃至岭南地区广府农耕文化特色古村落，也是全国现存最大明清古村落之一，先后获得“全国重点文物保护单位”“全国乡村旅游重点村”“国家AAAA级旅游景区”“广东省历史文化游径”等13项国家级荣誉称号和15项省级荣誉称号，入选国家专项规划《粤港澳大湾区文化和旅游发展规划》中的美丽乡村建设专栏。

近年来，南社村围绕独特的风土人情、悠久的历史，探索出民俗与生态并重的特色文化产业，构建起文旅产业发展新模式，全面打造彰显大湾区特征的岭南文化旅游目的地。南社村文化旅游核心资源和价值可概括为：“一古建一特色”“一祠堂一文化”“一路线一体验”。“一古建一特色”是指南社明清古村落中19座国家重点文物保护单位的建筑本体、7座东莞市不可移动文物及众多历史建筑、古民居等资源；“一祠堂一文化”主要以南社村史、莞香文化、忠孝文化、楹联文化等特色资源为主题，以展览、展示等方式植入古建祠堂；“一路线一体验”是指针对不同游客对衣食住行的不同需求，提供“汉服体验”“文物导赏”“亲子互动”“研学体验”“非遗美食”“红色党建”等沉浸式路线。另外，为更好地活化历史文化资源，当地组织申报了“茶山绸衣灯公”“南社九大簋”等省、市非遗项目，推出了“莞香茶社”“南社书吧”“为食巷”等特色商铺，为村集体经济增长奠定了基础。

南社村从三个方面助推非遗与文旅融合发展，产业提档升级。首先，树立“南社孝德”文化品牌，以“孝德文化”“祠堂文化”等为核心要素，打造了南社斋醮、忠孝文化节、开灯文化节等一系列特色文化品牌，吸引央视13次聚焦、凤凰卫视等各级主流媒体多次专题播报，向全球展示茶山特色的旅游魅力。其次，深入推广传统文化，开设研学课程、非遗大讲堂系列课程，依托南社明清古村落景区内的省级代表性项目茶山公仔、茶山绸衣灯公，广泛传承和推广南社村传统民俗文化。最后，推行高品质品牌文化活动，每年正月十五举行“元宵南社结灯宴”，每年还举行“忠孝文化节”“南社斋醮”“千叟宴”“敬孝茶传祖训”等品牌活动，将南社村优秀传统孝德文化以高品质品牌形式传承推广。

通过“非遗＋文旅”，南社村以其保存完好的古建筑、优美的自然生态环境、丰富的民间传统文化与厚重的孝德人文底蕴成为粤港澳大湾区的热门旅游地。每年到访游客达上百万人次，集体旅游门票年超过300万元，旅游综合创收带动景区餐饮、民宿、特色店铺等商业发展，景区商业收入达千万元。在2022年，南社村集体总资产达到了4.7亿元，村组两级经营总收入5115万元，经营纯收入3851万元。2023年，南社村被选为省市“百千万工程”首批典型村。

参考文献：

1.中国历史文化名村：东莞市茶山镇南社村[EB/OL].（2024-02-14）[2024-03-25]. https://mp.weixin.qq.com/s/Wz21LU100e_A4jB9q64Dmg.

2.陈波. 央视再次聚焦！茶山这个地方又出圈了！[EB/OL].（2024-01-10）[2024-03-25]. https://static.nfapp.southcn.com/content/202401/10/c8491350.html.

3.书记访谈："百千万工程"茶山篇[EB/OL].（2024-01-04）[2024-03-25]. https://www.dg.gov.cn/dgcsz/gkmlpt/content/4/4134/post_4134951.html#3181.

（二）加强品牌创建

截至2022年6月，广东已有11个全国休闲农业与乡村旅游示范县（区），42个中国美丽休闲乡村，向全国推介27条乡村休闲精品线路。同时，全省打造省内乡村文化旅游品牌，截至2022年6月，评定了259个文化和旅游特色村、200条乡村旅游精品线路、50个旅游风情小镇、92个省乡村民宿示范点，创建167个省级休闲农业与乡村旅游示范镇、438个示范点。其中，清远市作为国家城乡融合发展试验区，不断擦亮"山水清远、岭南绿都"的城市名片，成功创建1个国家级休闲农业与乡村旅游示范点，3个村庄荣获"中国美丽休闲乡村"称号，建立了13个省级休闲农业与乡村旅游示范镇以及34个示范点，这离不开众多新型农村集体经济的深度参与和积极运营。

三、完善农村公共文化服务体系

农民现代化，特别是农村人口文明素质的全面提升，是实现农业农村现代化的基本要求，更是进一步改善农民精神风貌，提高乡村社会文明程度的根本路径。近年来，广东大力完善农村公共文化服务体系，激发乡风文明新气象，取得了明显的成效。2023年6月，广东印发《关于加强新时代文明实践中心（所、站）优质文化供给的工作方案》，从拓展优质文化服务阵地、壮大优质文化服务队伍、丰富优质文化服务内涵、创新优质文化服务模式、加强优质文化供给工作保障等5个方面提出16条具体举措，持续丰富文明实践活动内涵，提升全省精神文明建设实践质量，助力"百千万工程"迈上新台阶。

（一）丰富乡村文化活动

为聚焦农村群众所需所盼，开展丰富多彩的乡村文化活动，截至2022年6月，广东全省共建成25801个村（社区）综合性文化服务中心。省委宣传部充分利用各村“农家书屋”基础设施优势，组织开展了“新时代乡村阅读季”活动，满足村民阅读需要、培养村民群众崇尚读书、自觉阅读的良好习惯并引领崭新风尚。

广东省农业农村厅将“美丽乡村健康跑”活动列入“农民丰收节”系列活动中，组织参加第二届全国“美丽乡村健康跑”活动，展示了农村发展的现实成果，助推繁荣乡村文化，传承农耕文明；发动省内大学院校师生积极参加第一届印迹乡村创意设计大赛，有23个作品入围总决赛。

广东多次参与文化和旅游部公共服务司开展的全国乡村“村晚”集中展示活动，通过展示传统文化、非遗民俗、现代艺术、体育项目等不同特色的活动，进一步推广民间艺术资源，扩大公共文化服务覆盖面，加强了公共文化产品和服务供给，丰富了群众文化生活。

（二）推动乡风文明建设

广东在实施“乡村振兴驻镇帮镇扶村”“千企帮千镇、万企兴万村”“科技特派员”“志愿服务乡村振兴行动”“乡村振兴巾帼行动”等工程进程中，扎实开展农村人居环境整治，不断提升农村公共服务水平，推动乡村文化的对外展示与传播。针对家风家教在乡村精神文明建设中的基础性地位，各地将家风家教嵌入乡村建设、乡村治理中，推动形成文明乡风、良好家风、淳朴民风。广东省农业农村厅发动各相关部门深入挖掘、继承、创新岭南乡土文化，形成各具特色的乡村文体活动品牌，增加形式多样的乡村文化产品供给，促进了乡村文化艺术的繁荣发展。

（三）树立文明典型

各村镇积极参与“全国文明村镇”和“广东省文明村镇”评选工作。截至2023年底，广东全省共有全国文明村镇188个，省级文明村镇274个，全省县级以上文明村镇占比超过80%，城乡面貌由内而外焕然一新。典型代表如梅州市五华县安流镇红山村、珠海市金湾区三灶镇鱼月村、潮州市潮安区浮洋镇大吴村等。

为传承发展乡村文化，进一步发挥典型示范带动作用，广东陆续开展了“县乡长说唱移风易俗”和“全国村级‘文明乡风建设’典型案例”活动征集工作，按照农业农村部、国家乡村振兴局工作要求，动员各地总结提炼先进典型案例、推出优秀的说唱节目，积极引导广大群众自觉摒弃陈旧落后的思想观念，共同培育健康向上、科学文明的生活方式和社会风尚，传承弘扬社会主义核心价值观和中华优秀传统美德。例如，佛山市下朗村以“仁和”为核心，塑造新时代乡村精气神，村里各项事业迈上振兴快车道，被农业农村部推介为第二届村级“文明乡风建设”典型案例。

【典型案例】

蓬中村：凝聚侨心发挥侨力　建设和谐幸福村居

蓬中村位于汕头市龙湖区外砂街道，在南宋时期由福建莆田的移民所创建，距今有800多年历史。蓬中村是广东地区知名侨乡，有近2万名海外乡亲，主要分布在泰国、马来西亚、新加坡、印度尼西亚等地。蓬中村坚持以党建工作为引领，积极推动侨务建设，创建了“大美侨乡”这一党建品牌，加强了与侨胞的联系，致力打造一个美丽的乡村环境，并不断强化侨乡与海外侨胞之间的情感纽带，获得国侨办授予的“全国社区侨务工作明星社区”荣誉称号。

改革开放前，蓬中村的经济支柱主要是农业，农民收益并不高，生活也相对艰苦。改革开放后，蓬中村凭借其优越的地理位置和众多海外侨胞的鼎力支持，经济开始突飞猛进。海外乡亲对家乡公益事业的捐款超过2190万元，这些捐款被用于支持华侨学校、宗祠修复、老年人活动中心建设等多个项目。

近年来，蓬中村大力推进农村人居环境整治，投资近2000万元用于改善生态环境和生活设施，修复金砂乡亭、妈祖庙等历史遗迹，同时，为更好地联络和服务侨胞，蓬中村将原有的破旧老礼堂改造成外砂华侨历史文化展览馆、侨胞之家和华侨联谊中心，让回归的旅外乡亲能找到往日的记忆，为他们留住“家乡味道”。

如今，得益于“百千万工程”的推动和海内外华侨的鼎力支持，蓬中村已经从传统农业向多元产业结构转型。通过深入挖掘经济增长点，扶持特色产业，走出了一条新型城镇化、城乡融合的发展新路。

参考文献：

1.外砂街道蓬中村：“侨力量”助力乡村振兴　留住“最美乡愁”[EB/OL].（2023-04-04）[2024-03-25]. http://www.gdlonghu.gov.cn/lh/zjlh/qxqq/content/post_2204996.html.

2.蔡沚彦. “最美侨村”留住乡愁记忆，汕头龙湖区外砂华侨文化展览馆开馆[EB/OL].（2023-10-29）[2024-03-25]. https://static.nfapp.southcn.com/content/202310/29/c8245096.html.

3.乡音未改心不变　感受侨乡展新颜[EB/OL].（2023-09-26）[2024-03-25]. https://www.shantou.gov.cn/hqsyq/hqxx/content/post_2263103.html.

附　　录

新型农村集体经济典型案例村及探索成效显著村（100个）[①]

所属地区	村名	所属地区	村名
广州市	星云村	佛山市	吉田村
	大源村		南金村
	马务村		沙头村
	峡石村		青岐村
	凤和村		石湖洲村
	三元里村		仙涌村
	西和村		上华村
	瓜岭村	东莞市	南社村
	莲麻村		雁田村
	南平村		陈家埔村
	里仁洞村		桔洲村
	深湾村		林村
	下围村	中山市	雍陌村
	罗洞村	珠海市	南澳村
	上围村		鱼月村
深圳市	南岭村		莲江村
佛山市	紫南村		三板村
	南庄村		中心村
	下朗村	江门市	来苏村

① 注：排名不分先后，部分村为自然村。

续表

所属地区	村名	所属地区	村名
江门市	上升村	茂名市	金塘村
	红溪村		双合村
	奇榜村	阳江市	那蓬村
	五福村		大澳渔村
肇庆市	旺岗村		亨垌村
	荷木村		平岚村
惠州市	七联村		鸡乸塱村
	大布村	云浮市	良洞村
	鹤楼村		内东村
	长坑村		南顺村
	溪美村	韶关市	黄坌村
	山下村		灵潭村
汕头市	下长宁村		健民村
	蓬中村		侯陂村
潮州市	社光村		八一村
	大吴村		下埔村
揭阳市	孔美村	清远市	龙塘村
	上寮村		南蒲村
	军埔村		松林村
汕尾市	上达村		连樟村
	仓前村		三联村
	上陈村		美村村
	大安村		水西村
湛江市	流沙村	梅州市	北塘村
	厚礼北村		上村村
	高明村		红山村
	放坡村		新光村
	三河村		青岗村
	愚公楼村		五星村
茂名市	柏桥村		碧园村
	彭村村	河源市	下屯村
	荔枝圩村		陂角村

后　记

“墨香初成心犹忐，字字珠玑意难释。”在本书即将付梓之际，我们既欣喜，又深感忐忑。欣喜于我们有幸见证了新时代广东勇立潮头，推进“百千万工程”，实现高质量发展，破解区域城乡发展不平衡波澜壮阔的伟大实践，使我们能够感受时代的壮美，纪录时代之精彩。忐忑于我们受调研与资料条件所限，还不能够更全面更充分地反映出广东各地政府与业界实施“百千万工程”的饱满热情和巨大成效；受研究深度与研究水平所限，还不能够更深刻地揭示“百千万工程”在广东发展史上的深远意义。

我们深感“百千万工程”对于广东推进中国式现代化进程的重要性，同时也看到了实施过程中所面临的挑战与机遇，因此积极承担了广东省哲学社会科学规划领导小组办公室委托的2023年度高质量发展主题研究专项课题——“深入实施‘百县千镇万村高质量发展工程’，构建县镇村一体化发展的城乡区域发展格局，锻造高质量发展的潜力板”（项目批准号：GD23WTD03-21）。我们团队认真调研，以笔为犁，以期为研究广东省“百千万工程”实施成效贡献绵薄之力，为中国式现代化的实证研究添砖加瓦。

本书的撰写充分发挥每位学者各自的专业特长和优势，形成了良好的协作机制。刘伟研究员负责全书的整体框架设计和内容统筹，陈杰英高级经济师负责理论阐释，赵恒煜博士负责对案例进行细致考证并从中优选。各位专家根据自己的研究领域和兴趣点，负责相应章节的撰写。此外，曹彦娜博士、何满雄助理研究员、杨海深副研究员、占毅教授、张美贤律师参与了个别章节的研讨与撰写。

在撰写本书的过程中，我们得到了社会各界的广泛支持、大力协助和鼓励。我们要诚挚感谢广东省“百千万工程”指挥部办公室领导对我们研究的重视和支持，感谢接受我们的调研并为调研提供便利条件的各地政府；我们要衷心感谢广东省社会科学院领导与同事们给予的鼓励和帮助，感谢编委会各位专家的悉心指导；我们要特别感谢出版社对于本书出版所给予的大力扶持，感谢编校团队的辛勤付出，正是他们与撰写团队的通力协作和全程参与，才能保障本书能够如期付梓；我们还由衷感谢深入“百千万工程”实施一线的优秀媒体工作者和专家学者们，他们撰写了一个个鲜活的广东乡村个案，为我们的研究提供了丰富的参考文献。若本书的引注存在疏漏，敬请海涵反馈，我们将及时补正。

虽然付出了巨大的辛劳，我们团队仍心存不安，仓促中难免会存在诸多缺憾与不足，期待各位专家学者和读者们的意见与建议。针对本书的指正与批评，请及时反馈至出版社，我们收到即会及时吸纳并改正。

今后，我们将继续跟踪调研广东省“百千万工程”实施情况，也期待有机会与更多的专家学者一起研究新时代广东高质量发展的新篇章。广东全省正以只争朝夕的精神加力提速实施好“百千万工程”这一牵动全局、惠及长远、根深叶茂的“头号工程”，我们相信，“再造一个新广东”的宏伟蓝图一定会早日实现！